高等院校小学教育专业系列教材

# 教师语言技能

主　审　钟巧灵
主　编　尹莉芳
副主编　刘吉力　任　溪
　　　　杨又勉

南京大学出版社

**图书在版编目(CIP)数据**

教师语言技能 / 尹莉芳主编. -- 南京 :南京大学
出版社，2020.8(2024.8 重印)
ISBN 978 - 7 - 305 - 23614 - 3

Ⅰ. ①教⋯ Ⅱ. ①尹⋯ Ⅲ. ①教师－语言艺术－高等
学校－教材 Ⅳ. ①G42

中国版本图书馆 CIP 数据核字(2020)第 131847 号

出版发行　南京大学出版社
社　　　址　南京市汉口路 22 号　　　　邮　编　210093
书　　　名　**教师语言技能**
　　　　　　JIAOSHI YUYAN JINENG
主　　编　尹莉芳
责任编辑　曹　森　　　　　　编辑热线　025 - 83686756
助理编辑　赵宇翔

照　　排　南京南琳图文制作有限公司
印　　刷　南京玉河印刷厂
开　　本　787 mm×1092 mm　1/16　印张 13.25　字数 275 千
版　　次　2020 年 8 月第 1 版　2024 年 8 月第 4 次印刷
ISBN 978 - 7 - 305 - 23614 - 3
定　　价　39.00 元

网址：http://www.njupco.com
官方微博：http://weibo.com/njupco
官方微信号：njupress
销售咨询热线：(025) 83594756

# 前　言

　　"教师语言技能"旨在研究教师语言运用的方法与规律,是在相关理论指导下培养师范生语言表达能力的课程,是师范类专业学生教师技能训练的必修课。开设"教师语言技能",既是贯彻国家语言文字方针政策的需要,也是师范院校加强教师语言技能训练、深化课程改革的需要,对提高未来教师的语言表达水平具有十分重要的意义。

　　本书是高等院校"教师语言技能"课程的通用教材,共七章。第一章"语音和发声"主要介绍语音的基本知识、发声原理和科学的发声方法;第二章"普通话语音训练"主要针对普通话语音的基础知识进行讲解,并进行发音训练;第三章"语言表达专项训练"主要针对师范生应具备的听话、朗诵、演讲、讲故事等语言表达技能进行专项训练;第四章至第七章主要进行教师体态语言、教师教学语言、教师教育语言和教师交际语言训练。本教材以教师语言技能训练为主线,根据训练的需要制作了相应的音频、视频,读者可通过扫描章首二维码学习,另外部分章节还拍摄了相关图片。

　　本书将知识点、训练点和有声数据资源有机融合,较好地体现了教材的系统性、科学性、实用性和时代性。本书既可作为大中专院校特别是本科师范院校相关专业的教材,也可作为中小学教师等相关从业人员的参考教材。

　　全书由尹莉芳主编,刘吉力、任溪、杨又勉任副主编,钟巧灵主审,以上五人均为长沙师范学院教师。第一章第一节、第二章第二节至第四节由任溪编写,第一章第二节、第二章第一节和第五节由杨又勉编写,并各自负责相应部分音频录制的统筹与指导;第三章由刘吉力编写,并负责此章视音频录制的统筹与指导;第四章至第七章由尹莉芳编写,并负责这四章图片拍摄、视音频录制的统筹与指导。

　　本书是湖南省普通高等学校教学改革项目"六年制本科师范生教师口语课分层教学模式探究"(2017)和长沙师范学院重点发展学科教育学的研究成果。在本书的编写过程中,我们参考了相关教材、论著,并引用了其中一些资料;南京大学出版社对本书的编写和出版给予了较多的指导和帮助,在此一并表示深深的谢意。

　　由于编者水平有限,时间仓促,书中的疏漏之处在所难免,恳请读者给予批评指正。

编　者

2020 年 8 月于长沙

# 目　录

微信扫一扫

✓课件申请　✓教学资源　教师服务入口

✓拓展阅读　✓加入学习交流圈　学生服务入口

# 第一章
# 语音和发声

## ※ 学习目标

1. 了解语音的性质和语音单位的基本概念。
2. 了解语音的单位和记音符号,熟悉《汉语拼音方案》。
3. 了解发声原理,掌握正确的呼吸方式。
4. 掌握共鸣控制和吐字归音的方法。

　　语音是人发出的用以交际的声音,是语义的表达形式。虽然人类发出的咳嗽声、哭笑声也可以传递信息,但是这些声音不是语音,只有具有词句意义的声音才是语音。语音具有物理属性、生理属性和社会属性。语音单位有音素、音节等。了解语音的基本知识,可以帮助我们更科学地认识语音,从而进行科学练习。

## 第一节　语音知识概述

　　语音是一种声音,它同自然界的其他声音一样,是由于物体的振动而产生的,具有物理属性;语音是由人的发音器官发出来的,具有生理属性;语音还具有社会属性,语音的形式和意义之间没有必然的联系,而是在一定范围内的社会成员在长期的社会生活中约定俗成的。语音的最小单位是音素,音素有元音和辅音两类。现代汉语普通话的记音符号主要是汉语拼音,另外还有国际音标。

### 一、语音的属性

　　语音是人的发音器官发出的用以交际的声音,是具有一定意义的声音。语音具有物理属性、生理属性和社会属性。

### （一）语音的物理属性

语音具有物理属性。语音的物理属性具有四个基本要素：音高、音强、音长、音色。

**1. 音高**

音高是指声音的高低，由发音体振动的快慢来决定。声波在一定时间内振动的次数就是声波的频率。在一定时间内振动快，次数多，频率就高，声音也就高；振动慢，次数少，频率就低，声音也就低。

物体发音的高低与它本身的属性，如大小、长短、粗细、松紧等因素有关。大的、长的、粗的、松的物体振动慢，频率低，发出的声音就低；反之，小的、短的、细的、紧的物体振动快，频率高，发出的声音就高。人的发音体是声带，不同人的声带是不完全相同的。语音的高低，跟声带的长短、厚薄、松紧有关。一般来说，成年男子声带长而厚，成年女子声带短而薄，因而听起来男性比女性声音略低。此外，同一个人发音时声带的松紧不同，声音也有高低之别。

现代汉语普通话中音高具有重要的作用。汉语中的声调，主要是由不同的音高构成的。

**2. 音强**

音强指声音的强弱，是由发音体振动幅度的大小决定的。发音体振动的幅度叫作"振幅"。振幅大，声音就强；振幅小，声音就弱。振幅的大小取决于发音时用力的大小。例如，敲鼓时，用力大，音强就强，发出的声音就大；用力小，音强就弱，发出的声音就小。普通话中的重音、轻音主要是音强的不同形成的。

**3. 音长**

音长指声音的长短，是由发音体振动时间的长短决定的。发音体振动的时间长，音长就长；时间短，音长就短。例如，英语中元音的音长与否，有区别意义的作用，比如 ship（船）和 sheep（羊）。

**4. 音色**

音色指声音的特色，是由音波的不同形状决定的。它是每个声音的本质，所以也叫音质。发音体不同、发音方法不同、共鸣器的形状不同，都会造成音色的不同。

（1）发音体不同，音色不同。例如，小提琴和口琴的声音不同，原因就在于发音体一个是琴弦，一个是簧片。

（2）发音方法不同，音色不同。例如，同一把小提琴，用弓子拉和在必要时用手指弹拨发出的音色是不一样的。

（3）共鸣器的形状不同，音色不同。比如大提琴、小提琴，二者的发音体都是弦，发音方法都是用弓拉，但是大提琴的共鸣器很大，小提琴的共鸣器很小，音色就不一样，大提琴浑厚、低沉，小提琴明亮、悠扬。

在任何语言中，音色是区别意义的最重要的要素。其他要素在不同语言中区别意义的作用不尽相同。

## （二）语音的生理属性

语音具有生理属性。发音器官及其活动决定了语音的区别。发音器官可以分为三个部分：呼吸器官、发声器官和共鸣器官。

### 1. 呼吸器官

呼吸器官主要由肺、气管、胸腔、横膈膜组成。气流是发音的动力。肺是气流的动力器官，气管是气流的传输通道。肺部呼出的气流，通过支气管、气管到达喉头，作用于其他发音器官，经过这些器官的调节而发出不同的语音。

### 2. 发声器官

发声器官包括喉头和声带。喉头由四块软骨组成：甲状软骨、环状软骨和两块勺状软骨。四块软骨构成圆筒形，中部附着声带。声带是两片富有弹性的肌肉薄膜，两片薄膜中间的空隙是声门，声门是气流的通道。声带可以放松或拉紧，使声门打开或关闭。呼出的气流通过声门使声带振动发出声音，控制声带松紧的变化，就可以发出不同的声音。

### 3. 共鸣器官

共鸣器官包括咽腔、口腔和鼻腔。喉头上面是咽腔。咽腔下连喉头，前通口腔，上连鼻腔。口腔和鼻腔之间由软腭和小舌隔开。软腭和小舌上升时，鼻腔闭塞，口腔畅通，发出的音在口腔中共鸣，叫口音。软腭和小舌下垂，口腔阻塞，气流只能从鼻腔呼出，发出的音在鼻腔中共鸣，叫鼻音。如果口腔内无阻碍，气流从鼻腔和口腔同时呼出，这时发出的音同时在口腔和鼻腔中共鸣，叫鼻化音（也叫半鼻音或口鼻音）。对发音来说口腔最重要。口腔上部可以分为上唇、上齿、齿龈、硬腭、软腭和小舌。口腔下部可以分为下唇、下齿和舌头。舌头是口腔中最灵活的器官，可以分为舌尖、舌叶和舌面三部分。

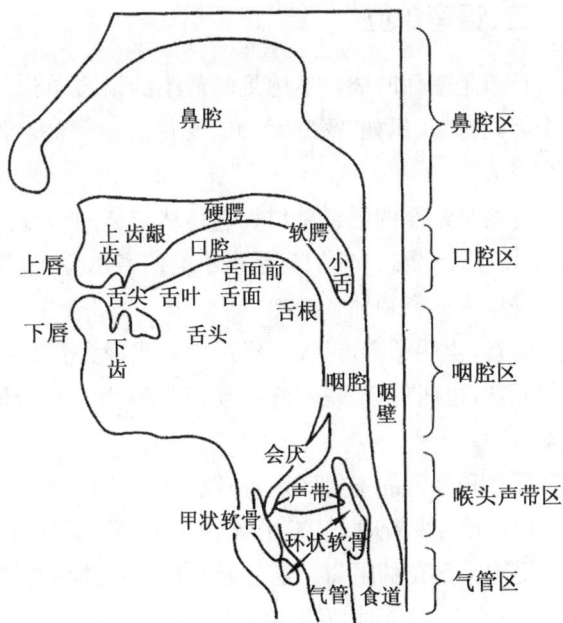

图 1-1　发音器官示意图

## （三）语音的社会属性

语音是一种社会现象，具备社会属性。语音的社会属性是它的本质属性，主要有两个特点。

### 1. 约定俗成

语音的形式和意义之间没有必然的联系。何种语音表达何种意义、何种意义用何种语音表达,其间并没有必然的、本质的联系,而是在一定范围内的社会成员在长期的社会生活中约定俗成的。在不同语言中,同一个意思会用不同语音来表示,比如玫瑰花这种植物,汉语称为玫瑰花,英语称为 rose。也就是说,用什么声音和事物本身没有必然的联系,而是因为社会、民族的不同而不同,是由这种语言的全体成员约定俗成的。

### 2. 系统性

不同的语言或方言都有自身独特的语音系统。即使从物理属性和生理属性上看是不同的音,在不同语言或方言中也可能认为是相同的音。比如在普通话中有 z、c、s 和 zh、ch、sh 两组声母:私人≠诗人、桑叶≠商业,而在粤方言和吴方言中只有一组 z、c、s 声母,没有 zh、ch、sh 声母。再如,普通话中送气音 p、t、k 和不送气音 b、d、g 分得很清楚,是两套语音单位:兔子≠肚子、跑了≠饱了,在英语中送气音和不送气音却算作一套语音单位。可见,语音的属性不单单体现在物理和生理两个方面,还有社会属性,而且社会属性是语音的本质属性。

## 二、语音单位

音节是听话时能自然感到的最小的语音单位。一般来说,一个汉字的读音就是一个带调音节,例如"汉"(hàn)。儿化韵的词是例外,"花儿"(huār)是两个汉字表示一个音节。

音素是最小的语音单位。这是从音色的角度进行划分的。例如,"汉"可以分为"h、a、n"三个音素。它们就是最小的语音单位,就是音素。

音素有元音和辅音两类。

辅音,也叫子音,是气流经过口腔或咽头受到一定程度的阻碍而形成的音素。

元音,也叫母音,是气流振动声带发出声音,经过口腔、咽头不受阻碍而形成的音素。

元音和辅音的主要区别,一般归纳为四点:

(1) 元音发音时,气流在咽头、口腔不受阻碍;辅音发音时,气流通过口腔、鼻腔时要受到某部位的阻碍。这是元音和辅音的最主要区别。

(2) 元音发音时,发音器官各部位保持均衡的紧张状态;辅音发音时,构成阻碍的部位比较紧张,其他部位比较松弛。

(3) 元音发音时,气流较弱;辅音发音时,气流较强。

(4) 元音发音时,声带要颤动,发出的声音比较响亮;辅音发音时,有的声带颤动,声音响亮,有的辅音声带不颤动,声音不响亮。

## 三、记音符号

为了给汉字注音,古人曾使用多种记音方法,例如"直音法"和"反切法"。后来又产生了"注音符号"来记音。现在我们使用《汉语拼音方案》。此外还用到国际音标来记录语音。

### (一)《汉语拼音方案》

《汉语拼音方案》是给汉字记音的一套注音符号,也是推广普通话的有力工具。中国文字改革委员会于 1956 年 2 月拟订并公布了《汉语拼音方案(草案)》。这个草案经过全国政协和各界人士广泛讨论,又经国务院成立的汉语拼音方案审订委员会反复讨论、审议、修订后,最终由国务院全体会议通过,在 1958 年 2 月由第一届全国人民代表大会第五次会议批准作为正式方案推行。这是以拼音字母和拼写方式为内容的一套中华人民共和国法定的拼音方案,同时,它也是世界各民族学习汉语的工具和拼写中国专用名词及词语的国际标准。

汉语拼音方案主要的用途有以下几个方面:

1. 汉字的注音工具

《汉语拼音方案》克服了其他注音方法的缺点,能够准确地给汉字注音。它采用拉丁字母,既容易学习,又便于国际间的文化交流。

2. 普通话的拼写工具

推广普通话,光靠口耳是不够的,《汉语拼音方案》可以帮助教学,矫正读音,是推广普通话的有效工具。

此外,《汉语拼音方案》还可以用来作为我国各少数民族创制和改革文字的共同基础,帮助外国人学习汉语,音译人名、地名和科学术语,以及用来编制索引和代号,等等。在计算机输入中,拼音输入法是最简便易学的。

### (二) 国际音标

不同的语言、不同的方言各有自己相对独立的语音系统,因此需要一套世界统一的记音符号。国际音标是国际上通用的一套记音符号。它是 1886 年成立于英国伦敦的国际语音学会为了记录和研究人类语言的语音而制定的一套记音符号。它共有一百多个符号,符合"一个符号一个音素,一个音素一个符号"的原则,至今已经过多次修订。由于符号简明、科学、细致,国际音标成为语言研究和教学有效的基本工具。

**思考与练习**

1. 什么是语音?它和自然界的其他声音有什么异同?
2. 联系你熟悉的语言,谈谈为什么说社会属性是语音的本质属性。
3. 请结合历史和现实,谈谈《汉语拼音方案》的作用。

# 汉语拼音方案

## 一、字母表

| 字母 | Aa | Bb | Cc | Dd | Ee | Ff | Gg |
|---|---|---|---|---|---|---|---|
| 名称 | ㄚ | ㄅㄝ | ㄘㄝ | ㄉㄝ | ㄜ | ㄝㄈ | ㄍㄝ |
| | Hh | Ii | Jj | Kk | Ll | Mm | Nn |
| | ㄏㄚ | ㄧ | ㄐㄧㄝ | ㄎㄝ | ㄝㄌ | ㄝㄇ | ㄋㄝ |
| | Oo | Pp | Qq | Rr | Ss | Tt | |
| | ㄛ | ㄆㄝ | ㄑㄧㄡ | ㄚㄦ | ㄝㄙ | ㄊㄝ | |
| | Uu | Vv | Ww | Xx | Yy | Zz | |
| | ㄨ | ㄇㄝ | ㄨㄚ | ㄒㄧ | ㄧㄚ | ㄗㄝ | |

v 只用来拼写外来语、少数民族语言和方言。

字母的手写体依照拉丁字母的一般书写习惯。

## 二、声母表

| b | p | m | f | d | t | n | l |
|---|---|---|---|---|---|---|---|
| ㄅ玻 | ㄆ坡 | ㄇ摸 | ㄈ佛 | ㄉ得 | ㄊ特 | ㄋ讷 | ㄌ勒 |
| g | k | h | | j | q | x | |
| ㄍ哥 | ㄎ科 | ㄏ喝 | | ㄐ基 | ㄑ欺 | ㄒ希 | |
| zh | ch | sh | r | z | c | s | |
| ㄓ知 | ㄔ蚩 | ㄕ诗 | ㄖ日 | ㄗ资 | ㄘ雌 | ㄙ思 | |

在给汉字注音的时候,为了使拼式简短,zh ch sh 可以省作 ẑ ĉ ŝ。

## 三、韵母表

| | i<br>ㄧ 衣 | u<br>ㄨ 乌 | ü<br>ㄩ 迂 |
|---|---|---|---|
| a<br>ㄚ 啊 | ia<br>ㄧㄚ 呀 | ua<br>ㄨㄚ 蛙 | |
| o<br>ㄛ 喔 | | uo<br>ㄨㄛ 窝 | |
| e<br>ㄜ 鹅 | ie<br>ㄧㄝ 耶 | | üe<br>ㄩㄝ 约 |
| ai<br>ㄞ 哀 | | uai<br>ㄨㄞ 歪 | |

| ei<br>乁 欸 | | uei<br>ㄨㄟ 威 | |
| --- | --- | --- | --- |
| ao<br>ㄠ 熬 | iao<br>ㄧㄠ 腰 | | |
| ou<br>ㄡ 欧 | iou<br>ㄧㄡ 忧 | | |
| an<br>ㄢ 安 | ian<br>ㄧㄢ 烟 | uan<br>ㄨㄢ 弯 | üan<br>ㄩㄢ 冤 |
| en<br>ㄣ 恩 | in<br>ㄧㄣ 因 | uen<br>ㄨㄣ 温 | ün<br>ㄩㄣ 晕 |
| ang<br>ㄤ 昂 | iang<br>ㄧㄤ 央 | uang<br>ㄨㄤ 汪 | |
| eng<br>ㄥ 亨的韵母 | ing<br>ㄧㄥ 英 | ueng<br>ㄨㄥ 翁 | |
| ong<br>（ㄨㄥ）轰的韵母 | iong<br>ㄩㄥ 雍 | | |

（1）"知、蚩、诗、日、资、雌、思"七个音节的韵母用 i，即知、蚩、诗、日、资、雌、思等字拼作 zhi、chi、shi、ri、zi、ci、si。

（2）韵母儿写成 er，用作韵尾的时候写成 r。例如："儿童"拼作 értóng，"花儿"拼作 huār。

（3）韵母 ㄝ 单用的时候写成 ê。

（4）i 行的韵母，前面没有声母的时候，写成 yi（衣），ya（呀），ye（耶），yao（腰），you（忧），yan（烟），yin（因），yang（央），ying（英），yong（雍）。

u 行的韵母，前面没有声母的时候，写成 wu（乌），wa（蛙），wo（窝），wai（歪），wei（威），wan（弯），wen（温），wang（汪），weng（翁）。

ü 行的韵母，前面没有声母的时候，写成 yu（迂），yue（约），yuan（冤），yun（晕）；ü 上两点省略。

ü 行的韵母跟声母 j，q，x 拼的时候，写成 ju（居），qu（区），xu（虚），ü 上两点也省略；但是跟声母 n，l 拼的时候，仍然写成 nü（女），lü（吕）。

（5）iou，uei，uen 前面加声母的时候，写成 iu，ui，un。例如：niu（牛），gui（归），lun（论）。

（6）在给汉字注音的时候，为了使拼式简短，ng 可以省作 ŋ。

四、声调符号

| 阴平 | 阳平 | 上声 | 去声 |
|------|------|------|------|
| ˉ | ´ | ˇ | ` |

声调符号标在音节的主要母音上。轻声不标。例如：

| 妈 mā | 麻 má | 马 mǎ | 骂 mà | 吗 ma |
|-------|-------|-------|-------|-------|
| （阴平） | （阳平） | （上声） | （去声） | （轻声） |

五、隔音符号

a，o，e 开头的音节连接在其他音节后面的时候，如果音节的界限发生混淆，用隔音符号（'）隔开，例如：pí'ǎo（皮袄）。

# 国际音标简表

| | | | 双唇 | 唇齿 | 舌尖前 | 舌尖中 | 舌尖后 | | 舌面前 | 舌面中 | 舌面后 | |
|---|---|---|---|---|---|---|---|---|---|---|---|---|
| 发音部位 发音方法 | | | 上唇下唇 | 上齿下唇 | 舌尖齿背 | 舌尖上齿龈 | 舌尖硬腭前 | 舌叶 | 舌面前硬腭前 | 舌面中硬腭 | 舌面后软腭 | 喉 |
| 辅音 | 塞音 | 清 不送气 | p | | | t | ʈ | | ȶ | c | k | ʔ |
| | | 清 送气 | pʰ | | | tʰ | ʈʰ | | ȶʰ | cʰ | kʰ | |
| | | 浊 | b | | | d | ɖ | | ȡ | | g | |
| | 塞擦音 | 清 不送气 | | pf | ts | | ʈʂ | tʃ | tɕ | | | |
| | | 清 送气 | | pfʰ | tsʰ | | ʈʂʰ | tʃʰ | tɕʰ | | | |
| | | 浊 | | | dz | | ɖʐ | dʒ | dʑ | | | |
| | 鼻音 | 浊 | m | ɱ | | n | ɳ | | ɲ | ɲ | ŋ | |
| | 闪音 | 浊 | | | | ɾ | | | | | | |
| | 边音 | 浊 | | | | l | | | | | | |
| | 擦音 | 清 | ɸ | f | s | | ʂ | ʃ | ç | ç | x | h |
| | | 浊 | β | v | z | | ʐ | ʒ | ʑ | j | ɣ | ɦ |
| | 半元音 | 浊 | w ɥ | ʋ | | | | | | j(ɥ) | (w) | |

| 元音 | 舌位 | 口腔 | 类别 | 舌尖元音 前 | | 央 | 后 | | 舌面元音 前 | | 央 | | | 后 | |
|---|---|---|---|---|---|---|---|---|---|---|---|---|---|---|---|
| | | | 唇形 | 不圆 | 圆 | 自然 | 不圆 | 圆 | 不圆 | 圆 | 不圆 | 自然 | 圆 | 不圆 | 圆 |
| 元音 | 高 | 最高 | 闭 | ɿ | ʮ | | ʅ | ʯ | i | y | | | | ɯ | u |
| | | 近高 | | | | | | | ɪ | | | | | ʊ | |
| | 中 | 半高 | 半闭 | | | | | | e | ø | | | | ɤ | o |
| | | 正中 | | | | | | | | | | ə | | | |
| | | 半低 | 半开 | | | | | | ɛ | œ | | | | ʌ | ɔ |
| | 低 | 近低 | | | | | | | æ | | | ɐ | | | |
| | | 最低 | 开 | | | | | | a | | | ᴀ | | ɑ | ɒ |

第二节　发声训练

嗓子是人们进行情感交流、公关活动、文艺活动的重要工具。从日常交流到教师授课、领导讲话、工作汇报、会议主持等,都离不开嗓音的运用。我们每个人都有一副好嗓子,但有的人由于用嗓不科学,容易出现以下问题:发声沙哑难听,声音小而无力,吐字不清晰。学习科学的发声方法,了解发声原理,运用正确的呼吸方式,掌握共鸣控制的方法,着力吐字归音,可以有效改善音质,使嗓音持久、响亮、清晰,对于从事语言工作的人们也大有裨益。

## 一、了解发声原理

语言的形成是大脑对人的发音器官发出指令,由人的发音器官活动后产生的结果。发音器官是指在言语活动中参与发音动作的人体器官。按呼出气流运动的方向由下而上可将发音器官分为三个区域,即动力区、声源区和调音区。

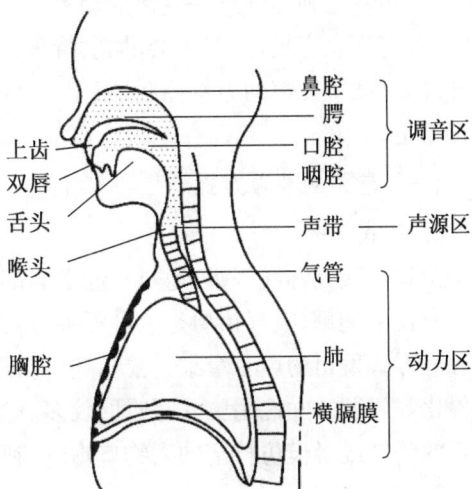

图 1-2　发音器官示意图

### （一）动力区

动力区指为人体发声提供动力的
区域,主要由肺、气管、胸廓以及膈肌、腹肌等器官和相关肌肉组成。肺是产生气流的动力站,气管是气流的通道,胸廓和膈肌的运动能改变胸腔的容积。胸廓的运动改变胸腔的周围径,而膈肌的运动改变胸腔的上下径。

### （二）声源区

声源区主要有喉头和声带。喉位于气管的上端,是由四块软骨构成的圆筒。声带位于喉腔中部,左右各一,像两片唇形的肌肉,边缘较薄。当气流通过喉部时,声带振动发出声音,这个声音叫喉原音。

### （三）调音区

调音区主要包括咽腔、口腔和鼻腔。声带振动发出的喉原音很微弱,需要经过共鸣后得到扩大和美化,从而形成不同的语言音色。咽腔、口腔和鼻腔通过形状的改变可以对喉原音进行调节,是人类语音的调音器。胸腔也起着重要的共鸣作用。

### （四）发音过程

气流从肺部呼出,通过支气管、气管到达声源区,在声源区引起声带振动,产生喉原音。随着气流经过咽腔、口腔或鼻腔,喉原音进一步引起各共鸣腔的共鸣得到扩大和美化,在口腔中受到唇、齿、舌、腭等的节制,在对共鸣腔进行调节,对呼出气流构成阻碍和克服阻碍的过程中形成了负载信息的语言符号——语音。因此,我们可以通过呼吸控制训练,有目的地调节共鸣腔体,掌握吐字归音技巧,着力弥补自身的音色和嗓音条件的不足,使自己的声音更加饱满、持久、洪亮、清晰。

## 二、呼吸控制训练

“气乃音之帅”,气息是发声的动力。日常说话和艺术语言的表达都需要气息的支撑,只有气息充足,声音才会洪亮、持久、富有变化。自如地控制吸气、呼气的流量与速度,有助于发声的力量控制,减少声带压力,使吐字饱满有力,还可以弥补先天声音的不足。

### （一）常见的呼吸方式

1. 胸式呼吸

胸式呼吸又称浅呼吸,通过提起上胸部扩大胸腔的前后左右径来吸气,吸进的气流填充在上胸部,吸气抬肩是这种呼吸方式的标志。胸式呼吸的吸气量较小,采用这种呼吸方式发出的声音窄细、轻飘,还容易造成肩胸紧张、喉部负担重、易疲劳以及声音僵化等问题。女性用胸式呼吸的较多。这种呼吸方式也并非一无是处,需要表现特定的语气或者模仿特定的人物口吻时,利用这种呼吸方式就可以做到。

2. 腹式呼吸

腹式呼吸又称深呼吸,通过降低膈肌扩大胸腔的上下径来吸气,吸气时肚子会鼓起,胸廓没有明显的活动。男性用腹式呼吸的较多。与胸式呼吸相比,这种呼吸方式吸气量较大,呼出的气流也强,但腹式呼吸难以控制,发出的声音比较低沉,缺乏持久性。

3. 胸腹联合式呼吸

胸腹联合式呼吸,是胸腹两种呼吸方式的结合。这种呼吸方式是通过胸部肋骨和横膈膜共同运动来实现的,可以全面扩张胸腔和腹腔的容积,吸气量大,气吸得深,呼出的气流强而有力,容易产生坚实明亮的音色。这种呼吸方式较前两种有明显的优势,经过一定的控制训练,易于产生坚实、响亮的音色,可以达到比较理想的声音状态。

**(二) 胸腹联合式呼吸的要领**

1. 吸气要领

胸腹联合式呼吸的练习要从吸气开始,其具体的要领为:吸气要吸到肺底,扩展两肋,腹壁站定。

吸到肺底:口鼻同时吸气,气息随气管一直深到丹田。

扩展两肋:吸气时,双肩放松,自然下垂;两肋向左右舒展。

腹壁站定:吸气时,胸部扩张同时,腰腹都微微撑开,但在最后吸气一瞬间,使腹壁稳健有力微向丹田内收。这是为了找到"力发于丹田"的感觉。

2. 呼气要领

语音的形成是在呼气过程中形成的,所以掌握正确的呼气方式是呼吸控制训练的重点。呼气的练习要达到三个标准:一是把握呼气的平稳产生;二是锻炼呼气的持久状态;三是控制呼气运动的调节。

平稳:呼气时,要有控制地保持气息规则,均匀呼出,达到平稳的呼吸状态,可以通过控制呼吸肌肉群之间的对抗来实现。

持久:一口气能维持较长的时间,能发出较多的音节,并且在较长的时间里保持良好的呼吸状态,可以通过放松声带、控制气息呼出的力度来实现。

调节:语音的丰富性依赖于气息运动的灵活性。在稳劲、持久的呼吸控制能力的基础上,必须熟练掌控运动着的气息,使其能根据作品内容和情感的变化而变化。气息的调节主要是因为情绪的变化需要,可以通过理解表达内容、调动心理活动来实现。

3. 换气要领

气息在使用过程中只有不断补充,才能持久使用。换气动作的要领须注意以下三点:

句首换气:一句话说完之后都需要补充气息,但是不要说完后马上进气,而要在下一句开始前进行吸气,否则会给人以仓促感,破坏句子间的情感转换。

换气到位:换气是要吸到丹田,丹田和后腰的感觉可以时大时小,但不可以时有时无。

留有余地:吸气不要过于饱满,七八成即可;呼气不能将气用尽,而要在该换气时还有余气。

**(三)呼吸控制练习**

1.吸气训练

(1)深呼吸

站立或端坐,胸自然挺起,两肩下垂,小腹微收。口鼻同时吸气,注意均匀,气息下沉,两肩不能耸起,控制1～2秒钟,再缓缓呼出。

(2)闻花香

想象面前有一盆鲜花,自己深吸一口气,让花香沁人心脾,感觉两肋渐开,气吸进八成满,控制1～2秒钟,再缓缓呼出。

(3)抬重物

站立,想象面前有一个大箱子,猛吸一口气,双手将其抬起,气息自然下沉,腹肌收缩,腰带周围有胀满的感觉,体会吸气那一瞬间的感觉。

2.呼气训练

(1)叹气

深吸一口气,发出"唉"的叹气声,全部松掉吸进的气。

(2)吹灰尘

假设面前的桌子上布满了灰尘,请你吹掉桌子上面的灰尘,要求气息均匀而缓慢地呼出。

(3)发长"si"

站立或端坐,深吸一口气,发"si",气息要细要匀,呼气时间逐渐延长,达到25～30秒为合格。

3.呼吸综合训练

(1)呼吸循环训练

数数1～5,口鼻同时均匀吸气至丹田,小腹微收,保持1秒钟;数数1～8,气息集中从嘴唇中部发出"si"的声音,均匀呼气,直至气息完毕,再转换一轮吸、呼的练习。

(2)呼吸纸条训练

裁一张拇指宽的纸条,用手将纸条平放在鼻孔下方,纸条与鼻孔之间保持一拇指厚度的距离,双嘴紧闭,用鼻子吸纸条。吸气时,纸条贴住鼻孔。呼气时,纸条离开鼻孔。这个练习可以锻炼、体会膈肌和丹田的控制能力。

(3)喊人名训练

假设一个人在距离你1米、5米、10米、50米、100米远的地方,请你呼唤他的名字,使他听见。通过练习可以调整气息状态。

(4)绕口令训练

**数枣**

出东门,过大桥,大桥底下一树枣,拿着竿子去打枣,青的多,红的少:一个枣,两个枣,三个枣,四个枣,五个枣,六个枣,七个枣,八个枣,九个枣,十个枣,十个枣,九个枣,八个枣,七个枣,六个枣,五个枣,四个枣,三个枣,两个枣,一个枣,这是一个绕口令,一口气说完才算好。

➢扫描章首二维码获取绕口令训练《数枣》的音频。

（5）诗词训练

**静夜思**

床前明月光,疑是地上霜。

举头望明月,低头思故乡。

先用一口气读一句,再用一口气读两句,最后用一口气读完全诗,朗读时要体会作者在寂静的夜晚思念故乡的深沉情感。

## 三、共鸣控制训练

### （一）共鸣的概念

人体中有许多能够产生共鸣的空间结构。人体有口、咽、喉、鼻、头、胸、腹等腔体,当气流冲击声带发出声音（喉原音）后,通过这些腔体产生了声波的共振,原来微弱细小的声音得到美化和扩大,发出圆润、明亮的声音,这就是我们所说的共鸣。

常见的共鸣方式有胸腔共鸣、口腔共鸣和鼻腔共鸣。胸腔共鸣也叫低音共鸣,良好的胸腔共鸣可以使声音浑厚、低沉。口腔共鸣也叫中音共鸣,良好的口腔共鸣可以使声音丰满、圆润。鼻腔共鸣也叫高音共鸣,良好的鼻腔共鸣可以使声音高亢、明亮。

### （二）共鸣控制要领

在语言艺术表达中,以口腔共鸣为主,胸腔共鸣为辅,发高音时伴随鼻腔共鸣。因此口腔是所有共鸣器官中最重要、最灵活的共鸣腔体。控制口腔共鸣,主要是扩大这一共鸣腔体。其要领是"提、打、挺、松"。

1. 提颧肌

提颧肌指通过颧肌上提收缩,将上腭前部抬起,可以增加口腔前部的共鸣,提高声音的明亮度和字音的清晰度。提颧肌时面部表现为微笑状,但这与心情高兴而微笑不完全相同,上唇可以紧贴牙齿,会更容易把握咬字力度。

2. 打牙关

打牙关是指使上下槽牙之间拉开一定的距离,是抬起上腭中部的动作,类似于啃苹果。打牙关不仅可以丰富口腔共鸣,还可以使咬字位置适中、力量稳健。

3. 挺软腭

软腭在上颚后部,挺软腭是抬起上腭后部的动作,它的作用是:第一,加大口腔后部空间,改善音色;第二,缩小鼻咽入口,避免声音大量灌入鼻腔而造成鼻音。可以用夸张吸气和"半打哈欠"来体会,因为这时候软腭是挺起的状态。

### 4. 松下巴

发音时力量主要在口腔上半部,下巴应处于放松状态,松下巴还有助于放松喉部,否则舌根会紧张,口腔变扁,容易把字咬死。日常牙痛时说话,下巴一般是放松的,可以模仿一下。

#### (三)共鸣控制练习

**1. 半打哈欠练习**

模仿平时打哈欠动作的前半部分,慢慢张口,不要仰头,下巴自然下垂,口张到似乎感觉脸部两侧的筋被拉满为止,不是真实的打哈欠。连续10~20个。

**2. 弹发嘿哈**

手放在胸部,感受发嘿哈的声音从低到高,胸部的振动感从强到弱。

**3. 单音节发声**

发出短促的音节"ba-pa-ma-fa-da-ta-na-la-ga-ka",体会声音集中成一条线,从硬腭前部弹出的感觉。

**4. 夸张四声练习**

选择口腔开度较大的音节在前,开口度较小的在后,达到以开口音带闭口音,闭口音稍开的目标。

大—气—磅—礴    身—强—体—壮    百—步—穿—杨    烟—消—云—散
山—明—水—秀    光—明—磊—落    中—华—伟—大    花—红—柳—绿

➤扫描章首二维码获取夸张四声练习的音频。

**5. 象声词练习**

哗啦啦    滴溜溜    咕隆隆    扑通通    唰啦啦

## 四、吐字归音训练

#### (一)吐字归音的要领

口腔既是共鸣腔体,又是一个吐字器官。将口腔作为共鸣腔,保持良好的发声状态,再加上咬字器官的配合,才能达到声音准确规范、清晰集中、圆润饱满、流畅自如的吐字目标。普通话中一个音节包括声母、韵头、韵腹、韵尾,吐字归音是把一个音节的发音过程分为三个阶段:出字(声母、韵头)、立字(韵腹)、归音(韵尾)。

**1. 出字**

出字要叼住,指在一个音节的发音过程中,声母和韵头的发音要求"部位准确,叼着有力"。俗话说"嘹字如嘹虎",叼字要用巧劲儿,使声音集中、清晰,与"含""咬"有所区别。

**2. 立字**

立字是韵腹的发音过程,要拉开立起。拉开是横向拉长,与出字、归音两个阶段相比较,立字阶段的发音时间最长;立起是指纵向竖起,即韵腹发音时要打开口腔。

3. 归音

归音是指音节发音的收尾过程，口型到位，声音弱收。归音的过程是气息渐渐变弱、力量渐渐放松、声音渐渐停止。

**（二）吐字归音练习**

要做到吐字归音，首先要加强对咬字器官的锻炼。咬字器官包括双唇、上下齿、舌、硬腭和软腭。其中唇、舌的作用最大，唇舌灵活是语音流程自如的前提，否则会出现吐字含混、粘连等现象。

1. 唇的练习

喷：双唇紧闭，堵住气流，突然张开发出[bo]音。注意不要满唇用力，把力量集中在唇中央。

咧：先把双唇噘起，然后向嘴角两边用力伸展，反复进行此动作。

撇：先把双唇噘起，然后撇向左侧脸颊和右侧脸颊，交替进行此动作。

绕：先把双唇噘起，然后逆时针转360°角，再顺时针转360°角，交替进行此动作。

2. 舌的练习

伸：把嘴张大，努力将舌往外伸，舌尖越尖越好，伸到最大程度，再收回，反复数次。

刮：舌尖抵住下齿背，舌面用力向外顶，上门齿从舌尖刮向舌根。

弹：舌尖抵住上齿龈，然后突然打开发出[t]音，反复数次，力量集中在舌的中线上。

绕：闭唇，把舌尖伸到唇齿之间，先顺时针方向转360°角，再逆时针方向转360°角，交替进行。

3. 枣核字音练习

教条　缥缈　绣球　求救　摧毁　归队　变迁　偏见

贯穿　专断　涓涓　全权　将相　湘江　穷凶　炯炯

4. 绕口令练习

（1）扁扁爸背个扁扁背篓，上扁扁山拔扁扁豆。拔了一扁背篓扁扁豆，扁扁爸背不起一扁背篓扁扁豆，只背了半扁背篓扁扁豆。

（2）班干部管班干部，班干部不让班干部管，班干部偏管班干部。

（3）会炖我的炖冻豆腐，来炖我的炖冻豆腐，不会炖我的炖冻豆腐，别炖我的炖冻豆腐。别胡炖乱炖，炖坏了我的炖冻豆腐。

（4）楼道吊刀刀倒吊着。（一口气读多遍）

## 思考与练习

1. 胸腹联合式呼吸的原理是什么？

2. 胸腹联合式呼吸的呼气要领是怎样的？

3. 什么是吐字归音,其要领是什么?

4. 儿歌口部操训练:

小鸭子嘎嘎嘎,小花猫喵喵喵,小黄狗汪汪汪,大老虎嗷嗷嗷,小朋友哈哈哈。

5. 短文气息控制训练:

"我的狗慢慢地逼近它。忽然,从附近一棵树上扑下一只黑胸脯的老麻雀,像一颗石子似的落在狗的嘴脸跟前——它全身倒竖着羽毛,惊惶万状,发出绝望、凄惨的叽叽喳喳叫声,两次向露出牙齿、大张着的狗嘴边跳扑前去。"(节选自屠格涅夫《麻雀》)

6. 绕口令叼字训练:

(1)八百标兵奔北坡,炮兵并排北边跑,炮兵怕把标兵碰,标兵怕碰炮兵炮。

(2)掉到敌岛打特盗,特盗太刁投短刀,挡推顶打短刀掉,踏盗得刀盗打倒。

(3)哥挎瓜筐过宽沟,赶快过沟看怪狗,光看怪狗瓜筐扣,瓜滚筐空哥怪狗。

(4)床身长,船身长,床身船身不是一样长。

(5)清早上街走,走到周家大门口。门口跳出大黑狗,朝我汪汪大声吼。拾起石头打黑狗,黑狗跳起咬我手。

# 第二章
# 普通话语音训练

## ※ 学习目标

> 1. 了解普通话的含义，明确推广普通话的重要意义。
> 2. 了解普通话与方言的关系，热爱汉语言文字。
> 3. 掌握学习普通话的方法。
> 4. 了解普通话水平测试的要求。

语言是人类最重要的交际工具。我国的语言种类有很多，汉语是使用人数最多的语言。汉语有方言和普通话之分。普通话在我们的日常生活中具有非常重要的作用。想要说一口标准的普通话，就需要我们科学、系统地学习语音的相关知识。

## 第一节　普通话概述

语言是人的第二张名片。在说话时能做到吐字清晰、语流顺畅，听众对你的好感将会倍增。在当今社会，讲一口标准流利的普通话是师范生的基本素养，也是师范生必备的一项基本技能。因此，我们有必要学习说好普通话。

### 一、什么是普通话

普通话是以北京语音为标准音，以北方话为基础方言，以典范的现代白话文著作为语法规范的现代汉民族共同语，是国家的通用语言。

1955年全国文字改革会议和现代汉语规范问题学术会议决议中明确提出"汉民族共同语即普通话……普通话以北方话为基础，以北京语音为基础音"。1956年国务院公布的《关于推广普通话的指示》进一步将普通话的含义进行调整与补充："以北京语音为标准音，以北方话为基础方言，以典范的现代白话文著作为语法规范的现代汉民族共同语。"这个定义实质上是从语音、词汇与语法三个方面提出了规范标准。

"以北京语音为标准音",指的是以北京话的语音系统为标准,并不是全部采纳北京话的读音,而是去除北京话的土腔土话以后加以规范,因此北京话不等于普通话。

"以北方话为基础方言",是指普通话是在北方方言的基础上形成并逐渐发展起来的,普通话的词汇主要采纳自北方方言的词汇系统,同时也从其他方言中吸取所需要的词汇。

"以典范的现代白话文著作为语法规范"是指普通话的语法标准,现代的具有代表性的白话文著作为普通话提供了语法规范。

## 二、普通话与方言的关系

我国是一个多语言国家,汉语作为使用最多的语言,有普通话和方言之分。普通话是现代汉民族的共同语。方言是民族语言的地域分支,它是由于受山川阻隔和社会历史等因素的影响,某一区域的人们所使用的一种地方交际语。

据 2012 年出版的《中国语言地图集》(第 2 版),汉语方言可以分为十区:

### (一) 官话区

官话方言分布在长江以北和西南各省区的广大地区,从南京到乌鲁木齐,从昆明到哈尔滨,相距几千公里。官话区人口 79 858 万,约占说汉语人口的三分之二(66.17%)。官话区又可以分为八个区,即东北官话区、北京官话区、冀鲁官话区、胶辽官话区、中原官话区、兰银官话区、江淮官话区、西南官话区。

### (二) 晋语区

晋语是指山西省及其毗连地区有入声的方言,以太原话为代表。主要分布在山西省除西南部、西北角以外地区,河北省西部,河南省黄河以北地区,内蒙古中部黄河以东地区,陕西省北部。晋语区人口 6 305 万,占说汉语人口的 5.22%。

### (三) 吴语区

吴语区包括江苏省东南部、上海市、浙江省(除淳安县以外)、江西省东部、安徽省南部部分地区。以苏州话为代表。吴语区人口 7 379 万,占说汉语人口的 6.11%。

### (四) 徽语区

徽语区分布于新安江流域的安徽省歙县、休宁、祁门、绩溪、黟县,浙江省建德、淳安、桐庐,江西省少数市县。以徽州地区东部的绩溪话为代表。徽语区人口 330 万,占说汉语人口的 0.27%。

### (五) 赣语区

包括江西省赣江中下游与抚河流域及鄱阳湖地区、湖南省东部及西南部、湖北省南部、安徽省南部、福建省西北部部分市县。以南昌话为代表。赣语区人口 4 800 万,占说汉语人口的 3.98%。

### （六）湘语区

湘语主要分布在湖南的湘江、资江流域和沅江中游的辰溪、泸溪、溆浦三县，以及广西的全州、兴安、灌阳和资源四县。以长沙话为代表。湘语区人口 3 637 万，占说汉语人口的 3.01%。

### （七）闽语区

闽语区包括福建、台湾、海南三省，广东省的潮汕地区和雷州半岛。浙江省、广西壮族自治区、江苏省南部、安徽省南部、江西省东北部也都有闽语分布。闽语区人口 7 500 万，占说汉语人口的 6.21%。

### （八）粤语区

粤语分布在广东省和广西壮族自治区。以广州话为代表。粤语区人口 5 882 万，占说汉语人口的 4.87%。

### （九）平话和土话区

平话和土话主要分布在广西、湖南、广东这三个省的 59 个县市。平话和土话区人口 778 万，占说汉语人口的 0.64%。平话和土话又可分为桂南、桂北、湘南和粤北四个片区。

### （十）客家话区

客家话分布在广东、海南、广西、福建、台湾、江西、湖南、四川八个省的 200 多个县市。以广东梅县话为代表。客家话区人口 4 220 万，占说汉语人口的 3.5%。

自国家 1986 年把推广普通话作为国家语言工作的首要任务以来，推广普通话与保护方言一直是语言学者们普遍关注的两个问题。由于我国的方言种类多、差异大，所造成的语言障碍在一定程度上影响了社会经济、政治和文化的发展。因此，依法推广普通话势不可挡。但普通话和方言从来都不是对立的，并非一个取代另一个。普通话是国家标准语言，是公务、交际语言；而方言用于非正式场合，是乡土、家庭语言。一个服务于全国群众，一个服务于地区群众，二者相辅相成，共同满足我国人民的交流需要。

在 2005 年度语言文字工作会议上，时任教育部副部长、国家语委主任袁贵仁做了关于《树立和落实科学发展观，促进语言文字工作的协调、可持续发展》的讲话，指出："重视方言在人类发展史上的重要地位，对其进行挖掘、记录、整理、研究，属于文化事业，与推广普通话并不矛盾，更不应影响推广普通话的进程。但在目前和今后一段时期内，解决我国语文生活中共同语的普及滞后于经济文化发展的要求仍然是政府的主要职责。所以，只要推广普通话和保护方言二者都在法律允许的范围内进行，就是对国对民发展都有利的。"

## 三、怎样学习普通话

### （一）知能并重，重视练习

能力是由知识转化而成的，知识掌握得越丰富、越扎实，转化的能力也就越强。转化的关键在于系统的训练。因此，要想学好普通话，首先要掌握普通话的语音知识，通过典范示例掌握方法。在此基础上，通过有步骤、有系统的训练，将知识转化为技能技巧。

### （二）循序渐进，坚持不懈

任何训练都要遵循一定的序列，逐步地、系统地进行，而序列又要遵循从易到难、从简单到复杂、从一般到特殊的认识规律来设计，这样训练才能有实效。学习普通话也不例外。因此，训练时要从声母、韵母和声调入手，打下基础以后由基础训练到综合训练，逐步深入。

### （三）学以致用，注重实践

要想说好普通话，仅仅依赖课堂训练肯定是不够的，必须在实践中提高。实践的空间是相当广阔的，例如日常和同学聊天，课堂上回答问题，集会上的即兴发言，在班级、学校开展活动时发表言论等，都为说普通话提供了很好的机会。因此，必须结合在课堂上掌握的方法，不失时机地把所学到的哪怕一个声母、一个韵母甚至某一个字的发音最大限度地应用到学习和生活中去。

## 四、普通话水平测试

### （一）普通话水平测试的目的

普通话水平测试是测查应试人的普通话规范程度、熟练程度，并根据相应的标准认定其所达到的普通话水平等级。普通话水平测试是测查应试人在生活中使用普通话进行言语交际的能力，要求说得清晰、准确、流畅。

### （二）普通话水平测试的等级标准

1992年，国家语言文字工作委员会颁布《普通话水平测试等级标准》（以下简称《标准》），该《标准》将普通话水平划分为"三级六等"。

| | | |
|---|---|---|
| 一级普通话 | 甲等 | 97～99.99 |
| | 乙等 | 92～96.99 |
| 二级普通话 | 甲等 | 87～91.99 |
| | 乙等 | 80～86.99 |
| 三级普通话 | 甲等 | 70～79.99 |
| | 乙等 | 60～69.99 |

根据国家语委和教育部的有关文件精神，结合湖南省的特点，《湖南省实施〈中华

人民共和国通用语言文字法〉办法》规定:大中专学生毕业时的普通话应当达到三级甲等以上水平,其中师范类中文专业学生毕业时的普通话应当达到二级甲等以上水平,师范类其他专业学生和非师范类与口语相关专业(如英语、音乐、新闻、文秘、法律、导游等专业)的学生毕业时的普通话应当达到二级乙等以上水平。

### (三)测试内容和评分标准

普通话水平测试以口试方式进行,既有有文字凭借内容的考查,又有无文字凭借内容的考查。考试题型及评分标准分别如下:

1. 读单音节字词

第一题是读单音节字词,包括100个音节(不含轻声、儿化音节),测查应试人声母、韵母、声调读音的标准程度。本小题共10分,限时3.5分钟,超时酌情扣0.5～1分。此题的评分标准为:语音错误(声、韵、调任何一项有误),扣0.1分/音节;语音缺陷(声、韵、调任何一项有缺陷),扣0.05分/音节。

2. 读多音节词语

第二题是读多音节词语,包括100个音节,以双音节词为主,含少量三、四音节词。此题除测查应试人声母、韵母、声调的标准程度外,还重点测查音节连读时出现的音变现象,如变调、轻声、轻重格式的变化、儿化等的标准程度。本小题共20分,限时2.5分钟,超时酌情扣0.5～1分;语音错误(含未读音变的),扣0.2分/音节;语音缺陷,扣0.1分/音节。

3. 短文朗读

第三题是朗读短文,短文选自《普通话水平测试用朗读作品》60篇,以朗读作品的前400个音节(不含标点符号和括注的音节)为评分内容。此题测查应试人使用普通话朗读书面作品的水平,在测查声母、韵母、声调读音标准程度的同时,重点测查音变、停连、语调以及流畅程度。本小题共30分,评分标准如下:

(1) 每错1个音节,扣0.1分;漏读或增读1个音节,扣0.1分。

(2) 声母或韵母的系统性语音缺陷,视程度扣0.5分、1分。

(3) 语调偏误,视程度扣0.5分、1分、2分。

(4) 停连不当,视程度扣0.5分、1分、2分。

(5) 朗读不流畅(包括回读),视程度扣0.5分、1分、2分。

(6) 超时扣1分。

4. 命题说话

第四题是命题说话,要求应试者从指定的30个话题中抽选一个,并围绕该主题展开说话。此题是前面几个测试项目在自然言语中的综合运用和体现。它既需要考查应试人单音节字词中声母、韵母、声调的发音情况,又需要考查其对多音节词语中变调、儿化、轻声词语的掌握程度,还要考查应试人在连贯语言中运用各种语调、语气的熟练水平。本题共40分,其评分标准为:

(1) 语音标准程度,共25分。分六档:

一档:语音标准,或极少有失误。视程度扣 0 分、0.5 分、1 分、1.5 分、2 分。

二档:语音错误在 10 次以下,有方音但不明显。视程度扣 3 分、4 分。

三档:语音错误在 10 次以下,但方音比较明显;或语音错误在 10 次～15 次之间,有方音但不明显。视程度扣 5 分、6 分。

四档:语音错误在 10 次～15 次之间,方音比较明显。视程度扣 7 分、8 分。

五档:语音错误超过 15 次(16 次～45 次),方音明显。视程度扣 9 分、10 分、11 分。

六档:语音错误多(45 次以上),方音重。视程度扣 12 分、13 分、14 分。

(2) 词汇语法规范程度,共 10 分。分三档:

一档:词汇、语法规范。扣 0 分。

二档:词汇、语法偶有(1 次～3 次)不规范的情况。扣 1 分、2 分。

三档:词汇、语法屡有(4 次及以上)不规范的情况。扣 3 分、4 分。

(3) 自然流畅程度,共 5 分。分三档:

一档:语言自然流畅,扣 0 分。

二档:语言基本上流畅,口语化较差,有背稿子的表现,扣 0.5 分、1 分。

三档:语言不连贯,语调生硬,扣 2～3 分。

(4) 缺时扣分。

缺时 1 分钟以内(含 1 分钟),扣 1～3 分;缺时 1 分钟以上,扣 4～6 分;说话不满 30 秒(含 30 秒),扣 40 分。

**(四) 普通话水平测试样卷**

1. 读单音节词语(100 个音节,10 分)

| | | | | | | | | | |
|---|---|---|---|---|---|---|---|---|---|
| 桩 | 病 | 款 | 牌 | 付 | 穴 | 郑 | 索 | 磨 | 颤 |
| 舱 | 嫉 | 飘 | 借 | 涌 | 棉 | 笙 | 卫 | 准 | 菌 |
| 舜 | 锅 | 钓 | 买 | 翁 | 梗 | 欧 | 润 | 量 | 否 |
| 砣 | 笨 | 缺 | 来 | 凶 | 贼 | 枕 | 隋 | 约 | 核 |
| 嘴 | 颇 | 够 | 黑 | 贰 | 筋 | 痣 | 司 | 球 | 揣 |
| 饭 | 纽 | 存 | 跌 | 熔 | 挎 | 秧 | 蹑 | 划 | 卷 |
| 恩 | 测 | 临 | 碑 | 框 | 租 | 婶 | 习 | 俩 | 石 |
| 掐 | 院 | 丢 | 如 | 患 | 旅 | 镖 | 腻 | 发 | 槛 |
| 旺 | 铜 | 绕 | 女 | 鸣 | 榻 | 旬 | 场 | 凹 | 撒 |
| 荫 | 青 | 次 | 题 | 偏 | 涮 | 秦 | 相 | 尺 | 钉 |

2. 读多音节词语(100 个音节,20 分)

| | | | | | |
|---|---|---|---|---|---|
| 团结 | 爱护 | 能量 | 辞职 | 费用 | 考虑 |
| 窝囊 | 造句 | 那么 | 名牌儿 | 俗话 | 目光 |
| 山脉 | 光棍儿 | 磁带 | 耳朵 | 碰见 | 委托 |
| 宗派 | 准确 | 帆船 | 成分 | 入学 | 玩意儿 |
| 细菌 | 统筹 | 破坏 | 心眼儿 | 抓紧 | 强调 |

| 答应 | 劳驾 | 采购 | 咨询 | 凶猛 | 怎样 |
| 源泉 | 思想 | 敏感 | 恰当 | 别人 | 按照 |
| 窗帘 | 球场 | 收获 | 处理品 | 咏叹调 | 不速之客 |

3. 朗读短文（400个音节，30分）

那是力争上游的一种树，笔直的干，笔直的枝。它的干呢，通常是丈把高，像是加以人工似的，一丈以内，绝无旁枝；它所有的丫枝呢，一律向上，而且紧紧靠拢，也像是加以人工似的，成为一束，绝无横斜逸出；它的宽大的叶子也是片片向上，几乎没有斜生的，更不用说倒垂了；它的皮，光滑而有银色的晕圈，微微泛出淡青色。这是虽在北方的风雪的压迫下却保持着倔强挺立的一种树！哪怕只有碗来粗细罢，它却努力向上发展，高到丈许，两丈，参天耸立，不折不挠，对抗着西北风。

这就是白杨树，西北极普通的一种树，然而绝不是平凡的树！

它没有婆娑的姿态，没有屈曲盘旋的虬枝，也许你要说它不美丽——如果美是专指"婆娑"或"横斜逸出"之类而言，那么白杨树算不得树中的好女子；但是它却是伟岸，正直，朴质，严肃，也不缺乏温和，更不用提它的坚强不屈与挺拔，它是树中的伟丈夫！当你在积雪初融的高原上走过，看见平坦的大地上傲然挺立这么一株或一排白杨树，难道你就只觉得树只是树，难道你就不想到它的朴质，严肃，坚强不屈，至少也象征了北方的农民；难道你竟一点儿也不联想到，在敌后的广大土//地上，到处有坚强不屈，就像这白杨树一样傲然挺立地守卫他们家乡的哨兵！难道你又不更远一点儿想到这样枝枝叶叶靠紧团结，力求上进的白杨树，宛然象征了今天在华北平原纵横决荡用血写出新中国历史的那种精神和意志。（节选自茅盾《白杨礼赞》）

4. 命题说话（从下列话题中任选一个，40分，限时3分钟）

（1）我喜爱的职业

（2）购物（消费）的感受

### 思考与练习

1. 什么是普通话？

2. 谈谈你的家乡话和普通话的区别。

3. 普通话水平测试的等级标准有哪些？

## 第二节 声 母

声母是汉语音节的重要组成部分。声母发音不准确,会影响交际的效果,甚至会闹出很多笑话。要掌握声母的准确发音,就需要学习声母的相关知识。辅音声母的不同是由发音部位和发音方法的不同决定的,发音方法可以根据阻碍的方式、声带是否颤动、气流强弱几个方面分成不同的类型。掌握了这些原理,普通话声母的发音就可以从这些方面分别加以描述。普通话中鼻边音、平翘舌音等几组声母的发音是难点,我们针对这些难点音分别进行辨正训练。经过科学的学习和训练,我们就可以掌握准确的声母发音。

### 一、普通话声母的构成

声母是汉语音节中开头的辅音。普通话有 22 个辅音:b、p、m、f、d、t、n、l、g、k、h、j、q、x、zh、ch、sh、r、z、c、s、ng。除了 ng 不能当声母外,其余的 21 个都可以作声母,因此普通话共有 21 个辅音声母。

此外,有的音节开头的音素不是辅音,音节的声母为零,语音学上称为"零声母"。如"藕"(ǒu)、"昂"(áng)等。有了零声母概念,普通话里所有音节都有声母,都可以分为声母、韵母两部分。汉语拼音里的 y 和 w 两个字母,只出现在零声母音节的开头,如"衣"(yī)、"乌"(wū)等。它们的作用主要是使音节界限清楚,而不是声母。

### 二、普通话声母的分类

辅音的主要发音特征是气流在通过咽头、口腔时会受到相关发音器官的阻碍。发音时气流受到阻碍的位置叫发音部位;发音时喉头、口腔和鼻腔节制气流的方式和状况叫发音方法。辅音的不同就是由不同的发音部位和发音方法决定的。以下从两个方面对辅音声母进行分类:

#### (一)发音部位

按照不同的发音部位,普通话 21 个辅音声母可分为如下七类:

(1)双唇音,是由上唇与下唇构成阻碍而发出的音:b、p、m。

(2)唇齿音,是由上齿与下唇构成阻碍而发出的音:f。

(3)舌尖前音,又叫平舌音,是由舌尖与上齿背构成阻碍而发出的音:z、c、s。

(4)舌尖中音,是由舌尖与上齿龈构成阻碍而发出的音:d、t、n、l。

（5）舌尖后音，又叫翘舌音，是由舌尖与硬腭前部构成阻碍而发出的音：zh、ch、sh、r。

（6）舌面音，是由舌面前部与硬腭前部构成阻碍而发出的音：j、q、x。

（7）舌根音，是由舌根与软腭构成阻碍而发出的音：g、k、h。

### （二）发音方法

辅音的发音方法包括形成阻碍与消除阻碍的方式、声带是否颤动、送气不送气三个方面，普通话的辅音声母根据不同的发音方法可以分为不同的类型。

1. 阻碍的方式

根据形成阻碍与消除阻碍方式的不同，普通话的辅音声母可分为五类：

（1）塞音发音时，发音部位完全闭塞，构成阻碍，气流冲破阻碍，迸裂而出，爆发成声。普通话有六个塞音：b、p、d、t、g、k。

（2）擦音发音时，发音部位接近，留有一条窄缝，气流由窄缝中挤出，摩擦成声。普通话有六个擦音：f、h、x、sh、r、s。

（3）塞擦音发音时，发音部位先是完全闭塞，然后气流把阻塞部位冲开一条窄缝，再由窄缝中挤出，摩擦成声。这类声母兼有塞音与擦音的特点，前半部分像塞音，后半部分像擦音，前后发音过程紧密结合，形成一个完整的辅音。普通话有六个塞擦音：j、q、zh、ch、z、c。

（4）鼻音发音时，口腔中的发音部位完全闭塞，软腭下降，声带振动，气流从鼻腔通过。普通话有两个鼻音：m、n。

（5）边音发音时，舌尖抵住上齿龈，声带振动，气流从舌头的两边通过。普通话有一个边音：l。

2. 声带是否振动

根据声带是否振动可以把辅音声母分为两类：

（1）清音发音时声带不颤动，又叫不带音。普通话有 17 个清音：b、p、f、d、t、g、k、h、j、q、x、zh、ch、sh、z、c、s。

（2）浊音发音时声带颤动，又叫带音。普通话有四个浊音：m、n、l、r。

3. 气流的强弱

根据发音时气流的强弱，可以把辅音声母中的塞音与塞擦音分为两类：

（1）不送气音发音时口腔中呼出较弱的气流。普通话有六个不送气音：b、d、g、j、zh、z。

（2）送气音发音时口腔中呼出较强的气流。普通话有六个送气音：p、t、k、q、ch、c。

表 2-1　普通话辅音声母总表

| | 塞音 | | 塞擦音 | | 擦音 | | 鼻音 | 边音 |
| --- | --- | --- | --- | --- | --- | --- | --- | --- |
| | 清音 | | 清音 | | 清音 | 浊音 | 浊音 | 浊音 |
| | 不送气音 | 送气音 | 不送气音 | 送气音 | | | | |
| 双唇音 | b | p | | | | | m | |
| 唇齿音 | | | | | f | | | |
| 舌尖前音 | | | z | c | s | | | |
| 舌尖中音 | d | t | | | | | n | l |
| 舌尖后音 | | | zh | ch | sh | r | | |
| 舌面音 | | | j | q | x | | | |
| 舌根音 | g | k | | | h | | | |

## 三、普通话声母的发音

下面以声母的发音部位为序,分别从声母的发音部位、送气不送气、声带是否颤动以及成阻与除阻的方式几个方面描述普通话 21 个辅音声母的具体发音情况。

1. 双唇音

b[p]　双唇、不送气、清、塞音。发音时,双唇紧闭,形成阻碍,较弱的气流冲破双唇阻碍,爆发成声,声带不颤动。例词:

颁布 bānbù　　宝贝 bǎobèi　　辨别 biànbié　　标本 biāoběn

p[pʰ]　双唇、送气、清、塞音。发音情况与 b 基本上相同,只是在除阻时口腔呼出的气流较强形成送气音。例词:

批判 pīpàn　　品评 pǐnpíng　　匹配 pǐpèi　　偏旁 piānpáng

m[m]　双唇、浊、鼻音。发音时,双唇紧闭,形成阻碍,软腭下降,打开鼻腔通路,气流由鼻腔通过,声带颤动。例词:

美妙 měimiào　　牧民 mùmín　　磨灭 mómiè　　密码 mìmǎ

2. 唇齿音

f[f]　唇齿、清、擦音。发音时,下唇接近上齿,形成窄缝,气流从窄缝中挤出,摩擦成声,声带不颤动。例词:

方法 fāngfǎ　　丰富 fēngfù　　非凡 fēifán　　奋发 fènfā

3. 舌尖前音

z[ʦ]　舌尖前、不送气、清、塞擦音。发音时,舌尖抵住上齿背,形成阻碍,较弱的气流将阻碍冲开一条窄缝,由窄缝中挤出,摩擦成声,声带不颤动。例词:

在座 zàizuò　　自尊 zìzūn　　总则 zǒngzé　　藏族 zàngzú

c[ʦʰ]　舌尖前、送气、清、塞擦音。发音情况与 z 基本上相同,只是在除阻时口腔呼出的气流较强,形成送气音。例词:

猜测 cāicè　　从此 cóngcǐ　　粗糙 cūcāo　　苍翠 cāngcuì

s[s]　舌尖前、清、擦音。发音时,舌尖接近上齿背,形成窄缝,气流从窄缝中挤出,摩擦成声,声带不颤动。例词:

思索 sīsuǒ　　诉讼 sùsòng　　洒扫 sǎsǎo　　僧俗 sēngsú

4. 舌尖中音

d[t]　舌尖中、不送气、清、塞音。发音时,舌尖抵住上齿龈,形成阻碍,较弱的气流冲破阻碍,爆发成声,声带不颤动。例词:

到达 dàodá　　顶端 dǐngduān　　电灯 diàndēng　　单独 dāndú

t[tʰ]　舌尖中、送气、清、塞音。发音情况与 d 基本上相同,只是在除阻时口腔呼出的气流较强,形成送气音。例词:

探讨 tàntǎo　　疼痛 téngtòng　　梯田 tītián　　推脱 tuītuō

n[n]　舌尖中、浊、鼻音。发音时,舌尖抵住上齿龈,形成阻碍,软腭下降,打开鼻腔通路,气流由鼻腔通过,声带颤动。例词:

牛奶 niúnǎi　　泥泞 nínìng　　农奴 nóngnú　　男女 nánnǚ

l[l]　舌尖中、浊、边音。发音时,舌尖抵住上齿龈,形成阻碍,气流从舌头两边或一边通过,声带颤动。例词:

理论 lǐlùn　　玲珑 línglóng　　拉练 lāliàn　　劳累 láolèi

5. 舌尖后音

zh[tʂ]　舌尖后、不送气、清、塞擦音。发音时,舌尖上翘,抵住硬腭前部,形成阻碍,较弱的气流将阻碍冲开一条窄缝,由窄缝中挤出,摩擦成声,声带不颤动。例词:

珍珠 zhēnzhū　　政治 zhèngzhì　　周转 zhōuzhuǎn　　茁壮 zhuózhuàng

ch[tʂʰ]　舌尖后、送气、清、塞擦音。发音情况与 zh 基本上相同,只是在除阻时口腔呼出的气流较强,形成送气音。例词:

驰骋 chíchěng　　抽查 chōuchá　　出差 chūchāi　　车床 chēchuáng

sh[ʂ]　舌尖后、清、擦音。发音时,舌尖上翘,接近硬腭前部,形成窄缝,气流从窄缝中挤出,摩擦成声,声带不颤动。例词:

山水 shānshuǐ　　少数 shǎoshù　　神圣 shénshèng　　事实 shìshí

r[ʐ]　舌尖后、浊、擦音。发音情况与 sh 基本上相同,只是声带颤动,形成浊音。例词:

仍然 réngrán　　柔软 róuruǎn　　忍让 rěnràng　　如若 rúruò

6. 舌面音

j[tɕ]　舌面前、不送气、清、塞擦音。发音时,舌面前部抵住硬腭前部,形成阻碍,较弱的气流将阻碍冲开一条窄缝,由窄缝中挤出,摩擦成声,声带不颤动。例词:

加剧 jiājù　　结晶 jiéjīng　　坚决 jiānjué　　交际 jiāojì

q[tɕʰ]　舌面前、送气、清、塞擦音。发音情况与 j 基本上相同,只是在除阻时口腔呼出的气流较强,形成送气音。例词:

恰巧 qiàqiǎo　　亲切 qīnqiè　　崎岖 qíqū　　全球 quánqiú

x［ɕ］舌面前、清、擦音。发音时,舌面前部接近硬腭前部,形成窄缝,气流从窄缝中挤出,摩擦成声,声带不颤动。例词:

喜讯 xǐxùn　　现象 xiànxiàng　　选修 xuǎnxiū　　小学 xiǎoxué

7. 舌根音

g［k］舌根、不送气、清、塞音。发音时,舌根抵住软腭,形成阻碍,较弱的气流冲破阻碍,爆发成声,声带不颤动。例词:

改革 gǎigé　　巩固 gǒnggù　　广告 guǎnggào　　观光 guānguāng

k［kʰ］舌根、送气、清、塞音。发音情况与 g 基本上相同,只是在除阻时口腔呼出的气流较强,形成送气音。例词:

开垦 kāikěn　　宽阔 kuānkuò　　空旷 kōngkuàng　　可口 kěkǒu

h［x］舌根、清、擦音。发音时,舌根接近软腭,形成窄缝,气流从窄缝中挤出,摩擦成声,声带不颤动。例词:

航海 hánghǎi　　辉煌 huīhuáng　　缓和 huǎnhé　　呼喊 hūhǎn

➤扫描章首二维码获取普通话声母的发音。

## 四、普通话声母发音训练

| | | | | |
|---|---|---|---|---|
| b—p | 奔跑 bēnpǎo | 鞭炮 biānpào | 表皮 biǎopí | 并排 bìngpái |
| b—m | 报名 bàomíng | 帮忙 bāngmáng | 编码 biānmǎ | 笔名 bǐmíng |
| b—f | 办法 bànfǎ | 避风 bìfēng | 北方 běifāng | 奔赴 bēnfù |
| p—b | 普遍 pǔbiàn | 旁白 pángbái | 蓬勃 péngbó | 炮兵 pàobīng |
| p—m | 平面 píngmiàn | 泡沫 pàomò | 屏幕 píngmù | 皮毛 pímáo |
| p—f | 平凡 píngfán | 漂浮 piāofú | 皮肤 pífū | 频繁 pínfán |
| m—b | 毛笔 máobǐ | 脉搏 màibó | 麻痹 mábì | |
| m—p | 名片 míngpiàn | 门票 ménpiào | 苗圃 miáopǔ | 马匹 mǎpǐ |
| m—f | 模范 mófàn | 免费 miǎnfèi | 萌发 méngfā | 密封 mìfēng |
| f—b | 分别 fēnbié | 分辨 fēnbiàn | 封闭 fēngbì | 防备 fángbèi |
| f—p | 分配 fēnpèi | 发票 fāpiào | 肥胖 féipàng | 废品 fèipǐn |
| f—m | 粉末 fěnmò | 丰满 fēngmǎn | 贩卖 fànmài | 烦闷 fánmèn |
| d—t | 冬天 dōngtiān | 灯塔 dēngtǎ | 大厅 dàtīng | 掉头 diàotóu |
| d—n | 电能 diànnéng | 叮咛 dīngníng | 大娘 dàniáng | 电脑 diànnǎo |
| d—l | 定律 dìnglǜ | 电流 diànliú | 涤纶 dílún | 胆量 dǎnliàng |
| t—d | 台灯 táidēng | 替代 tìdài | 特点 tèdiǎn | 通达 tōngdá |
| t—n | 鸵鸟 tuóniǎo | 体能 tǐnéng | 童年 tóngnián | 头脑 tóunǎo |
| t—l | 条例 tiáolì | 提炼 tíliàn | 铁路 tiělù | 同龄 tónglíng |
| n—d | 拟定 nǐdìng | 牛顿 niúdùn | 纽带 niǔdài | 浓度 nóngdù |

| n—t | 难听 nántīng | 闹腾 nàoteng | 农田 nóngtián | 泥土 nítǔ |
|---|---|---|---|---|
| n—l | 能量 néngliàng | 努力 nǔlì | 那里 nàlǐ | 内陆 nèilù |
| l—d | 懒惰 lǎnduò | 镰刀 liándāo | 掠夺 lüèduó | 雷电 léidiàn |
| l—t | 良田 liángtián | 楼台 lóutái | 链条 liàntiáo | 旅途 lǚtú |
| l—n | 冷暖 lěngnuǎn | 连年 liánnián | 留念 liúniàn | 老年 lǎonián |
| g—k | 概况 gàikuàng | 感慨 gǎnkǎi | 港口 gǎngkǒu | 高亢 gāokàng |
| g—h | 规划 guīhuà | | 隔阂 géhé | |
| | 篝火 gōuhuǒ | | 光环 guānghuán | |
| k—g | 客观 kèguān | | 旷工 kuànggōng | |
| | 宽广 kuānguǎng | | 控告 kònggào | |
| k—h | 开花 kāihuā | 客户 kèhù | 烤火 kǎohuǒ | 困惑 kùnhuò |
| h—g | 海关 hǎiguān | | 环顾 huángù | |
| | 回顾 huígù | | 皇冠 huángguān | |
| h—k | 欢快 huānkuài | | 何况 hékuàng | |
| | 惶恐 huángkǒng | | 货款 huòkuǎn | |
| j—q | 坚强 jiānqiáng | 紧缺 jǐnquē | 家禽 jiāqín | 接洽 jiēqià |
| j—x | 家乡 jiāxiāng | 教学 jiàoxué | 军训 jūnxùn | 决心 juéxīn |
| q—j | 前景 qiánjǐng | 全局 quánjú | 强健 qiángjiàn | 劝解 quànjiě |
| q—x | 确信 quèxìn | 缺陷 quēxiàn | 倾向 qīngxiàng | 琴弦 qínxián |
| x—j | 夏季 xiàjì | 细菌 xìjūn | 巡警 xúnjǐng | 消减 xiāojiǎn |
| x—q | 戏曲 xìqǔ | 学前 xuéqián | 线圈 xiànquān | 序曲 xùqǔ |
| zh—ch | 支持 zhīchí | | 争吵 zhēngchǎo | |
| | 专程 zhuānchéng | | 正常 zhèngcháng | |
| zh—sh | 终身 zhōngshēn | 真实 zhēnshí | 直爽 zhíshuǎng | 驻守 zhùshǒu |
| zh—r | 重任 zhòngrèn | 阵容 zhènróng | 哲人 zhérén | 终日 zhōngrì |
| ch—z | 城镇 chéngzhèn | | 成长 chéngzhǎng | |
| | 沉重 chénzhòng | | 纯正 chúnzhèng | |
| ch—sh | 承受 chéngshòu | 冲刷 chōngshuā | 常识 chángshí | 衬衫 chènshān |
| ch—r | 承认 chéngrèn | 诚然 chéngrán | 缠绕 chánrào | 出任 chūrèn |
| sh—zh | 设置 shèzhì | | 生长 shēngzhǎng | |
| | 书桌 shūzhuō | | 山庄 shānzhuāng | |
| sh—ch | 沙尘 shāchén | | 深沉 shēnchén | |
| | 双重 shuāngchóng | | 奢侈 shēchǐ | |
| sh—r | 湿润 shīrùn | 时日 shírì | 熟人 shúrén | 瘦弱 shòuruò |
| r—zh | 日志 rìzhì | 人质 rénzhì | 认真 rènzhēn | 热衷 rèzhōng |
| r—ch | 热忱 rèchén | 冗长 rǒngcháng | 日程 rìchéng | 人称 rénchēng |

| | | | | |
|---|---|---|---|---|
| r—sh | 认识 rènshi | 柔顺 róushùn | 燃烧 ránshāo | 如实 rúshí |
| z—c | 早餐 zǎocān | 自从 zìcóng | 紫菜 zǐcài | 早操 zǎocāo |
| z—s | 走私 zǒusī | 阻塞 zǔsè | 赞颂 zànsòng | 作祟 zuòsuì |
| c—z | 存在 cúnzài | 村子 cūnzi | 操作 cāozuò | 参赛 cānsài |
| c—s | 沧桑 cāngsāng | 粗俗 cūsú | 蚕丝 cánsī | 测算 cèsuàn |
| s—z | 私自 sīzì | 塑造 sùzào | 松子 sōngzǐ | 嗓子 sǎngzi |
| s—c | 色彩 sècǎi | 素材 sùcái | 随从 suícóng | 酥脆 sūcuì |
| | 恩爱 ēn'ài | 偶尔 ǒu'ěr | 永远 yǒngyuǎn | 委员 wěiyuán |

## 五、普通话声母辨正训练

普通话声母的辨正需要从发准语音和记住字音两方面入手。首先要从发音部位和发音方法入手,发准语音;其次可以使用类推法记住相关的字音。

### (一)平舌音和翘舌音辨正训练

有的方言把平舌音和翘舌音混为一套,如上海话、广州话、武汉话、成都话没有翘舌音;有的方言如天津话、银川话、西安话等,把普通话里读翘舌音的一部分字念成了平舌音。在普通话里,平、翘舌音的常用字大约有 900 个,其中平舌音约占 30%,翘舌音约占 70%。如果这组音发音不准确,就会在交际中带来很多麻烦,如在商品交易中的"十"和"四"就会经常带来误会。

要分辨平舌音和翘舌音,可以从两个方面入手:

1. 发准语音

z、c、s 和 zh、ch、sh 的发音方法相同,不同的是发音部位:z、c、s 的发音部位是舌尖和上齿背,舌头不要翘;而 zh、ch、sh 的发音部位是舌头前部和硬腭的最前端,舌头要翘起来。

2. 记住字音

已经会发 z、c、s 和 zh、ch、sh 的人,要弄清楚哪些字的声母该读 z、c、s,哪些字的声母该读 zh、ch、sh。可以利用形声字的声旁进行类推,记住一些常用的平舌音或翘舌音的声旁字,这些字加偏旁后,大多数也念平舌音或翘舌音(极少数例外),具体可以按照附录的辨音字表进行记忆。还可以利用普通话声韵配合规律来进行分辨,例如韵母 ua、uai、uang 只和 zh、ch、sh 相拼,不和 z、c、s 相拼。

平翘舌音辨正训练:

(1)单音节词语发音练习

z—zh　自—制　早—找　钻—专　昨—灼　脏—章

c—ch　次—赤　擦—插　村—春　册—彻　苍—昌

s—sh　四—十　撒—傻　苏—书　色—设　桑—伤

(2)双音节词语发音练习

z—zh　暂时—战时　资源—支援　祖父—主妇　阻力—主力

c—ch　擦嘴—插嘴　擦瓶—插瓶　粗布—初步　村庄—春装

s—sh　塞子—筛子　私人—诗人　散光—闪光　桑叶—商业

（3）绕口令练习

四是四,十是十,十四是十四,四十是四十。谁能说准四十、十四、四十四,谁来试一试。谁说十四是四十,谁说四十是十四,轻者有误会,重者误大事。

### （二）鼻音和边音辨正训练

普通话有鼻音 n 和边音 l 两个声母,如"牛"读 niú,"刘"读 liú。但有的方言里,n 和 l 是不分的,完全相混。有的方言是部分相混。例如老派的长沙方言只有 l,没有 n,"南""脑"等鼻音字都念边音 l。要想分辨鼻音和边音,首先要学会 n 和 l 的正确发音,它们的不同主要在于有无鼻音,n 是从鼻腔出气,l 是从舌头两边出气。其次要分清普通话里哪些字的声母是 n,哪些字声母是 l。

1. 发准语音

n 与 l 在口腔中的发音部位是相同的,所用发音方法也基本上相同,所不同的是气流通道。

要发准这两个声母,可以用捏鼻孔的方法来练习。捏住鼻孔后,如果发音困难,那就是 n;如果发音不困难,气流从舌头两边流出了,那就是 l。其中的原因在于软腭的升降变化:发 n 时,软腭下降,气流要从鼻腔的通道流出,捏住鼻孔就发不出鼻音;发 l 时,软腭上升,堵塞气流通往鼻腔的通道,捏住鼻孔不影响气流从舌头两边流出。另外,要把握好舌头在口腔中的状态:发 n 时,舌尖抵住上齿龈,舌身放开,舌面铺平,将口腔中的气流通道完全封住;发 l 时,舌尖依然抵住上齿龈,但比 n 的部位要偏后,舌身收紧、收窄,中部下凹,让舌头两侧留出空隙作为气流的通道。

2. 记住字音

我们可以利用形声字的声旁进行类推,分别记住常用的声母是 n 或 l 的简单字,这些字加上偏旁后,大多数也念 n 或 l(极少数例外)。如:"内"的声母是 n,加偏旁后的"呐、讷、纳、钠"声母依然是 n;"仑"的声母是 l,加偏旁后的"论、轮、伦"声母都是 l。

鼻边音辨正训练:

（1）单音节词语发音练习

n—l　你—里　脑—老　南—蓝　能—棱

　　　那—辣　牛—刘　内—类　囊—郎

（2）双音节词语发音练习

n—l　门内—门类　男女—褴褛　河南—荷兰　恼怒—老路

　　　允诺—陨落　难住—拦住　千年—牵连　无奈—无赖

（3）绕口令练习

刘奶奶买了瓶牛奶,牛奶奶买了斤牛肉,刘奶奶拿错了牛奶奶的牛肉,牛奶奶拿错了刘奶奶的牛奶,到底是牛奶奶拿错了刘奶奶的牛肉还是牛奶奶错拿了刘奶奶的牛奶。

### （三）分清唇齿音 f 和舌根音 h

普通话里唇齿音 f 和舌根音 h 分得很清楚。但有的方言把 f 声母字的一部分读成 h 声母,如上海浦东话;有的方言把 h 声母字的一部分读成 f 声母,如重庆话;还有方言 f、h 两读,如长沙话。方言区的人学习普通话,除了要掌握 f、h 的正确发音外,还要记住普通话里哪些字的声母是 f,哪些字的声母是 h。

1. 发准语音

f 和 h 的发音方法相同,都是清擦音,不同的是阻碍的部位。f 是上齿和下唇形成阻碍,h 是舌根和软腭形成阻碍。

2. 记住字音

要记住字音,可以利用形声字声旁类推,分别记住常用的声旁是 f 或 h 的简单字,添加偏旁后大多仍然读 f 或 h。如"非"的声母是 f,添加偏旁后的"菲、绯、霏、斐、匪、痱"等声母依然是 f;"会"的声母是 h,添加偏旁后的"绘、荟、烩、桧"等声母依然是 h。

辨正训练:

（1）单音节词语发音练习

f—h 飞—灰 福—湖 方—慌 分—昏

（2）双音节词语发音练习

f—h 废话—会话 公费—工会 附注—互助 斧头—虎头 奋战—混战

（3）绕口令练习

黑化肥发灰,灰化肥发黑。黑化肥发灰会挥发,灰化肥挥发会发黑。

粉红墙上画凤凰,凤凰画在粉红墙。红凤凰、粉凤凰,粉红凤凰花凤凰。

说明:表中的①②③④分别指阴平、阳平、上声、去声四种声调。

表 2－2 n 和 l 对照辨音字表

|  | n | l |
|---|---|---|
| a | ①那 ②拿 ③哪 ④那纳呐捺钠 | ①拉啦垃邋 ③喇 ④辣剌瘌蜡腊落 |
| ai | ③乃奶 ④奈耐 | ②来 ④赖癞 |
| an | ②难男南楠 ④难 | ②兰栏篮蓝蒌阑谰 ③懒览揽榄缆 ④烂滥 |
| ang | ②囊 | ①啷 ②狼郎廊榔螂琅 ③朗 ④浪 |
| ao | ②挠蛲铙 ③脑恼 ④闹 | ①捞 ②劳痨牢 ③老姥 ④涝烙酪 |
| e | | ①勒 ④乐 |
| ei | ③馁 ④内那 | ①嘞 ②雷擂镭 ③累(～进)垒傫蕾 ④累类泪肋 |

（续表）

| | n | l |
|---|---|---|
| en | ④嫩 | |
| eng | ②能 | ②棱 ③冷 ④愣 |
| i | ②尼泥呢霓 ③你拟 ④腻匿溺逆 | ②离篱璃厘狸黎犁梨蜊 ③礼里理鲤李 ④粒例立力历沥荔丽 |
| ia | | ③俩 |
| ian | ①蔫拈 ②年粘鲇 ③捻撵碾 ④念 | ②怜连莲联帘廉镰 ③脸 ④炼链练恋敛殓 |
| iang | ②娘 ④酿 | ②良凉梁粮量 ③两 ④亮晾谅辆量 |
| iao | ③鸟袅 ④尿 | ①撩 ②辽疗僚潦燎嘹聊寥 ③了 ④料廖 |
| ie | ①捏 ④聂蹑镊镍孽啮 | ③咧 ④列烈裂劣猎洌冽 |
| in | ②您 | ②邻鳞麟林淋琳临磷 ③凛懔 ④吝蔺赁 |
| ing | ②宁拧柠咛凝 ③拧 ④宁泞佞拧 | ②零灵龄伶蛉铃玲羚聆凌陵菱 ③岭领 ④令另 |
| iu | ①妞 ②牛 ③扭忸纽 ④拗 | ①溜 ②刘流琉硫留榴瘤 ③柳绺 ④六馏陆 |
| ong | ②农浓脓 ④弄 | ②龙咙聋笼隆窿 ③垄拢陇 ④弄(~堂) |
| ou | | ①搂 ②楼喽耧 ③搂篓 ④陋漏露 |
| u | ②奴 ③努 ④怒 | ②卢庐炉芦轳颅 ③卤虏鲁橹 ④碌陆路赂鹭露(~水)录鹿辘绿(~林) |
| uan | ③暖 | ②滦峦 ③卵 ④乱 |
| ui | | |
| un | | ①抡 ②仑伦沦轮 ③论 |
| uo | ②挪 ④懦诺糯 | ①啰(~唆)捋 ②罗萝逻箩锣螺骡 ③裸 ④落洛络骆 |
| ü | ③女 | ②驴 ③吕侣铝旅屡履缕 ④虑滤律率(效~)氯绿 |
| üe | ④虐 | ④略掠 |

表2-3 zh和z对照辨音字表

| | zh | z |
|---|---|---|
| a | ①扎(驻~)渣 ②闸铡扎(挣~)札(信~) ③眨 ④乍炸榨蚱栅 | ①扎(包~)咂 ②杂砸 |
| e | ①遮 ②折哲辙 ③者 ④蔗浙这 | ②泽择责则 |

(续表)

| | zh | z |
|---|---|---|
| u | ① 朱珠蛛株诸猪 ② 竹烛逐 ③ 主煮嘱 ④ 注蛀住柱驻贮祝铸筑箸 | ① 租 ② 族足卒 ③ 组阻祖 |
| -i | ① 之芝支枝肢知蜘汁只织脂 ② 直植殖值执职 ③ 止址趾旨指纸只 ④ 至室致志治质帜挚掷秩置滞制智稚痔 | ① 兹滋孳姿咨资孜龇淄辎 ③ 子仔籽梓滓紫 ④ 字自恣渍 |
| ai | ① 摘斋 ② 宅 ③ 窄 ④ 寨债 | ① 灾哉栽 ③ 宰载(刊~) ④ 再在载(~重) |
| ei | | ② 贼 |
| ao | ① 昭招朝 ② 着 ③ 找爪沼 ④ 照召赵兆罩 | ① 遭糟 ② 凿 ③ 早枣澡 ④ 造皂灶躁燥 |
| ou | ① 州洲舟周粥 ② 轴 ③ 帚肘 ④ 宙昼咒骤皱 | ① 邹 ③ 走 ④ 奏揍 |
| ua | ① 抓 | |
| uo | ① 桌捉拙 ② 着酌灼浊镯啄琢 | ① 作(~坊) ② 昨 ③ 左 ④ 坐座作柞祚做 |
| ui | ① 追锥 ④ 缀赘坠 | ③ 嘴 ④ 最罪醉 |
| an | ① 沾毡粘 ③ 盏展斩 ④ 占战站栈绽蘸 | ① 簪 ② 咱 ③ 攒 ④ 赞暂 |
| en | ① 贞侦祯桢真 ③ 疹诊枕缜 ④ 振震阵镇 | ③ 怎 |
| ang | ① 张章樟彰 ③ 长掌涨 ④ 丈仗杖帐涨瘴障 | ① 赃脏(肮~) ④ 葬藏脏 |
| eng | ① 正(~月)征争睁挣 ③ 整拯 ④ 正政症证郑 | ① 曾翻增缯 ④ 赠 |
| ong | ① 中盅忠钟衷终 ③ 肿种(~子) ④ 中(打~)种(~植)仲重众 | ① 宗踪棕综鬃 ③ 总 ④ 纵粽 |
| uan | ① 专砖 ③ 转 ④ 传转(~动)撰篆赚 | ① 钻 ③ 纂 ④ 钻(~石) |
| un | ③ 准 | ① 尊遵 |
| uang | ① 庄桩装妆 ④ 壮状撞 | |

表2-4 ch和c对照辨音字表

| | ch | c |
|---|---|---|
| a | ① 叉权插差(~别) ② 茶搽查察 ③ 衩 ④ 岔诧差(~错) | ① 擦嚓 |
| e | ① 车 ③ 扯 ④ 彻撤掣 | ④ 册策厕侧测 |
| u | ① 出初 ② 除厨橱锄蹰刍雏 ③ 楚础杵储处(~分) ④ 畜触蠢处 | ① 粗 ④ 卒(仓~)猝促醋簇 |

（续表）

| | ch | c |
|---|---|---|
| -i | ① 吃痴嗤　② 池弛迟持匙　③ 尺齿耻侈豉　④ 斥炽翅赤叱 | ① 疵差(参～)　② 雌辞词祠瓷慈磁　③ 此　④ 次伺刺赐 |
| ai | ① 差拆钗　② 柴豺 | ① 猜　② 才财材裁　③ 采彩踩　④ 菜蔡 |
| ao | ① 抄钞超　② 朝潮嘲巢　③ 吵炒 | ① 操糙　② 曹漕嘈槽　③ 草 |
| ou | ① 抽　② 仇筹畴踌绸稠酬愁　③ 瞅丑　④ 臭 | ④ 凑 |
| uo | ① 踔戳　④ 绰(～号)辍啜 | ① 搓蹉撮　④ 措错挫锉 |
| uai | ③ 揣　④ 踹 | |
| ui | ① 吹炊　② 垂锤捶槌 | ① 崔催摧　④ 萃悴淬翠粹瘁脆 |
| an | ① 搀掺　② 蝉禅谗潺缠蟾　③ 铲产阐　④ 忏颤 | ① 餐参　② 蚕残惭　③ 惨　④ 灿 |
| en | ① 琛嗔　② 辰晨宸沉忱陈臣　④ 趁衬 | ① 参(～差)　② 岑 |
| ang | ① 昌猖娼伥　② 常嫦尝偿场肠长　③ 厂场敞氅　④ 倡唱畅怅 | ① 仓苍舱沧　② 藏 |
| eng | ① 称撑　② 成诚城盛(～水)呈承乘澄惩　③ 逞骋　④ 秤 | ② 曾层　④ 蹭 |
| ong | ① 充冲春　② 重虫崇　③ 宠　④ 冲(～压) | ① 匆葱囱聪　② 从丛淙 |
| uan | ① 川穿　② 船传椽　③ 喘　④ 串钏 | ① 蹿　④ 窜篡 |
| un | ① 春椿　② 唇纯淳醇　③ 蠢 | ① 村　② 存　③ 忖　④ 寸 |
| uang | ① 窗疮创(～伤)　② 床　③ 闯　④ 创(～造) | |

表 2-5　sh 和 s 对照辨音字表

| | sh | s |
|---|---|---|
| a | ① 沙纱砂痧杀杉　③ 傻　④ 煞厦(大～) | ① 撒　③ 洒撒(～种)　④ 卅萨飒 |
| e | ① 奢赊　② 舌蛇　③ 舍(～弃)　④ 社舍射麝设摄涉赦 | ④ 塞(～责)瑟啬穑(稼～)色(～彩)涩 |
| u | ① 书梳疏蔬舒殊叔淑输抒纾枢　② 孰塾赎　③ 暑署薯曙鼠数属黍　④ 树竖术述束漱恕数 | ① 苏酥　② 俗　④ 素塑诉肃粟宿速 |
| -i | ① 尸师狮失施诗湿虱　② 十什拾石时识实食蚀　③ 史驶始屎矢　④ 世势逝市示事是视室适饰士氏恃式试拭轼弑 | ① 司私思斯丝鸶　③ 死　④ 四肆似寺 |

(续表)

| | sh | s |
|---|---|---|
| ai | ① 筛 ④ 晒 | ① 腮鳃塞 ④ 塞(要~)赛 |
| ao | ① 捎稍艄烧 ② 勺芍杓韶 ③ 少(多~) ④ 少(~年)哨绍邵 | ① 臊骚搔 ③ 扫(~除)嫂 ④ 扫(~帚)臊(害~) |
| ou | ① 收 ② 熟 ③ 手首守 ④ 受授寿售兽瘦 | ① 溲嗖飕搜艘馊 ③ 叟擞 ④ 嗽 |
| ua | ① 刷 ③ 耍 | |
| uo | ① 说 ④ 硕烁朔 | ① 缩娑蓑梭唆 ③ 所锁琐索 |
| uai | ① 衰 ③ 甩 ④ 帅率蟀 | |
| ui | ② 谁 ③ 水 ④ 税睡 | ① 虽尿 ② 绥隋随 ③ 髓 ④ 岁碎穗隧燧遂 |
| an | ① 山舢删衫珊姗栅跚 ③ 闪陕 ④ 扇善膳缮擅赡 | ① 三叁 ③ 伞散(~文) ④ 散 |
| en | ① 申伸呻身深参(人~) ② 神 ③ 沈审婶 ④ 慎肾甚渗 | ① 森 |
| ang | ① 商墒伤 ③ 晌垧赏 ④ 上尚 | ① 桑丧(~事) ③ 嗓 ④ 丧 |
| eng | ① 生牲笙甥升声 ② 绳 ③ 省 ④ 圣胜盛剩 | ① 僧 |
| ong | | ① 松 ③ 悚 ④ 送宋颂诵 |
| uan | ① 拴栓 ④ 涮 | ① 酸 ③ 算蒜 |
| un | ③ 吮 ④ 顺 | ① 孙 ③ 笋损 |
| uang | ① 双霜 ③ 爽 | |

表 2-6 f 和 h 对照辨音字表

| | f | h |
|---|---|---|
| a | ① 发 ② 伐阀筏罚乏 ③ 法 ④ 发 | ① 哈 |
| ai | | ① 咳嗨 ② 还 ③ 海 ④ 害 |
| an | ① 帆翻番 ② 烦繁樊凡矾 ③ 反返 ④ 饭贩泛范犯 | ① 憨酣 ② 寒含函涵 ③ 喊罕 ④ 汗旱捍焊憾 |
| ang | ① 方芳 ② 防妨房肪 ③ 仿访纺 ④ 放 | ① 夯 ② 行航 ④ 沆 |
| ao | | ② 豪毫壕 ③ 好 ④ 耗号好浩 |
| e | | ① 呵喝 ② 核禾和合河何盒荷 ④ 贺鹤赫褐 |
| ei | ① 非菲啡扉飞 ② 肥 ③ 斐翡诽匪 ④ 沸费废痱肺 | ① 嘿黑 |

（续表）

| | f | h |
|---|---|---|
| en | ① 分芬吩纷　② 坟焚　③ 粉　④ 分份忿粪奋愤 | ② 痕　③ 狠很　④ 恨 |
| eng | ① 丰封风枫疯峰烽锋蜂　② 缝　③ 讽　④ 缝奉凤 | ② 横衡　④ 横 |
| ong | | ① 哄(～动)烘轰　② 红虹鸿洪宏　③ 哄(～骗)　④ 哄(起～) |
| ou | ③ 否 | ② 喉　③ 吼　④ 厚候后 |
| u | ① 夫肤麸敷孵　② 芙扶符弗拂佛伏茯袱孚浮幅福辐蝠服　③ 抚斧釜府俯腑腐甫辅　④ 父付附傅缚复腹馥覆副富赋负妇咐 | ① 呼忽惚　② 胡湖葫糊蝴弧狐壶　③ 虎唬　④ 户沪护戽 |
| ua | | ① 花哗　② 划滑华哗铧　④ 化华话画划 |
| uan | | ① 欢　② 还环寰　③ 缓　④ 患幻涣换唤焕痪 |
| uang | | ① 荒慌　② 皇惶徨蝗黄璜簧　③ 谎晃恍幌　④ 晃(～动) |
| uai | | ② 槐徊怀淮　④ 坏 |
| ui | | ① 灰恢诙挥辉徽　② 回茴蛔　③ 毁悔　④ 会绘烩海晦惠蕙汇贿讳慧荟 |
| un | | ① 昏阍婚荤　② 浑混馄魂　④ 混 |
| uo | | ① 豁　② 活　③ 火伙　④ 获祸或惑货霍 |

**思考与练习**

1. 普通话辅音的发音部位有哪些，可以分为哪些类别？普通话的辅音声母分别属于哪一类？

2. 普通话的发音方法包括哪几种？

3. 写出下列音节的声母：

寺　是　隆　农　肉　摘　奴　爬　堤

4. 朗读短文。

在我生日会上，爸总是显得有些不大相称。他只是忙于吹气球，布置餐桌，做杂物。把插着蜡烛的蛋糕推过来让我吹的，是我妈。（选自《父亲的爱》）

## 第三节　韵　母

韵母是汉语音节的重要组成部分,普通话的韵母主要由元音构成,或者由元音加鼻辅音构成。韵母根据结构特点可以分为单元音韵母、复元音韵母和带鼻音韵母三类;按照韵母开头的元音发音口型分为四类;还可以按照韵尾进行分类。掌握了这些,就可以科学地描述韵母。这其中鼻音尾韵母以及其他个别韵母是发音的难点,需要进行专门的辨正和训练。

### 一、普通话韵母的结构

韵母是指一个音节中声母后面的部分。普通话中共有 39 个韵母。

普通话韵母的主要成分是元音。韵母的结构可以分为韵头、韵腹、韵尾三个部分。

（1）韵头:是主要元音前面的元音,又叫介音。由 i、u、ü 充当,发音总是轻而短,只表示韵母发音的起点。如 ia、ua、üe、iao、uan 中的 i、u、ü。

（2）韵腹:是韵母中的主要元音。充当韵腹的主要元音口腔开度最大、声音最响亮。韵腹是韵母的主要构成部分,由 a、o、e、ê、i、u、ü、-i(前)、-i(后)、er 充当。

（3）韵尾:是韵腹后面的音素,又叫尾音。由 i、u 或鼻辅音 n、ng 充当。

韵母中只有一个元音时,这个元音就是韵腹;有两个或三个元音时,开口度最大、声音最响亮的元音是韵腹。韵腹前面的元音是韵头,后面的元音或辅音是韵尾。韵腹是韵母的主要成分,一个韵母可以没有韵头或韵尾,但是不可以没有韵腹。

表 2–7　普通话韵母结构表

| 韵母例字 | 韵母 | | |
|---|---|---|---|
| | 韵头(限于高元音 i、u、ü) | 韵(韵身) | |
| | | 韵腹(十个单元音) | 韵尾(限于高元音 i、u 和鼻辅音 n、ng) |
| 挨（ai） | | a | i |
| 优（you） | i | o | u |
| 温（wen） | u | e | n |
| 越（yue） | ü | e | |
| 英（ying） | | i | ng |
| 乌（wu） | | u | |

（续表）

| 韵母例字 | 韵母 | | |
| --- | --- | --- | --- |
| | 韵头（限于高元音 i、u、ü） | 韵（韵身） | |
| | | 韵腹（十个单元音） | 韵尾（限于高元音 i、u 和鼻辅音 n、ng） |
| 于(yu) | | ü | |
| 儿(er) | | er | |
| 知(zhi) | | –i[ʅ] | |
| 资(zi) | | –i[ɿ] | |

## 二、普通话韵母的分类

根据不同的标准，普通话韵母可以划分出不同的类型。

（1）按照韵母开头元音的发音口型的不同，可以分成四类，又叫"四呼"。

开口呼：不是 i、u、ü 或不以 i、u、ü 开头的韵母。

齐齿呼：i 或以 i 开头的韵母。

合口呼：u 或以 u 开头的韵母。

撮口呼：ü 或以 ü 开头的韵母。

（2）按照韵母的内部结构可以分成三类。

➢单韵母：由一个元音构成的韵母，又叫单元音韵母。普通话共有 10 个单韵母：a、o、e、ê、i、u、ü、-i(前)、-i(后)、er。

➢复韵母：由两个或三个元音结合构成的韵母，又叫复元音韵母。普通话共有 13 个复韵母：ai、ei、ao、ou、ia、ie、ua、uo、üe、iao、iou、uai、uei。

➢鼻韵母：元音后面带上鼻辅音构成的韵母，又叫带鼻音韵母。普通话共有 16 个鼻韵母：an、ian、uan、üan、en、in、uen、ün、ang、iang、uang、eng、ing、ueng、ong、iong。

## 三、普通话韵母的发音

### （一）单元音韵母的发音

元音的发音主要取决于口腔的开合、舌头的伸缩，以及唇形的圆展这三个因素。普通话 10 个单韵母可以分为舌面元音、舌尖元音和卷舌元音三类。

发音舌位位于舌面的叫作"舌面元音"。描写舌面元音发音条件可以用元音舌位图来表示。

1. 舌位的前后

根据发元音时舌位的前后可以分为前元音、后元音、央元音。

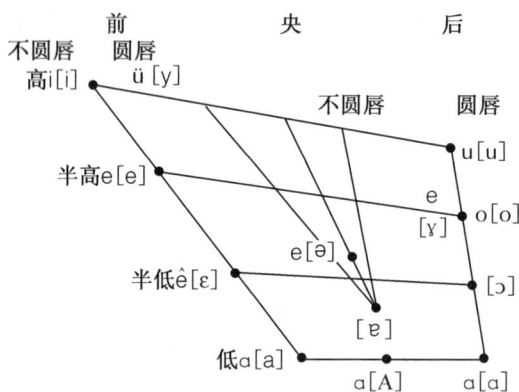

图 2–1　舌面元音舌位唇形图

**2. 舌位的高低**

舌位越高开口度越小,舌位越低开口度越大。根据舌位由高到低,发出的元音由上而下分别叫作高元音、半高元音、半低元音和低元音。

**3. 唇形的圆展**

嘴唇收圆,发出的元音叫圆唇元音;嘴唇展开,发出的元音叫不圆唇元音。

普通话的舌面元音的发音可以描写为:

a[A]　舌面、央、低、不圆唇元音。例词:

| 马达 mǎdá | 砝码 fǎmǎ | 打靶 dǎbǎ |
| 大厦 dàshà | 拉萨 lāsà | 喇叭 lǎba |

o[o]　舌面、后、半高、圆唇元音。例词:

| 剥夺 bōduó | 菠菜 bōcài | 菠萝 bōluó |
| 薄弱 bóruò | 没落 mòluò | 摩托 mótuō |

e[ɤ]　舌面、后、半高、不圆唇元音。例词:

| 舍得 shědé | 色泽 sèzé | 特色 tèsè |
| 社科 shèkē | 割舍 gēshě | 客车 kèchē |

ê[ɛ]　舌面、前、半低、不圆唇元音。普通话中只有"欸"这个字念 ê。

i[i]　舌面、前、高、不圆唇元音。例词:

| 笔记 bǐjì | 匹敌 pǐdí | 谜底 mídǐ |
| 地基 dìjī | 嫡系 díxì | 机密 jīmì |

u[u]　舌面、后、高、圆唇元音。例词:

| 武术 wǔshù | 五谷 wǔgǔ | 朴素 pǔsù |
| 木屋 mùwū | 复苏 fùsū | 速度 sùdù |

ü[y]　舌面、前、高、圆唇元音。例词:

| 语序 yǔxù | 豫剧 yùjù | 渔具 yújù |

女婿 nǚxu        区域 qūyù        絮语 xùyǔ

发音舌位位于舌尖的叫作"舌尖元音"。普通话只有-i[ɿ]和-i[ʅ]两个舌尖元音。-i[ɿ]和-i[ʅ]不能单独成音，-i[ɿ]只出现在 z、c、s 后面，-i[ʅ]只出现在 zh、ch、sh、r后面。它们跟舌面元音 i[i]出现的条件不同。

普通话舌尖元音的发音可以描述为：

-i[ɿ]  舌尖前、高、不圆唇元音。

孜孜 zīzī        恣肆 zìsì        子嗣 zǐsì

字词 zìcí        自私 zìsī        此次 cǐcì

-i[ʅ]  舌尖后、高、不圆唇元音。

指示 zhǐshì        值日 zhírì        知识 zhīshi

迟滞 chízhì        史诗 shǐshī        咫尺 zhǐchǐ

卷舌元音 er[ɚ]是央元音[ə]带有卷舌色彩的音。r 是表示卷舌动作的符号，所以 er 依然是单元音。普通话卷舌元音的发音可以描述为：

er[ɚ]  卷舌、央、中、不圆唇元音。

儿童 értóng        儿化 érhuà        儿女 érnǚ

儿歌 érgē        耳朵 ěrduo        二胡 èrhú

**（二）复元音韵母的发音**

普通话共有 ai、ei、ao、ou、ia、ie、ua、uo、üe、iao、iou、uai、uei 13 个复元音。

复元音指的是发音时舌位、唇形都有变化的元音。复元音的发音是由甲元音的发音状况（开口度、舌位、唇形）快速滑向乙元音，或者是由乙元音再快速滑向丙元音。因此复元音不止有一个元音（即不止一个音素）。例如 ai 不是一个元音音素，也不是两个元音音素的简单相加，它中间没有停顿，两个音之间存在一连串的过渡音。因此，复元音是多个元音的复合体。

复元音的发音特点是从一个元音的发音状况快速向另一个元音的发音状况过渡，舌位的高低前后、口腔的开闭、唇形的圆展，不是突变的、跳动的，而是逐渐变动的，中间有一连串过渡音；同时气流不中断，中间没有明显的界线，发的音围绕一个中心形成一个整体。在复元音中，前后音素互相影响，造成韵腹、韵尾（特别是韵尾）的音素开口度、舌位前后发生变化，应加以注意。

复元音发音时元音的响度不同。前音响亮的叫"前响复元音"，如"ai、ou"；后音响亮的叫"后响复元音"，如"ia、uo"；中音响亮的叫"中响复元音"，如"iou、uai"。

1. 二合复韵母

（1）前响二合

ai[ai]  前响复韵母

爱戴 àidài        白菜 báicài        拍卖 pāimài

灾害 zāihài        掰开 bāikāi        买卖 mǎimài

ei[ei]　前响复韵母

| 北非 běifēi | 赔给 péigěi | 配备 pèibèi |
| 贝类 bèilèi | 眉笔 méibǐ | 黑妹 hēimèi |

ao[ɑu]　前响复韵母

| 懊恼 àonǎo | 宝岛 bǎodǎo | 跑道 pǎodào |
| 烧烤 shāokǎo | 高傲 gāoào | 草稿 cǎogǎo |

ou[ou]　前响复韵母

| 欧洲 ōuzhōu | 走漏 zǒulòu | 抖擞 dǒusǒu |
| 豆蔻 dòukòu | 守候 shǒuhòu | 丑陋 chǒulòu |

（2）后响二合

ia[iʌ]　后响复韵母

| 加价 jiājià | 加压 jiāyā | 家家 jiājiā |
| 恰恰 qiàqià | 下嫁 xiàjià | 掐架 qiājià |

ie[iɛ]　后响复韵母

| 冶铁 yětiě | 业界 yèjiè | 贴切 tiēqiè |
| 别业 biéyè | 窃窃 qièqiè | 谢谢 xièxie |

ua[uʌ]　后响复韵母

| 娃娃 wáwa | 抓花 zhuāhuā | 耍滑 shuǎhuá |
| 刷刷 shuāshuā | 挂花 guàhuā | 垮塌 kuǎtā |

uo[uo]　后响复韵母

| 陀螺 tuóluó | 堕落 duòluò | 懦弱 nuòruò |
| 过错 guòcuò | 硕果 shuòguǒ | 坐落 zuòluò |

üe[yɛ]　后响复韵母

| 约略 yuēlüè | 月缺 yuèquē | 绝学 juéxué |
| 雀跃 quèyuè | 雪月 xuěyuè | 学业 xuéyè |

2. 中响三合复韵母

iao[iɑu]　中响复韵母

| 窈窕 yǎotiǎo | 缥缈 piāomiǎo | 逍遥 xiāoyáo |
| 秒表 miǎobiǎo | 胶条 jiāotiáo | 巧妙 qiǎomiào |

iou[iou]　中响复韵母

拼写为 iu，省略了主要元音，但发音时必须保证主要元音的饱满响亮和时长。

| 悠久 yōujiǔ | 优秀 yōuxiù | 绣球 xiùqiú |
| 旧友 jiùyǒu | 秋游 qiūyóu | 舅舅 jiùjiu |

uai[uai]　中响复韵母

| 外快 wàikuài | 拽坏 zhuàihuài | 快来 kuàilái |

摔坏 shuāihuài      怀揣 huáichuāi      乖乖 guāiguai

uei[uei] 中响复韵母

拼写为 ui,省略了主要元音,但发音时必须保证主要元音的饱满响亮和时长。

尾随 wěisuí      溃退 kuìtuì      罪魁 zuìkuí

队徽 duìhuī      退回 tuìhuí      摧毁 cuīhuǐ

## (三) 鼻韵母的发音

前鼻音尾韵母指的是以-n 为韵尾的韵母。普通话中的前鼻音尾韵母有八个:an、en、in、ün、ian、uan、üan、uen。

an[an] 发音时,先发元音,紧接着软腭下降,打开鼻腔通路,舌尖往上齿龈移动,最后抵住上齿龈发 n,整个韵母发音完毕才除阻。发音例词:

岸然 ànrán      斑斓 bānlán      蹒跚 pánshān

漫谈 màntán      赞叹 zàntàn      灿烂 cànlàn

en[ən] 发音时,先发元音,紧接着软腭下降,打开鼻腔通路,舌尖往上齿龈移动,最后抵住上齿龈发 n,整个韵母发音完毕才除阻。发音例词:

恩人 ēnrén      本分 běnfèn      盆地 péndì

门诊 ménzhěn      粉尘 fěnchén      身份 shēnfèn

in[in] 发音时,起点元音是前高不圆唇元音 i,舌尖抵住下齿背,软腭上升,关闭鼻腔通路。从舌位最高的前元音 i 开始,舌面升高,舌面前部抵住硬腭前部,当两者将要接触时,软腭下降,打开鼻腔通路,紧接着舌面前部与硬腭前部闭合,使在口腔受到阻碍的气流从鼻腔透出。in 的唇形始终是展唇。发音例词:

近邻 jìnlín      拼音 pīnyīn      信心 xìnxīn

辛勤 xīnqín      引进 yǐnjìn      濒临 bīnlín

ün[yn] 发音时,起点元音是前高圆唇元音 ü[y]。与 in 的发音过程基本上相同,只是唇形变化不同。从圆唇的前元音 ü 开始,唇形从圆唇逐步展开。发音例词:

军训 jūnxùn      均匀 jūnyún      芸芸 yúnyún

群众 qúnzhòng      循环 xúnhuán      允许 yǔnxǔ

ian[iɛn] 发音时,从前高不圆唇元音 i 开始,舌位向前低元音 a[a](前 a)的方向滑降,舌位只降到半低前元音 ê[ɛ]的位置就开始升高。发 ê[ɛ]后,软腭下降,逐渐增强鼻音色彩,舌尖迅速移到上齿龈,最后抵住上齿龈做出发鼻音-n 的状态。发音例词:

艰险 jiānxiǎn      简便 jiǎnbiàn      连篇 liánpiān

前天 qiántiān      浅显 qiǎnxiǎn      田间 tiánjiān

uan[uan] 发音时,由圆唇的后高元音 u 开始,口型迅速由合口变为开口状,舌位向前迅速滑降到不圆唇的前低元音 a[a](前 a)的位置就开始升高。发 a[a]后,软腭下降,逐渐增强鼻音色彩,舌尖迅速移到上齿龈,最后抵住上齿龈做出发鼻音-n 的状态。发音例词：

贯穿 guànchuān　　　软缎 ruǎnduàn　　　酸软 suānruǎn

婉转 wǎnzhuǎn　　　专款 zhuānkuǎn　　　钻穿 zuānchuān

üan[yɛn]　发音时，由圆唇的后高元音 ü[y]开始，向前低元音 a[a]的方向滑降。软腭下降，逐渐增强鼻音色彩，舌尖迅速移到上齿龈，最后抵住上齿龈做出发鼻音-n 的状态。发音例词：

源泉 yuánquán　　　轩辕 xuānyuán　　　涓涓 juānjuān

圆圈 yuánquān　　　渊源 yuānyuán　　　全权 quánquán

uen[uən]　发音时，由圆唇的后高元音 u 开始，向央元音 e[ə]的位置滑降，然后舌位升高。发 e[ə]后，软腭下降，逐渐增强鼻音色彩，舌尖迅速移到上齿龈，最后抵住上齿龈做出发鼻音-n 的状态。唇形由圆唇在向中间折点元音滑动的过程中渐变为展唇。发音例词：

昆仑 kūnlún　　　　温存 wēncún　　　　温顺 wēnshùn

论文 lùnwén　　　　馄饨 húntun　　　　谆谆 zhūnzhūn

《汉语拼音方案》规定，韵母 uen 和辅音声母相拼时，受声母和声调的影响，中间的元音（韵腹）产生弱化，写作 un。

后鼻音尾韵母指的是鼻韵母中以-ng 为韵尾的韵母。普通话中的后鼻音尾韵母有八个：ang、eng、ing、ong、iang、uang、ueng、iong。ng[ŋ]是舌面后、浊、鼻音，在普通话中只作韵尾不作声母。发音时，软腭下降，关闭口腔，打开鼻腔通道，舌面后部后缩，并抵住软腭，气流颤动声带，从鼻腔通过。在鼻韵母中，同-n 的发音一样，-ng 除阻阶段也不发音。后鼻音尾韵母的发音中，韵头的发音比较轻短，韵腹的发音清晰响亮，韵尾的发音只做出发音状态。

ang[aŋ]　发音时，起点元音是后低不圆唇元音 a[a]，口大开，舌尖离开下齿背，舌头后缩。当贴近软腭时，软腭下降，打开鼻腔通路，紧接着舌根与软腭接触，封闭了口腔通路，气流从鼻腔里透出。发音例词：

帮忙 bāngmáng　　　苍茫 cāngmáng　　　当场 dāngchǎng

刚刚 gānggāng　　　商场 shāngchǎng　　行当 hángdang

eng[əŋ]　发音时，起点元音是央元音 e[ə]。从 e[ə]开始，舌面后部抬起，贴向软腭。当两者将要接触时，软腭下降，打开鼻腔通路，紧接着舌面后部抵住软腭，使在口腔受到阻碍的气流从鼻腔里透出。发音例词：

承蒙 chéngméng　　　丰盛 fēngshèng　　　更正 gēngzhèng

鹏程 péngchéng　　　萌生 méngshēng　　　声称 shēngchēng

ing[iŋ]　发音时，起点元音是前高不圆唇元音 i，舌尖接触下齿背，舌面前部隆起。从 i 开始，舌面隆起部位不降低，一直后移，舌尖离开下齿背，逐步使舌面后部隆起，贴向软腭。当两者将要接触时，软腭下降，打开鼻腔通路，紧接着舌面后部抵住软

腭,封闭口腔通路,气流从鼻腔透出,口型没有明显变化。发音例词:

叮咛 dīngníng　　　经营 jīngyíng　　　命令 mìnglìng

冰凌 bīnglíng　　　评定 píngdìng　　　清静 qīngjìng

ong[uŋ]　发音时,起点元音是后高圆唇元音 u,但比 u 的舌位略低一点儿,舌尖离开下齿背,舌头后缩,舌面后部隆起,软腭上升,关闭鼻腔通路。从 u 开始,舌面后部贴向软腭,当两者将要接触时,软腭下降,打开鼻腔通路,紧接着舌面后部抵住软腭,封闭口腔通路,气流从鼻腔里透出,唇形始终拢圆。《汉语拼音方案》规定,为避免字母相混,以 o 表示开头元音 u[u],写作 ong。发音例词:

共同 gòngtóng　　　轰动 hōngdòng　　　空洞 kōngdòng

中通 zhōngtōng　　　隆重 lóngzhòng　　　通融 tōngróng

iang[iaŋ]　发音时,由前高不圆唇元音 i 开始,舌位向后滑降到后低元音 a[ɑ](后 a),然后舌位升高。从后低元音 a[ɑ]开始,舌面后部贴向软腭。当两者将要接触时,软腭下降,打开鼻腔通路,紧接着舌面后部抵住软腭,封闭口腔通路,气流从鼻腔里透出。发音例词:

两样 liǎngyàng　　　洋相 yángxiàng　　　响亮 xiǎngliàng

湘江 xiāngjiāng　　　踉跄 liàngqiàng　　　向阳 xiàngyáng

uang[uaŋ]　发音时,由圆唇的后高元音 u 开始,舌位滑降至后低元音 a[ɑ](后 a),然后舌位升高。从后低元音 a[ɑ]开始,舌面后部贴向软腭。当两者将要接触时,软腭下降,打开鼻腔通路,紧接着舌面后部抵住软腭,封闭口腔通路,气流从鼻腔里透出。唇形从圆唇在向折点元音的滑动中渐变为展唇。发音例词:

狂妄 kuángwàng　　　　双簧 shuānghuáng

状况 zhuàngkuàng　　　装潢 zhuānghuáng

ueng[uəŋ]　发音时,由圆唇的后高元音 u 开始,舌位滑降到央元音 e[ə]的位置,然后舌位升高。从央元音 e[ə]开始,舌面后部贴向软腭。当两者将要接触时,软腭下降,打开鼻腔通路,紧接着舌面后部抵住软腭,封闭口腔通路,气流从鼻腔里透出。唇形从圆唇在向中间折点元音滑动过程中渐变为展唇。在普通话里,韵母 ueng 只有一种零声母的音节形式 weng。发音例词:

水瓮 shuǐwèng　　　　主人翁 zhǔrénwēng

老翁 lǎowēng　　　　嗡嗡 wēngwēng

iong[yŋ]　发音时,起点元音是舌面前高圆唇元音 ü[y],发 ü[y]后,软腭下降,打开鼻腔通路,紧接着舌面后部抵住软腭,封闭口腔通路,气流从鼻腔里透出。为避免字母相混,《汉语拼音方案》规定,用字母 io 表示起点元音 ü[y],写作 iong。发音例词:

炯炯 jiǒngjiǒng　　　　汹涌 xiōngyǒng

穷困 qióngkùn　　　　窘境 jiǒngjìng

表2-8　普通话韵母总表

|  | 开口呼 | 齐齿呼 | 合口呼 | 撮口呼 |
|---|---|---|---|---|
| 单韵母 | -i(前、后) | i | u | ü |
|  | a |  |  |  |
|  | o |  |  |  |
|  | e |  |  |  |
|  | ê |  |  |  |
|  | er |  |  |  |
| 复韵母 |  | ia | ua |  |
|  |  |  | uo |  |
|  |  | ie |  | üe |
|  | ai |  | uai |  |
|  | ei |  | uei |  |
|  | ao | iao |  |  |
|  | ou | iou |  |  |
| 鼻韵母 | an | ian | uan | üan |
|  | en | in | uen | ün |
|  | ang | iang | uang |  |
|  | eng | ing | ueng |  |
|  |  |  | ong | iong |

➤扫描章首二维码获取普通话韵母的发音。

## 四、普通话韵母发音训练

| | | | |
|---|---|---|---|
| 大伯 dàbó | 打击 dǎjī | 沙漠 shāmò | 纳入 nàrù |
| 发育 fāyù | 蜡烛 làzhú | 马车 mǎchē | 蘑菇 mógu |
| 默许 mòxǔ | 波折 bōzhé | 博取 bóqǔ | 合法 héfǎ |
| 折磨 zhémó | 彻底 chèdǐ | 歌曲 gēqǔ | 激发 jīfā |
| 闭塞 bìsè | 计策 jìcè | 碧波 bìbō | 湖泊 húpō |
| 苦涩 kǔsè | 普及 pǔjí | 抚摸 fǔmō | 取得 qǔdé |
| 雨衣 yǔyī | 曲折 qūzhé | 叙述 xùshù | 自治 zìzhì |
| 姿势 zīshì | 次日 cìrì | 私自 sīzì | 知识 zhīshi |
| 日食 rìshí | 儿子 érzi | 二十 èrshí | 栽培 zāipéi |
| 开口 kāikǒu | 排列 páiliè | 改道 gǎidào | 背带 bēidài |
| 胚胎 pēitāi | 眉头 méitóu | 北斗 běidǒu | 淘汰 táotài |

盗贼 dàozéi　　　报仇 bàochóu　　　稿酬 gāochóu　　　谋害 móuhài

手稿 shǒugǎo　　　口号 kǒuhào　　　奏报 zòubào　　　下雪 xiàxuě

假若 jiǎruò　　　下滑 xiàhuá　　　家业 jiāyè　　　鞋架 xiéjià

贴画 tiēhuà　　　谢绝 xièjué　　　协作 xiézuò　　　化解 huàjiě

抓获 zhuāhuò　　　挖掘 wājué　　　瓦解 wǎjiě　　　国家 guójiā

罗列 luóliè　　　多寡 duōguǎ　　　卓越 zhuóyuè　　　绝佳 juéjiā

诀别 juébié　　　确切 quèqiè　　　掠夺 lüèduó　　　料酒 liàojiǔ

教会 jiàohuì　　　邀约 yāoyuē　　　憔悴 qiáocuì　　　幼苗 yòumiáo

幽默 yōumò　　　流水 liúshuǐ　　　流连 liúlián　　　外表 wàibiǎo

衰退 shuāituì　　　怀旧 huáijiù　　　外流 wàiliú　　　睡觉 shuìjiào

水牛 shuǐniú　　　鬼怪 guǐguài　　　追究 zhuījiū　　　担任 dānrèn

产品 chǎnpǐn　　　判断 pànduàn　　　安全 ānquán　　　含混 hánhùn

叛变 pànbiàn　　　参观 cānguān　　　分散 fēnsàn　　　身心 shēnxīn

人群 rénqún　　　申辩 shēnbiàn　　　阴暗 yīn'àn　　　谨慎 jǐnshèn

民间 mínjiān　　　频繁 pínfán　　　蕴含 yùnhán　　　军人 jūnrén

训练 xùnliàn　　　匀称 yúnchèn　　　面谈 miàntán　　　天真 tiānzhēn

谦虚 qiānxū　　　现存 xiàncún　　　转身 zhuǎnshēn　　　专心 zhuānxīn

冠军 guànjūn　　　还原 huányuán　　　全盘 quánpán　　　原本 yuánběn

元勋 yuánxūn　　　全面 quánmiàn　　　轮番 lúnfān　　　婚姻 hūnyīn

问询 wènxún　　　温暖 wēnnuǎn

## 五、普通话韵母辨正训练

### （一）前后鼻音辨正训练

前鼻音尾韵母和后鼻音尾韵母在方言中的问题主要体现在 in 和 ing、en 和 eng、an 和 ang、uan 和 uang、ian 和 iang 的混淆上。有的方言把这几组韵母的韵尾都读成前鼻音-n，如长沙话、南京话；有的方言把其中的大部分韵尾都读成后鼻音-ng，如广西灵川话、宁夏银川话。要分辨前后鼻音，首先要发准语音，其次要读准字音。

1. 发准语音

发准前鼻音尾韵母 n 和后鼻音尾韵母 ng，关键在于要掌握好舌头的位置变化情况。n 是舌尖浊鼻音，发音时舌尖抵住上齿龈，舌头基本上是平伸在口腔里；ng 是舌根浊鼻音，发音时舌头后缩，舌根抵住软腭构成阻碍，下颌肌肉有紧张感。

在练习时我们可以使用后字引衬的方法帮助自己找到正确的发音。具体做法是：在前鼻音韵母字的后面，加一个用 d、t、n、l 作声母的音节，两字连读，后字可引衬前字的前鼻韵母归音准确。如：温暖、心得。在后鼻韵母字的后面，加一个用 g、k、h 作声母的音节，两字连读，后字可引衬前字的后鼻韵母归音准确。如：唱歌、疯狂。

2. 记住字音

掌握前后鼻音的正确发音后,要记住各种鼻音韵尾的例字,对比练习,加以辨正,从而真正发好前后鼻音。

前后鼻音辨正训练

(1) 单音节词语发音练习

音—鹰　盆—朋　班—帮　见—降　还—黄

(2) 多音节词语发音练习

反问—访问　天坛—天堂　木船—木床　鲜花—香花

清真—清蒸　瓜分—刮风　终身—钟声　深沉—生成

禁地—境地　民生—名声　信服—幸福　亲近—清静

(3) 绕口令练习

① 扁担长,板凳宽,扁担要绑在板凳上,板凳不让扁担绑在板凳上,扁担偏要绑在板凳上。

② 走如风,站如松,坐如钟,睡如弓。

**(二) 单韵母辨正**

在方言中容易出现两种情况:一是把一个单韵母改读为另一个单韵母,二是把单韵母改读为复韵母。

(1) 在有些方言中,o 容易读成 e,应注意辨正。例词:

婆婆　山坡　劳模　破坏　菠萝　伯伯

(2) 在有些方言中,e 容易读成 a、ei 或者 uo,应注意辨正。例词:

疙瘩　喝水　蛤蜊　胳膊　磕破

道德　特别　德州　贵客　侧面

大哥　科学　祝贺　恶心　割肉

**(三) 复韵母辨正**

方言中复韵母发音容易出现两种倾向:

一是二合复韵母单音化;二是三合复韵母二合化,即动程不够,开口度太小。有的方言中,容易把 ɑi 读成 ê,把 ou 读成 o;有的方言 uei 与 d、t、z、c、s 相拼合时,往往丢失韵头。这些应注意辨正。例词:

白菜　北海　麦子

剖析　阴谋　否定

对　腿　醉　碎

说明：表中的①②③④分别指阴平、阳平、上声、去声四种声调。

表2-9 en和eng对照辨音字表

| | en | eng |
|---|---|---|
| ∅ | ①恩 ④摁 | |
| b | ①奔 ③本 ④笨 | ①崩 ②甮 ③绷 ④迸蹦泵 |
| p | ①喷 ②盆 ④喷 | ①烹 ②朋棚硼鹏彭澎膨 ③捧 ④碰 |
| m | ①闷 ②门们 ④闷 | ①蒙 ②盟萌蒙檬朦 ③猛蜢锰 ④梦孟 |
| f | ①分芬纷吩 ②坟焚汾 ③粉 ④奋份粪忿愤 | ①风枫疯蜂峰丰封 ②逢缝冯 ③讽 ④奉凤缝 |
| d | | ①登灯 ③等 ④邓凳瞪 |
| t | | ②疼腾誊滕藤 |
| n | ④嫩 | ②能 |
| l | | ②棱 ③冷 ④愣 |
| g | ①根跟 ②哏 ④艮 | ①耕庚羹更 ③耿梗 ④更 |
| k | ③肯啃垦恳 ④裉 | ①坑 |
| h | ②痕 ③很狠 ④恨 | ①亨哼 ②横衡恒 ④横 |
| zh | ①真贞针侦珍胗斟 ③诊疹枕 ④振震镇阵 | ①争峥狰征正挣蒸 ③整拯 ④正政证症郑挣 |
| ch | ①嗔抻 ②晨辰沉忱陈臣尘 ③碜 ④衬趁称 | ①称撑 ②成城诚承呈程惩澄乘盛 ③逞骋 ④秤 |
| sh | ①申伸呻绅身深 ②神 ③沈审婶 ④甚慎肾渗 | ①生牲笙甥升声 ②绳 ③省 ④圣胜盛剩 |
| r | ②人仁壬 ③忍 ④任认刃纫韧 | ①扔 ②仍 |
| z | ③怎 | ①曾增憎 ④赠锃 |
| c | ①参 ②岑 | ②曾层 ④蹭 |
| s | ①森 | ①僧 |

表2-10 in和ing对照辨音字表

| | in | ing |
|---|---|---|
| ∅ | ①因姻殷音阴 ②银龈垠吟寅淫 ③引蚓隐瘾饮尹 ④印荫 | ①英应鹰婴樱缨鹦 ②营莹萤盈迎赢 ③影 ④映硬应 |
| b | ①宾滨缤彬 ④殡鬓 | ①兵冰 ③丙柄秉饼禀 ④病并 |
| p | ①拼 ②贫频 ③品 ④聘 | ①乒 ②平苹萍屏瓶凭 |
| m | ②民 ③敏皿闽悯泯 | ②名茗铭明鸣冥 ④命 |

(续表)

|  | in | ing |
|---|---|---|
| d |  | ① 丁叮钉仃叮 ③ 顶鼎 ④ 定锭订 |
| t |  | ① 听厅汀 ② 亭停廷庭 ③ 挺艇 |
| n | ② 您 | ② 宁狞拧凝 ③ 拧 ④ 宁佞 |
| l | ② 林琳淋磷邻鳞麟 ③ 凛檩 ④ 吝赁蔺 | ② 灵伶蛉玲零铃龄菱陵凌绫 ③ 岭领 ④ 另令 |
| j | ① 今斤巾金津襟筋 ③ 紧锦仅谨馑 ④ 尽劲缙觐烬近晋禁浸 | ① 京惊鲸茎经菁精晴晶荆兢粳 ③ 景颈井警 ④ 敬镜竞净静境竞径劲 |
| q | ① 亲侵钦 ② 勤琴芹秦禽擒 ③ 寝 ④ 沁 | ① 氢轻倾青清蜻卿 ② 情晴擎 ③ 顷请 ④ 庆亲 |
| x | ① 新薪辛锌欣心馨 ④ 信衅 | ① 星腥猩兴 ② 形刑型邢行 ③ 省醒 ④ 幸姓性杏兴 |

## 思考与练习

1. 举例说明单元音的发音应该从哪几个方面进行分析。

2. 按照结构,韵母可以分为哪几类?

3. 写出下列词语的韵母:

喜剧　切磋　血压　等待

并列　崩溃　浪漫　憧憬

4. 朗读短文。

夕阳落山不久,西方的天空,还燃烧着一片橘红色的晚霞。大海,也被这霞光染成了红色,而且比天空的景色更要壮观。因为它是活动的,每当一排排波浪涌起的时候,那映照在浪峰上的霞光,又红又亮,就像一片片霍霍燃烧着的火焰,闪烁着,消失了。而后面的一排,又闪烁着,滚动着,涌了过来。(选自《海滨仲夏夜》)

## 第四节　声　调

汉语普通话具有音韵美,声调是主要因素之一,不同声调交替出现在词句、语流之中,增强了语言的音乐性。声调在汉语中具有重要作用。很多官话区的方言与普通话在语音上最主要的区别就体现在声调上。而很多南方方言区的人说普通话总是带有南方的腔调,被称为"塑料普通话",原因也在于对普通话声调的把握不够准确。在听感上,声调是人们最先辨别出来的语音要素,声调的准确程度,决定了普通话的地道程度。本节我们要学习普通话声调的相关知识,了解调类的划分,掌握普通话四个声调的调值。

## 一、什么是声调

声调是音节中具有区别意义作用的音高变化。由于一个音节就是一个汉字,所以也可称为字调。例如"老"(lǎo),读起来先降低然后又上升,这种先降后升的音高变化形式和升降幅度就是音节"老"的声调。

声调是音节不可缺少的组成部分,它和声母、韵母一样都具有区别意义的作用。声调是普通话和汉语方言语音的最显著和最基本的特征。声调的不同可以区别不同的词义,例如:都(dū)、读(dú)、堵(dǔ)、杜(dù)。

## 二、调类和调值

调类是声调的种类,是根据声调的实际读法归纳出来的。有几种实际读法就有几种调类,也就是将相同调值的字归为一类。普通话有四个调类,分别是阴平、阳平、上声、去声,通俗地叫第一声、第二声、第三声、第四声。在一种方言里,有几种调值的基本变化形式,就有几个调类。各方言区的调类数量不尽相同,最少的方言区只有三个调类,如河北滦县话、山东烟台话;最多的有十个调类,如广西玉林话。多数方言的调类为四到六个,如沈阳话、兰州话、成都话有四个调类,上海话有五个调类,客家话有六个调类,厦门话有七个调类,广州话有九个调类等(请参看本小节最后表2-11《汉语方言声调对照表》)。

调值是音节中高低升降的音高变化的固定格式,也就是声调的实际音值或读法。我们采用赵元任创制的"五度标记法"来标记声调。"五度标记法"是建立一个坐标,用从1到5的5度竖轴来表示相对音高,从下到上分别用1、2、3、4、5表示低音、半低音、中音、半高音、高音。用横轴表示音长。

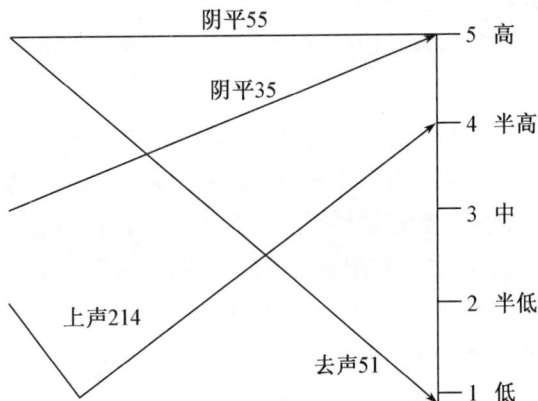

图2-2　普通话调值五度标记图

普通话有四种基本声调:阴平、阳平、上声、去声。具体描写如下:

(1)阴平——高平调。发音时调值由 5 度到 5 度,调值 55。例字:

方 fāng  知 zhī  静 jìng  八 bā

(2)阳平——中升调。发音时调值由 3 度升到 5 度,调值 35。例字:

拔 bá  房 fáng  职 zhí  情 qíng

(3)上声——降升调。发音时调值由 2 度降到 1 度,再升到 4 度,调值 214。例字:

把 bǎ  仿 fǎng  止 zhǐ  请 qǐng

(4)去声——高降调。发音时调值由 5 度降到 1 度,调值 51。例字:

罢 bà  放 fàng  志 zhì  庆 qìng

需要注意的是,普通话中除了阴平、阳平、上声、去声四个调类外,还有一种轻声,发音都轻而短,其调值不同于上述四声的任何一个。轻声不是一个独立的调类,而是一种音变现象。对轻声问题,我们后面会有专门讲解。

### 三、普通话声调的发音训练

1. 阴平

高而平,叫高平调。发音时保持音高,由 5 度到 5 度,基本上没有升降变化。

读阴平的主要问题有两个,一是不能达到调值 55 的高度;二是出现前后高低不一致的现象,音高不稳定。练习时,声带绷到最紧,始终保持不变。

(1)单音节练习

高 开 猪 尊 低 边
安 抽 歌 中 飞 贴

(2)双音节练习

中央 今天 高山 哀伤 出生 参观
军官 家乡 新鲜 亲生 书箱 天山

(3)四音节练习

青春光辉 春天花开 公司通知
新屋出租 变本加厉 地动山摇

2. 阳平

由中音升到高音,叫中升调。由 3 度到 5 度,起音比阴平稍低,然后升到高。

读阳平时容易出现的问题有两个,一是高音要升不上去,起点过高导致无法再往上升;二是发音急促,影响了普通话阳平应有的舒展感。在练习阳平时应该先尽量放松声带,然后再拉紧。多读去声和阳平相连的词语,也有助于练好阳平。

(1)单音节练习

麻 白 琴 牌 肥 读 霞
能 来 哲 蛇 残 云 船

（2）双音节练习

儿童 连年 无极 学习 才能 传奇

蜡梅 热情 练习 富饶 拜年 教学

（3）四音节练习

圆形循环 沽名钓誉 和蔼可亲

人民银行 连年和平 农民犁田

3. 上声

由半低音降到低音再升到半高音,叫降升调。调值由 2 度降到 1 度,再升到 4 度。声音由较低慢慢到最低,再快速升高。

读上声时存在的问题有几种,最常见的是起点高,降不下来,拐弯不够大;第二种是下降后升上去的幅度不够,没有达到应有的调值;第三种是前面下降的部分太短,后面上升的部分太长太高等。练习上声时,应先放松声带,使声调的起点降低,把低音部分拖长一点儿,降到底再上扬,转折的时候要自然。

（1）单音节练习

马 早 跑 铁 姐 请

写 舍 雪 损 脸 短

（2）双音节练习

装满 温暖 读卡 下雪 幻想 预演

画展 办理 亮眼 望远 不悔 恰巧

（3）四音节练习

彼此理解 理想美满 永远友好

奇珍异宝 岂有此理 产品展览

4. 去声

由高音降到低音,叫高降调。由 5 度到 1 度,调值是 51,声音从最高降到最低。

读去声时最主要的问题是没有从最高降到最低,读成了 53 调值;湘方言区的很多人在发去声时容易降不下去。练习时可用阴平带去声的方法来练习,即先发一个阴平,使声带拉紧,再在阴平的高度上尽量把声带放松,就能读出全降调的去声了。多读阴平和去声相连的词语,有助于读好去声。

（1）单音节练习

去 炮 肺 庆 练 借

趁 造 赚 俊 样 外

（2）双音节练习

话剧 劝告 庆祝 贡献 创作 互动

搬运 发现 专利 居住 突破 激励

（3）四音节练习

创造利润 万籁俱寂 变幻莫测

下次注意　世界教育　报告胜利

## 四、普通话声调的辨正

在普通话声调的辨正中要辨别方言声调跟普通话声调之间的差异,找出它们的对应关系。有的字在普通话和方言中的调类虽然相同,但是调值不同。比如,"天"在普通话和大多数方言中都属于同一调类——阴平,但是在普通话和不同方言中的实际调值则有所不同,普通话调值为 55,长沙话为 33,上海话为 53,南昌话为 42。因此,练习时,要区分方言和普通话的声调差异,注意控制调值的升降幅度,纠正自己的方音,进行有针对性的训练,读准普通话声调调值。

普通话四声综合练习

1. 单音节词语发音练习

搭—答—打—大　锅—国—果—过

穿—船—喘—串　书—熟—属—竖

2. 双音节词语发音练习

精华　端详　观察　长期　阳光　崇高

冒险　故土　电影　辽阔　融洽　肥沃

报告　训练　热烈　目前　钻石　觅食

3. 绕口令练习

八百标兵奔北坡,炮兵并排北边跑。炮兵怕把标兵碰,标兵怕碰炮兵炮。

树上卧只猴,树下蹲条狗。猴跳下来撞了狗,狗翻起来咬住猴。不知是猴咬狗,还是狗咬猴。

### 思考与练习

1. 什么是调类? 普通话有哪几个调类?

2. 什么是调值? 普通话的调值分别是怎样的?

3. 请写出下列字的声调:

档　哲　北　属　脚

密　谷　出　查　急

表 2－11 汉语方言声调对照表

（调值和调类）

| 方言区 | 地名（例字） | 平声·天 | 平声·平 | 上声·古 | 上声·老 | 上声·近 | 去声·放 | 去声·大 | 入声·急 | 入声·各 | 入声·六 | 杂 | 声调数 |
|---|---|---|---|---|---|---|---|---|---|---|---|---|---|
| 北方方言区 | 普通话（北京） | 阴平55 | 阳平35 | 上声214 | | | 去声51 | | | 入声分别归阴阳上去 | | | 4 |
| | 沈阳 | 阴平44 | 阳平35 | 上声213 | | | 去声41 | | | 入声分别归阴阳、阳、去 | | | 4 |
| | 济南 | 阴平213 | 阳平42 | 上声55 | | | 去声21 | | | 同上 | | | 4 |
| | 烟台 | 去声31 | 去声55 | 上声214 | | | 去声55 | | | 入声分别归阴阳上去 | | | 3 |
| | 西安 | 阴平31 | 阳平24 | 上声42 | | | 去声55 | | | 入声分别归阴阳上去 | | | 4 |
| | 南京 | 阴平31 | 阳平13 | 上声22 | | | 去声44 | | | 入声5 | | | 5 |
| | 成都 | 阴平44 | 阳平13 | 上声52 | | | 去声13 | | | 入声归阳平 | | | 4 |
| 吴方言区 | 苏州 | 阴平44 | 阳平13 | 上声52 | 归阳去 | | 阴去412 | 阳去31 | 阴入5 | | 阳入2 | | 7 |
| | 绍兴 | 阴平41 | 阳平15 | 阴上55 | 阳上22 | | 阴去44 | 阳去31 | 阴入5 | | 阳入32 | | 8 |
| | 上海 | 阴平53 | 阳平23 | 上声34 | | | 去声34 | | 阴入55 | | 阳入12 | | 5 |
| 湘方言区 | 长沙 | 阴平33 | 阳平13 | 上声41 | | | 阴去45 | 阳去21 | | 入声24 | | | 6 |
| 赣方言区 | 南昌 | 阴平42 | 阳平24 | 上声213 | | | 阴去55 | 阳去21 | 阴入21 | | 阳入5 | | 6 |
| 客家方言区 | 梅县 | 阴平44 | 阳平11 | 上声31 | | | 去声52 | | 阴入21 | | 阳入5 | | 6 |
| 闽方言区 | 福州 | 阴平44 | 阳平52 | 上声31 | | 阳上13 | 阴去213 | 阳去242 | 阴入23 | | 阳入5 | | 7 |
| | 厦门 | 阴平55 | 阳平24 | 上声51 | | 阳上13 | 阴去11 | 阳去33 | 阴入32 | | 阳入5 | | 7 |
| 粤方言区 | 广州 | 阴平53 | 阳平21 | 阴上35 | | 阳上13 | 阴去33 | 阳去22 | 上阴入55 | 下阴入33 | 阳入22 | 阳入5 | 9 |
| | 玉林 | 阴平54 | 阳平32 | 阴上33 | 阳上23 | | 阴去52 | 阳去21 | 上阴入5 | 下阴入55 | 上阳入2 | 下阳入1 | 10 |

## 第五节　语流音变

　　普通话的学习是分层次、分阶段的,声韵调的学习是基础,语流音变则是让普通话走向"地道"的必备条件。有些人说单个字音还算规范,但整体地听好像带着奇怪的"腔调",这往往就是因为没有掌握好普通话的语流音变。

　　语流音变是指在语流中由于受前后相邻音节因素的影响,一些音节中的声母、韵母或声调发生变化。普通话中最典型的语流音变是变调、轻声、儿化、语气词"啊"的音变和轻重格式。

### 一、变调

　　在语流中,相邻音节的声调相互影响致使读音发生变化的现象叫变调。普通话中的变调主要包括上声变调、"一"和"不"的变调。

#### (一) 上声变调

　　(1) 上声音节在非上声(阴平、阳平、去声、轻声)音节前时,其调值由 214 变为 21。

　　上声＋阴平　老师　产生　好心　小说　首都
　　上声＋阳平　祖国　把持　语言　海洋　品尝
　　上声＋去声　朗诵　哽咽　准确　翡翠　解放
　　上声＋轻声　打发　尾巴　老实　暖和　寡妇

　　(2) 上声音节和上声音节相连时,前一个音节的调值变为 35,后一个音节读本调。

　　上声＋上声　领导　美好　打扫　恼火　岛屿

　　(3) 三个上声音节相连时,根据词语的结构有两种变化方式:

　　双音节＋单音节:前面两个音节的调值变为 35,后一个音节读本调。

　　演讲稿　展览馆　洗脸水　管理组　虎骨酒

　　单音节＋双音节:第一个音节的调值变为 21,第二个音节的调值变为 35,后一个音节读本调。

　　好领导　小老虎　厂党委　纸老虎　老保姆

#### (二)"一"的变调

　　(1)"一"在去声音节前,变读为阳平 35。

　　一半　一概　一定　一共　一样　一再　一路　一律

（2）"一"在非去声音节前,变读为去声51。

一天　一心　一旁　一直　一时　一起　一手　一体

（3）"一"夹在重叠词中间,读轻声。

说一说　试一试　走一走　笑一笑　跳一跳

单念或在表序数时仍读原调55,如:第一、一楼。

### （三）"不"的变调

"不"单念或在词末,以及在非去声音节前时读本调。

不、我不、不能

（1）在去声音节前,变读为阳平。

不去　不要　不论　不过　不备　不必　不快　不妙

（2）夹在词语中间,读轻声。

对不起　看不见　去不去　行不行

## 二、轻声

轻声是普通话语音的一种特殊变调。普通话的每个音节都有声调,但在词语或句子中有些音节常常失去了原有的调值而读成较轻、较短的调子,这种又轻又短的调子就叫作轻声。轻声词语中的轻声音节不标调。

轻声具有区分词义和词性的作用。如"大爷"读轻声时,表示对年长的男子的称呼;不读作轻声时,指傲慢无礼的男子。如"地道"读轻声时是形容词,表示非常正宗;不读作轻声时是名词,表示地下通道。

### （一）轻声出现的规律

轻声常出现在口语词语中,书面色彩浓的词语、新词、科技术语中一般没有轻声。在普通话里,读轻声的情况有以下九种:

（1）助词念轻声:

◆ 结构助词:的、地、得(如:我的　轻轻地　记得)

◆ 动态助词:着、了、过(如:看着　吃了　去过)

◆ 语气助词:吧、吗、呢、啊、等(如:说吧　你好吗　你呢)

（2）部分叠音词或重叠式的名、动词,末尾音节大多念轻声:

猩猩　妈妈　伯伯　看看　说说　试试

（3）表方位的词素(上、下、里、头、面、边),一般念轻声:

桌上　底下　心里　前头　外边

（4）趋向补语"来、去、出去、起来"等,一般念轻声:

出去　进来　看下去　笑起来

（5）后缀(子、头、们、巴、么)念轻声:

桌子　木头　他们　下巴　什么

（6）有些夹在词语中的"得""不""一"，一般念轻声：

看得起　差不多　笑一笑

（7）做宾语的人称代词：

你打我　骂我　撵它　抓它

（8）量词"个"常念轻声：

三个　这个　那个

（9）约定俗成的轻声词语，详见《普通话水平测试用必读轻声词语表》：

风筝　规矩　合同　厚道　巴掌　清楚　豆腐　裁缝　钥匙

**（二）轻声的读音规律**

轻声音节的发音都变得又轻又短，但音高并非都是相同的。轻声音节的调值往往由前一个音节声调的调值决定。主要分为两种情况：

（1）当轻声音节出现在阴平、阳平、去声的后面时，其调值大体可以描述为31。

阴平＋轻声：妈妈　他的　桌子　说了　先生　巴掌　家伙　师父

阳平＋轻声：爷爷　红的　房子　锄头　白净　鼻子　胡琴　狐狸

去声＋轻声：爸爸　坏的　扇子　丈夫　地道　弟兄　骆驼　吓唬

（2）当轻声音节出现在上声的后面时，其调值大体可以描述为44。

上声＋轻声：姐姐　我的　斧子　喇叭　老实　伙计　马虎　耳朵

**（三）轻声的发音训练**

1. 朗读句子

（1）同学们，请打开窗户透透气。

（2）小朋友们坐在大树下，看着天上的星星眨呀眨的，真有意思。

（3）公园里什么花都有：牡丹、玫瑰、芍药，红的、白的、黄的、紫的，漂亮极了。

2. 朗读绕口令

### 胖娃和蛤蟆

一个胖娃娃画了三个大花活河蛤蟆，三个胖娃娃画了一个大花活河蛤蟆，画了一个大花活河蛤蟆的三个胖娃娃，真不如画了三个大花活河蛤蟆的一个胖娃娃。

### 练舌头

天上有个日头，地下有块石头，嘴里有个舌头，手里有五个手指头。不管是天上的热日头，地下的硬石头，嘴里的软舌头，手里的手指头，还是热日头、硬石头、软舌头、手指头，反正都是练舌头。

▶扫描章首二维码获取轻声绕口令练习范读音频。

3. 朗读段落

天上风筝渐渐多了，地上孩子也多了。城里乡下，家家户户，老老小小，他们也赶趟儿似的，一个个都出来了。舒活舒活筋骨，抖擞抖擞精神，各做各的一份事去。"一年之计在于春"，刚起头儿，有的是工夫，有的是希望。（节选自朱自清《春》）

# 三、儿化

普通话的儿化现象主要由词尾"儿"变化而来。词尾"儿"本是一个独立的音节，由于在语流中与前面的音节连读而产生音变，"儿"(er)失去了独立性，"化"到前一个音节上，只保持一个卷舌动作，使两个音节融合成为一个音节。这种语音现象就是"儿化"。我们把这种带有卷舌色彩的韵母称作"儿化韵"。

儿化具有区别词义的作用，如"头"表示脑袋，"头儿"表示带头的人。"信"表示信件，"信儿"表示捎带的信息。儿化还可以区别词性，如"尖"是形容词，表示尖锐；"尖儿"则是名词，表示尖细的顶端。"盖"是动词，"盖儿"则是名词。儿化还可以表示细小、亲切或喜爱的感情色彩，如：药丸儿，小孩儿，宝贝儿。

## （一）儿化的音变规律

儿化在发音过程中，是使其前一个音节的韵腹或韵尾带上卷舌色彩，根据前一个音节是否便于卷舌，我们可以把儿化的音变规律概括为以下五点：

(1) 音节末尾音素是 a、o、e、ê、u 的，原韵母直接加卷舌动作。

号码儿　心窝儿　小偷儿　模特儿　小鞋儿　主角儿

(2) 韵母是 i、ü 的，儿化时在原韵母后加 e，再带上卷舌动作。

针鼻儿　玩意儿　眼皮儿　毛驴儿　金鱼儿　有趣儿

(3) 韵母是 -i（前）、-i（后）的，儿化时原韵母直接换作 er。

棋子儿　瓜子儿　没词儿　墨汁儿　锯齿儿　豆汁儿

(4) 韵尾是 i、n 的韵母，儿化时失落韵尾，加卷舌动作。

小孩儿　刀背儿　土堆儿　快板儿　老本儿　汤圆儿

(5) 韵尾是 ng 的，儿化时去掉韵尾，韵腹鼻化并卷舌。

药方儿　门洞儿　鼻梁儿　蛋黄儿　板凳儿　打鸣儿

## （二）儿化的发音练习

### 1. 词语练习

| | | | | | |
|---|---|---|---|---|---|
| 号码儿 | 板擦儿 | 小孩儿 | 绕远儿 | 老伴儿 | 门槛儿 |
| 一下儿 | 掉价儿 | 露馅儿 | 麻花儿 | 牙刷儿 | 一块儿 |
| 饭馆儿 | 好玩儿 | 大腕儿 | 烟卷儿 | 老本儿 | 手绢儿 |
| 人缘儿 | 加塞儿 | 杏仁儿 | 纳闷儿 | 走神儿 | 半截儿 |
| 小鞋儿 | 旦角儿 | 跑腿儿 | 墨水儿 | 走味儿 | 打盹儿 |
| 冰棍儿 | 挑刺儿 | 开春儿 | 瓜子儿 | 没门儿 | 没准儿 |
| 墨汁儿 | 鞋垫儿 | 记事儿 | 针鼻儿 | 蛋黄儿 | 脚印儿 |
| 毛驴儿 | 小曲儿 | 合群儿 | 玩意儿 | 夹缝儿 | 果冻儿 |
| 小熊儿 | 眼镜儿 | | | | |

➢扫描章首二维码获取儿化词语练习范读音频。

2. 句子练习

（1）小山整把济南围了个圈儿，只有北边缺着点儿口儿。（《济南的冬天》）

（2）一阵风吹来，树枝轻轻地摇晃，美丽的银条儿和雪球儿簌簌地落下来，玉屑似的雪末儿随风飘扬，映着清晨的阳光，显出一道道五光十色的彩虹。（《第一场雪》）

3. 绕口令练习

进了门儿，倒杯水儿，喝了两口运运气儿。顺手拿起小唱本儿，唱一曲儿，又一曲儿，练完了嗓子我练嘴皮儿。绕口令儿，练字音儿，还有单弦儿牌子曲儿。小快板儿，大鼓词儿，又说又唱我真带劲儿！

## 四、"啊"的音变规律

语气助词"啊"单独念时读作 a，在句子末尾时读作轻声，"啊"在轻读时与前一个音节的末尾音素连读发生音变，其音变规律如下：

（1）前面音节末尾的音素是舌面元音 a、o（ao、iao 除外）、e、ê、i、ü 时，"啊"音变为"ya"，汉字写作"啊"或"呀"。如：

回家啊　广播啊　祝贺啊　可爱啊　你去啊

（2）前面音节末尾的音素是 u 时（包括 ao、iao），"啊"读作"wa"，汉字写作"啊"或"哇"。如：

怎么读啊　别哭啊　快走啊　真瘦啊

（3）前面音节末尾的音素是 -n 时，"啊"读作"na"，汉字写作"啊"或"哪"。如：

快看啊　小心啊　咱们啊　好人啊

（4）前面音节的韵尾是 -ng 时，"啊"读作"nga"，汉字仍写作"啊"。如：

唱啊　好听啊　小熊啊　真冷啊

（5）前面音节的韵母是 -i（前）时，"啊"读作"[zA]"，汉字写作"啊"。如：

几次啊　自私啊　周四啊　写字啊

（6）前面音节的韵母是 -i（后）、卷舌元音 er 或儿化韵时，"啊"读作"ra"，汉字上写作"啊"。如：

好吃啊　什么事啊　女儿啊　开门儿啊

### 思考与练习

1. 上声变调产生的条件是什么？

2. 请从语音四要素的角度，分析轻声主要表现出哪些特性？

3. 请举例说明儿化的作用。

4. "一"的变调练习：

### 一个老僧

一个老僧一本经，一句一行念得清。

5. "不"的变调练习:

### 不怕学不会

不怕不会,就怕不学。一回不会,再来一回,不信不会。

6. 轻声练习:

### 天上日头

天上日头,地上石头。嘴里舌头,手掌指头,大腿骨头,小脚趾头。

7. 儿化练习:

### 小女孩儿

小女孩儿,红脸蛋儿,穿花裙儿,扎小辫儿,唱着歌儿,真有趣儿。

# 普通话水平测试用必读轻声词语表

| | | | | | | | | | | |
|---|---|---|---|---|---|---|---|---|---|---|
| 爱人 | 案子 | 巴掌 | 把子 | 爸爸 | 白净 | 班子 | 板子 | 帮手 | 梆子 | 膀子 |
| 棒槌 | 棒子 | 包袱 | 包涵 | 包子 | 豹子 | 杯子 | 被子 | 本事 | 本子 | 鼻子 |
| 比方 | 鞭子 | 扁担 | 辫子 | 别扭 | 饼子 | 拨弄 | 脖子 | 簸箕 | 补丁 | 不由得 |
| 不在乎 | 步子 | 部分 | 财主 | 裁缝 | 苍蝇 | 差事 | 柴火 | 肠子 | 厂子 | 场子 |
| 车子 | 称呼 | 池子 | 尺子 | 虫子 | 绸子 | 除了 | 锄头 | 畜生 | 窗户 | 窗子 |
| 锤子 | 刺猬 | 凑合 | 村子 | 耷拉 | 答应 | 打扮 | 打点 | 打发 | 打量 | 打算 |
| 打听 | 大方 | 大爷 | 大夫 | 带子 | 袋子 | 单子 | 耽搁 | 耽误 | 胆子 | 担子 |
| 刀子 | 道士 | 稻子 | 灯笼 | 凳子 | 提防 | 笛子 | 底子 | 地道 | 地方 | 弟弟 |
| 弟兄 | 点心 | 调子 | 钉子 | 东家 | 东西 | 动静 | 动弹 | 豆腐 | 豆子 | 嘟囔 |
| 肚子 | 缎子 | 队伍 | 对付 | 对头 | 多么 | 蛾子 | 儿子 | 耳朵 | 贩子 | 房子 |
| 废物 | 份子 | 风筝 | 疯子 | 福气 | 斧子 | 盖子 | 甘蔗 | 杆子 | 杆子 | 干事 |
| 杠子 | 高粱 | 膏药 | 稿子 | 告诉 | 疙瘩 | 哥哥 | 胳膊 | 鸽子 | 格子 | 个子 |
| 根子 | 跟头 | 工夫 | 弓子 | 公公 | 功夫 | 钩子 | 姑姑 | 姑娘 | 谷子 | 骨头 |
| 故事 | 寡妇 | 褂子 | 怪物 | 关系 | 官司 | 罐头 | 罐子 | 规矩 | 闺女 | 鬼子 |
| 柜子 | 棍子 | 锅子 | 果子 | 蛤蟆 | 孩子 | 含糊 | 汉子 | 行当 | 合同 | 和尚 |
| 核桃 | 盒子 | 红火 | 猴子 | 后头 | 厚道 | 狐狸 | 胡萝卜 | 胡琴 | 糊涂 | 护士 |
| 皇上 | 幌子 | 活泼 | 火候 | 伙计 | 机灵 | 脊梁 | 记号 | 记性 | 夹子 | 家伙 |
| 架势 | 架子 | 嫁妆 | 尖子 | 茧子 | 剪子 | 见识 | 毽子 | 将就 | 交情 | 饺子 |
| 叫唤 | 轿子 | 结实 | 街坊 | 姐夫 | 姐姐 | 戒指 | 金子 | 精神 | 镜子 | 舅舅 |
| 橘子 | 句子 | 卷子 | 咳嗽 | 客气 | 空子 | 口袋 | 口子 | 扣子 | 窟窿 | 裤子 |
| 快活 | 筷子 | 框子 | 阔气 | 喇叭 | 喇嘛 | 篮子 | 懒得 | 浪头 | 老婆 | 老实 |
| 老太太 | 老头子 | 老爷 | 老子 | 姥姥 | 累赘 | 篱笆 | 里头 | 力气 | 厉害 | 利落 |
| 利索 | 例子 | 栗子 | 痢疾 | 连累 | 帘子 | 凉快 | 粮食 | 两口子 | 料子 | 林子 |
| 翎子 | 领子 | 溜达 | 笼子 | 炉子 | 路子 | 轮子 | 萝卜 | 骡子 | | |

骆驼　妈妈　麻烦　麻利　麻子　马虎　码头　买卖　麦子　馒头　忙活　冒失
帽子　眉毛　媒人　妹妹　门道　眯缝　迷糊　面子　苗条　苗头　名堂　名字
明白　模糊　蘑菇　木匠　木头　那么　奶奶　难为　脑袋　脑子　能耐　你们
念叨　念头　娘家　镊子　奴才　女婿　暖和　疟疾　拍子　牌楼　牌子　盘算
盘子　胖子　狍子　盆子　朋友　棚子　脾气　皮子　痞子　屁股　片子　便宜
骗子　票子　漂亮　瓶子　婆家　婆婆　铺盖　欺负　旗子　前头　钳子　茄子
亲戚　勤快　清楚　亲家　曲子　圈子　拳头　裙子　热闹　人家　人们　认识
日子　裤子　塞子　嗓子　嫂子　扫帚　沙子　扇子　商量　晌午　上司　上头
烧饼　勺子　少爷　哨子　舌头　身子　什么　婶子　生意　牲口　绳子　师父
师傅　虱子　狮子　石匠　石榴　石头　时候　实在　拾掇　使唤　世故　似的
事情　柿子　收成　收拾　首饰　叔叔　梳子　舒服　舒坦　疏忽　爽快　思量
算计　岁数　孙子　他们　她们　它们　台子　太太　摊子　坛子　毯子　桃子
特务　梯子　蹄子　挑剔　挑子　条子　跳蚤　铁匠　亭子　头发　头子　兔子
妥当　唾沫　挖苦　娃娃　袜子　晚上　尾巴　委屈　为了　位置　位子　蚊子
稳当　我们　屋子　稀罕　席子　媳妇　喜欢　匣子　下巴　吓唬　先生　乡下
箱子　相声　消息　小伙子　小气　小子　笑话　谢谢　心思　星星　猩猩　行李
性子　兄弟　休息　秀才　秀气　袖子　靴子　学生　学问　丫头　鸭子　衙门
哑巴　胭脂　烟筒　眼睛　燕子　秧歌　养活　样子　吆喝　妖精　钥匙　椰子
爷爷　叶子　一辈子　衣服　衣裳　椅子　意思　银子　影子　应酬　柚子　冤枉
院子　月饼　月亮　云彩　运气　在乎　咱们　早上　怎么　扎实　眨巴　栅栏
宅子　寨子　张罗　丈夫　帐篷　丈人　帐子　招呼　招牌　折腾　这个　这么
枕头　芝麻　知识　侄子　指甲　指头　种子　珠子　竹子　主意　主子　柱子
爪子　转悠　庄稼　庄子　壮实　状元　锥子　桌子　字号　自在　粽子　祖宗
嘴巴　作坊　琢磨

# 第三章
# 语言表达专项训练

微信扫码
获取相关资源

## ※ 学习目标

> 1. 了解体态语的概念、功用、类别与使用的基本原则,学会正确使用体态语。
> 2. 了解听话与说话的关系,培养高层次的听话能力。
> 3. 了解朗诵的基本知识,掌握朗诵的技巧。
> 4. 了解演讲的概念、功用与类别,学会演讲稿的写作,掌握演讲的技巧。
> 5. 了解讲故事的意义,学会选择、改编故事,掌握讲故事的技巧。

　　社会生活中,语言表达必不可少,它在使用的普遍性、复杂性、技巧性等方面都有较为突出的表现,需要认真学习才能较好地掌握。语言表达涉及面很广,内涵十分丰富,提高语言表达能力有许多方法,可从听、说、读、写等多个方面入手,而针对其中某个或多个方面进行专门训练,不失为一种提升较快的好方法。

　　本章在普通话声韵调训练、朗读训练、说话训练等的基础上,择要介绍与语言表达密切相关的体态语、听话、朗诵、演讲、讲故事等的基本知识,讲解训练的方法和技巧,这些内容集知识性、技巧性和实用性于一体,以期提高包括师范生在内的学习者的语言表达能力。

## 第一节　体态语概述

　　语言表达离不开体态语,它有重要的作用甚至独特的魅力,耿二岭《体态语概说》讲述了这样一个故事:

　　1987 年 3 月 30 日晚上,一个名不见经传的美国聋哑女玛莉·马特林,摘取了电影奥斯卡奖最佳女演员的桂冠,得到了这项一向为西方女影星梦寐以求的殊荣。

她的得奖作是《小上帝的孩子》。这部影片描写了一个叫萨拉的聋哑学校看门姑娘和擅长精神治疗的语言学家、年轻的詹姆士老师的默默无语的爱情。影片的一个独特之处在于,角色之间的交流全靠手势、身势、眼神和面部表情来进行。萨拉的扮演者玛莉·马特林以极其精确的体态表现把角色复杂的内心活动——思索、幻想、期望、失望、沮丧、孤独、喜悦、爱慕等淋漓尽致地揭示了出来。为此,美国《新闻周刊》誉称"这是一部由独特演员演的感人至深的独特影片"。

作为一种无声的语言,体态语有它的概念、功用、类别以及使用的基本原则,而在言语交际中如何正确使用体态语则是我们学习的重点。

## 一、体态语的内涵

体态语是具有表情达意功能的图像性符号,是信息的重要载体,包括人的面部表情、身体姿势、肢体动作和身体位置的变化等,也叫"态势语""肢体语""身势语""人体语"。同有声语言一样,体态语具有时代性、民族性、地域性和社会性等多重属性。

体态语作用于人的视觉,一般都是无声的,区别于用听觉感知的有声语言。在可视化的言语交际中,有声语言和体态语共同参与表达,二者相辅相成、相互依赖。不过与有声语言相比,体态语是辅助性的交际工具。

人的体态与其内心体验相适应,并与内心体验互相促进。有声语言反映内心体验,表达时伴以相应的体态,不仅能激发表达,还能增强表现力,可见体态语有其不可忽视的重要作用。

## 二、体态语的功用

体态语是言语交际中不可或缺的内容,不过,较之有声语言,它相对次要。尽管如此,体态语的功用却是独特、显著的,概括起来,主要有如下一些方面:

第一,补充和强化有声语言的信息,激发和增强有声语言的表现力与感染力。例如,说话者一边说"我一定把这件事情办成功",一边辅以握紧拳头的手势,表达决心之意就比单用有声语言来得坚定,这是利用体态语的可视性,辅助有声语言更为直观、明确地表情达意。又如,朗诵时伴随和谐、得体的表情语和手势语,在激发有声语言的同时,增强了语言艺术的表现力和感染力。

第二,沟通交际双方的思想情感,达到交流互动的目的。例如交谈时往往离不开目光语,恰当运用眼神交流,彼此心领神会,无疑有助于顺畅地交际;再如欢庆时情不自禁地拥抱,能拉近人与人之间的距离。

第三,暗示或提醒听话者,启发或引导对方理解"言外之意",调节气氛,甚至化不利、被动为有利、主动。比如,喜庆的气氛中有人说起伤感的话题,一旁的亲人朋友不便用言语直接打断,而用腿脚触碰对方,示意停止说话。

此外,体态语还是礼仪的重要内容,教师礼仪对体态语的使用有明确的要求,这是由教师的体态语具有教育意义及示范性所决定的,体态语的教育功用值得重视。

## 三、体态语的类别

一般来讲,体态语主要包括身姿语、手势语和表情语三类。

### (一) 身姿语

身姿语体现精气神,良好的身姿会给人留下深刻的印象。身姿语训练包括站姿、走姿和坐姿三个方面。

站姿是讲话时的基本身姿之一,在一般的正式场合要求做到"站如松",即肩平、腰直、身正、立稳;双手自然下垂,或者下垂后相叠置于身体前面,也可一只手自然下垂,另一只手做握拳状,轻贴腹部;双腿并拢或适当打开,体现自然美。

走姿是在站姿的基础上,两臂自然地前后摆动,脚步轻快,步幅、步速适中。走姿带有个人特点,大方得体、稳健优美的走姿展现动态美,体现人的精神气度,折射出朝气蓬勃、健康阳光的精神状态。

坐姿是听、说双方的基本身姿之一。"站有站相,坐有坐相",正确、有礼的坐姿应"坐如钟",入座时稳而轻,入座后身姿端正,双目平视,两腿适当并拢,双手自然地放在两腿上,如有靠背,必要时适当后靠。

### (二) 手势语

手势语是用手和手臂的动作变化表达思想情感的体态语,它表示的含义非常丰富。从手势的活动范围来看,大体有三个区域:肩部以上为上区,多表示振奋、肯定等积极义;肩部至腰部为中区,多表示坦诚、平和等中性义;腰部以下为下区,多表达鄙视、否定等消极义。

不同的手势代表不同的意思,有不同的作用,使用时需要了解,避免随意性造成使用不当。比如,食指和手掌的使用有区别,食指指向某个对象时具有针对性,手掌则具包容性,食指多对物,对人一般少用,可多用手掌代替,如教学中用手掌示意学生回答问题。使用手掌示意时,手掌是一个自然并拢的平面,如果手指蜷缩、翘起或者分叉,既影响美观,还有损手掌的包容性。又如,肯定或赞扬人时竖起大拇指,或者鼓掌。再如,示意不要出声时用食指封唇。

### (三) 表情语

表情语通过眉、眼、鼻、嘴、脸面的动作和状态传递情感与信息。人的丰富且显著的情感,如喜、怒、哀、愁、爱、恶,都能通过表情得以显现。眉开眼笑表示喜乐,横眉冷对表示愤怒,眉头紧锁表示哀愁,目瞪口呆表示惊奇,嗤之以鼻表示轻蔑,咬牙切齿表示痛恨,等等。表情语训练的重点是眼神和微笑。值得注意的是,在言语交际中善于使用眼神和微笑,有助于成为好的讲述者和倾听者,使交际顺利进行。

身姿语、手势语和表情语是体态语的三个主要类别,除此之外,交际者身体位置的变化也属体态语。身体位置的变化会带来交际距离的变化,反映交际双方的心理距离和亲疏远近。一般而言,交际距离越近,心理距离越近,关系也就越亲近,反之亦然。教师面向全班同学授课时,师生空间距离一般较远,而个别辅导时则会比较近,这是由交际需要所决定的。一般说来,仪表服饰语属于礼仪的范畴,但它与体态语联系紧密,有时也纳入体态语。

关于教师体态语及其训练,详见第四章"教师体态语言训练"。

## 四、体态语使用的基本原则

体态语的使用虽有个体差异,但有一些使用的基本原则,即自然、得体、适度和适当变化。

"自然"是体态语使用的一项重要原则,只有自然的,而非紧张、做作的,才能展现良好的体态。

"得体"也是使用体态语时需要注意的,比如演讲者说出"让我们展翅高飞吧",说完后才抬起双手,以致有声语言与体态语不协调,因此不得体;又如在长者、尊者面前跷起二郎腿,可能会冒犯对方,也不得体。

"适度"是使用体态语的又一项重要原则,比如讲课时手势少了会有欠缺,多了则过犹不及;谈话时不看对方不行,盯着对方看也不行,而是看与不看适时变换,这些都需要把握"度"。

"适当变化"也是体态语的使用原则之一,一个手势再好,总是使用,难免单一;一种表情如不能随情绪有所变化,则显单调、呆板,可见使用体态语还须适当变化。

总而言之,在体态语使用的基本原则下,正确、恰当地使用体态语能够更好地表情达意,减少信息传递的误差,并展现良好的形象。

### 思考与练习

1. 教师的一言一行、举手投足都具有教育的力量,反映在体态语上,教师如何发挥它的教育作用?

2. 以"我看体态语"为话题,登台做三分钟的即兴说话,师生点评说话者的身姿语、手势语和表情语。

3. 结合有声语言,训练手势语。(▷扫描章首二维码获取相关音视频资料。)

| (1) **0 的断想** | **手势语** |
| --- | --- |
| 0是谦虚者的起点, | 象征手势:中区;掌心向上。 |
| 骄傲者的终点。 | 象征手势:中区;掌心向下。 |
| 0的负担最轻, | 情意手势:中区;手臂自然放下。 |
| 但任务最重。 | 情意手势:中区;紧握拳头置于胸前。 |
| 0是一面镜子, | 象形手势:中区;由拳变掌。 |
| 让你认识自己。 | 情意手势:中区;手掌上下晃动。 |

0是一只救生圈，
让弱者随波逐流。
0是一面敲响的战鼓，
叫强者奋勇前进！

象形手势：中区；双手比作圆状。
情意手势：下区；掌面往后做水波状。
情意手势：上区；两掌相向往下打。
情意手势：上区；手掌逐步往上打。

### （2）小熊过桥　　　　　　　　　　　手势语
蒋应武

小竹桥，摇摇摇，
有只小熊要过桥。
立不稳，站不牢，
走到桥上心乱跳。

头上乌鸦哇哇叫，
桥下流水哗哗笑。
"妈妈，妈妈快来呀，
快把小熊抱过桥！"
河里鲤鱼跳出水，
对着小熊高声叫：
"小熊，小熊不要怕，
眼睛向着前面瞧！"
一二一，走过桥。
小熊过桥回头笑，
鲤鱼乐得尾巴摇。

五指交叉，两臂平放在胸前，手腕上下晃动。
左手五指并拢，平放在胸前，右手食指与
中指立在左手背上，缓慢交替向前。

手腕相叠置于额前，上下动一两次。
双手在胸前做流水状。
双手放嘴边做呼喊状。

一只手从身体下方向头顶滑过，
另一只手放嘴边。
边说边摆手。
手指前方。
左手平放在胸前，右手食指与中指立在手背
上交替向前。右手在胸前，掌心向左；左手
在身后，掌心向右，两手同时摆动数下。

4. 边朗读边按提示训练表情语。（▶扫描章首二维码获取相关音视频资料。）

### 好朋友

走下楼梯，那是一片绿绿的草地。（欣喜）那里有陌生的笑声，那里有陌生的游戏。（胆怯）

走下楼梯，我远远地看着这片草地，这新房的周围，原来有那么多的美丽。（惊喜）

我轻轻地说了句："能不能带我来，参加你们的游戏？"（小心翼翼）草地上一下子没了声息。

我想，他们要来赶我了，就像赶走一只小鸡；（害怕）哗啦，他们围上来了，一下子把我围在圈里。（惊恐）

"来呀！新朋友，我们欢迎你！"（热烈）草地上多了一个我，多了一个你，多了许许多多的美丽。

5. 综合运用体态语的知识与技能,朗诵下面三首诗歌,要求体态语符合使用的基本原则,表演体现童趣,富有表现力。(▶扫描章首二维码获取相关音视频资料。)

（1）
# 雪 花
绿 安

雪花,
雪花,
你有几个小花瓣?
我用手心接住你,
让我数数看:
一,二,三,四,五,六。
咦,
刚数完,
雪花怎么不见了?
只留下一个圆圆的小水点。

（2）
# 小时候
绿 原

小时候,
我不认识字,
妈妈就是图书馆。
我读着妈妈——

有一天,
这世界太平了:
人会飞,
小麦从雪地里出来,
钱都没有用……

金子用来做房屋的砖,
钞票用来糊纸鹞,
银币用来飘水纹……

我要做一个流浪的少年,
带着一只镀金的苹果、
一支银发的蜡烛
和一只从埃及国飞来的红鹤,
旅行童话王国,

去向糖果城的公主求婚……

但是，妈妈说：

"你现在必须工作。"

(3)
### 等我也长了胡子

汤　锐

等我也长了胡子，
我就是一个爸爸，
我会有一个小小的儿子，
他就像我现在这么大。

我要跟他一起去探险，
看小蜘蛛怎样织网，
看小蚂蚁怎样搬家。
我一定不打着他的屁股喊：
"喂，别往地上爬！"

我要给他讲最有趣的故事，
告诉他大公鸡为什么不会下蛋，
告诉他小蝌蚪为什么不像妈妈。
我一定不对他吹胡子瞪眼：
"去去！我忙着呢！"

我要带他去动物园，
先教大狗熊敬个礼，
再教小八哥说句话。
我一定不老是骗他说：
"等等，下次再去吧！"

哎呀，我真想真想
快点儿长出胡子，
到时候，不骗你，
一定做个这样的好爸爸。

## 第二节 听话训练

我们知道,语言表达除了"说"还有"听"。听话是言语交际中不可缺少的重要内容,不过,较之说话,人们可能比较容易忽视听话,因此,听话仍须引起重视。对于听话能力,张志公《汉语辞章学论集》有这样的论述:

听的能力并不是每个人都一样的,有的人善于听,有的人不善于听。比如几个人同时听一个人讲话,有的人能够迅速地理解讲话的内容,准确地抓住主要信息,回去后还能给别人复述出来,这就表示他听的能力比较强;有的人不能完全理解讲话的内容,所得印象比较朦胧,复述不出来,甚至听完以后根本不知所云,这就表明他听的能力比较弱。这是从理解和接受的角度说。

听还不仅仅关系到接收信息和知识的多少,对内容理解的多少,而且关系到做人处事,也就是说,人的文化教养、素质在听的方面都可以反映出来。听别人讲话,不管是亲戚、朋友、同学、同事,还是上级领导或下级同志,如果你心不在焉,东张西望,不仅不能从别人的讲话中获得知识和信息,而且表现出你不懂礼貌,文化教养很差。要有耐心听别人讲话,对人是一种尊重,对自己则能有所得。

本节说明听话与说话的互动关系,阐述听话是一项重要的能力,概括听话的主要内容和基本要求,并介绍如何培养高层次的听话能力。

### 一、听话与说话的关系

在口语交际过程中,听话和说话是两个密不可分的重要组成部分。"听"和"说"分别代表信息的输入和输出,换言之,"听"是从外部接收信息,"说"是向外部发布信息。听话和说话,先听后说,听话是说话的基础和前提,只有听得清、理解得准、积累得多才有可能说得对、说得好,而说话水平的提高又会促进听话能力的提高。在许多情况下,"听"的目的和价值在于更好地"说",从这点来讲,听话服务于说话。可见,听话和说话是一个联系十分紧密的整体,二者相互依存、相互促进,共同构成交流互动的良性循环。

以学习朗读为例,在离开"听"的情况下进行"说"(即朗读),虽读过多遍,但学习效果有限。如果先从标准、规范的录音入手,先听录音后朗读,甚至一句一句跟着读,这种先听后说、听说结合的学习方法往往比仅有"说"要好,它不仅有助于纠正字音错误,还能帮助朗读者较好地把握作品的思想情感,并将其表达出来,经过一段时间的练习,最终趋向标准、规范的朗读;同时,朗读水平的提高又能促进听音、辨音能力的提高,也就是"听"和"说"相结合,二者相互提高。

### 二、听话是一项重要的能力

听话是人们获取知识与信息的重要途径,它是一项基本的学习能力。有资料显示:在日常的言语交际中,"听"占 45%,"说"占 30%,"读"占 16%,"写"占 9%,其中"听"占比最高,接近一半。在语文的听、说、读、写四种能力中,"听"排在后三者之前。听话能力的提高可以促进语言能力乃至思维和智力的全面发展。教学实践表明,学习成绩优异的学生能够较好地捕捉教师所授知识的重点,对关键语句有较为敏锐的反应能力,边听、边记、边思考的听记能力和思维能力较强,因此学习效率比较高。在言语交际的过程中,耐心倾听,不随意打断对方说话,不仅是一个好习惯,还是尊重他人的体现。可见,听话还与注意力、记忆力、理解力、反应能力、礼仪等相关。

听话是一项需要引起重视的重要能力。口语交际中不仅只有说话,还有听话。忽视听话,光是滔滔不绝地说话,即便口若悬河也不会是良好的表达者,只有保持平等对话的心态,把"听"和"说"有机结合,做到"听说有度",才有可能是优秀的、受人欢迎的交际者。

### 三、听话的主要内容和基本要求

听话能力主要包括对语音的辨析能力、对语义的理解能力、对言语的品评能力和重新组合能力等,其中对语义的理解能力是听话能力的核心。

1993 年国家教育委员会颁发《师范院校教师口语课程标准》(试行),在一般口语交际训练中,明确提出应掌握听话要领,养成良好的听话习惯,做到听得准、理解快、记得清,有一定的辨析能力。

听话能力具有层次性,可简单分作低层次和高层次两类。一般来讲,能对低水平的口语交际表示理解并且做出准确的判断,属于高层次的听话,这类听话能对话语内容做多角度、多层次的分析;而对高水平的口语交际难以理解并且不能做出准确的判断,则属低层次的听话,这类听话对话语综合分析的能力明显不够。在当今信息化时代,信息量浩如烟海,人们对较高听话能力的需求更为迫切。通过科学、系统的锻炼与培养,听话能力能够从低层次逐渐过渡到高层次。

### 四、听话能力的培养

听话能力的培养离不开一些好的习惯与方法,常见的有如下一些:

#### (一)保持专注

专注是注意力集中的表现,交际时只有心神专注才能更好地记忆与思考,在准确理解说话人意思的同时,迅速做出反应。如果听话时心不在焉,注意力分散,甚至不耐烦,那么就难以很好地掌握谈话的内容,进而影响理解、判断与表达。特别是在说话内容比较重要、复杂,或者有弦外之音时,听话人往往需要聚精会神,积极思考。

在听话训练的过程中,应注意"点、线、面"的结合。"点"即提取话语内在的要点,抓住若干关键词;"线"是理清脉络,把握事物的发展线索;"面"是总结概括,提炼中心,要求从整体上判断与分析,分清话语内在的层次与逻辑。听话时由点到线,由线成面,听话者就能获得重要乃至全面、完整的信息,这有赖于专注的倾听习惯。

## (二) 适时记录

由于有声语言在传送过程中转瞬即逝,难以反复,因此适时做笔记有其客观的必要性。"好记性不如烂笔头",边听边记的过程也是培养听记能力,加深记忆和理解的过程,对于及时掌握说话人提供的信息很有帮助;同时,纸质或电子笔记还能作为资料保存。此外,做笔记体现出一种专注的态度,是对说话人的重视与尊重。如果有声语言过快,无法全部记下,可以记录其中一些关键词或者全篇的要点,事后再串联整理。如有必要,在条件允许的情况下还可录音、摄像。

## (三) 坚持练习

科学有序地练习是提高听话能力的重要方法。练习的方式有许多,例如收听或观看广播电视节目(如央视《新闻联播》),有意识地默记一些感兴趣的或重要的内容,并加以思考,久而久之,学习者不仅接收到大量的信息,还有效锻炼了听话能力和思辨能力;又如,选择一些优秀的音频、视频作为练习听话和说话的学习资源(如"中小学语文示范诵读库"),日积月累,坚持不懈,就能较快地获得高层次的听话能力;再如,开展听故事并复述故事的练习,选择的故事先易后难,循序渐进,复述的内容逐步达到和原文相似,甚至完全一致,这样能锻炼和提高听说能力。

此外,良好的听话习惯与方法还有:倾听时看着对方的脸,通过目光的接触,体现对谈话内容的关注与理解;面部浮现自然的神采或表情,体现欣赏的态度或浓厚的兴趣;用得体的姿态听对方说话,如上身适当前倾,体现尊重;偶尔用简单的插话接引,或者用一两句话附和,维系良好的谈话氛围,等等。

### 思考与练习

1. 结合自身听话和说话的实践,谈谈二者之间的关系。

2. 为什么说"听话是一项需要引起重视的重要能力"? 请结合实例来谈。

3. 培养听话能力有许多好的方法,除了文中谈到的以外,还有没有其他一些?

4. 从以下两个话题中任选一个登台即兴说话,在讲述故事的同时注意升华主题,台下的观众用心倾听,并适当记录,做好点评的准备。

(1) 一次难忘的受教育的经历
(2) 一次难忘的教育他人的经历

5. 阅读下面的文章,复述"倾听的三个层次"和"如何获得高层次的倾听能力"。

### 倾听的学问

在一个主题为"认识你自己——个人成长发展心理互动工作坊"的心理培训中，有这样一个聆听游戏：两人一组，一个人连续说三分钟，另外一个人只许听，不许发声，更不许插话，可以有身体语言，之后换过来。结束以后每个人先轮流谈一谈听到对方说了些什么，然后由对方谈一谈听者描述的所听到的信息是不是自己想表达的。

最后的结果显示：90％的人存在一般沟通信息的丢失现象，75％的人存在重要沟通信息的丢失现象，35％的听者和说者之间对沟通的信息有严重分歧。例如：其中有一位想表达的意思是"婚姻是需要经营的"，而对方却听成了"在婚姻中不必过于勉强自己"，这是一种对沟通信息的完全曲解。

### 倾听的三个层次

认识自己的倾听行为将有助于你成为一名高效率的倾听者。而有效的倾听是可以通过学习而获得的技巧。美国著名心理学家托马斯·戈登研究发现，按照影响倾听效率的行为特征，倾听可以分为三种层次。一个人从层次一成为层次三倾听者的过程，就是其沟通能力、交谈效率不断提高的过程。

层次一　在这个层次上，听者完全没有注意说话人所说的话，假装在听其实却在考虑其他毫无关联的事情，或内心想着辩驳。他更感兴趣的不是听，而是说。这种层次上的倾听，导致的是关系的破裂、冲突的出现和拙劣决策的制定。

层次二　人际沟通实现的关键是对字词意义的理解。在第二层次上，听者主要倾听所说的字词和内容，但很多时候，还是错过了讲话者通过语调、身体姿势、手势、脸部表情和眼神所表达的意思。这将导致误解、错误的举动、时间的浪费和对消极情感的忽略。另外，因为听者是通过点头同意来表示正在倾听，而不用询问澄清问题，所以说话人可能误以为所说的话被完全听懂理解了。

层次三　处于这一层次的人表现出一个优秀倾听者的特征。这种倾听者在说话者的信息中寻找感兴趣的部分，他们认为这是获取新的有用信息的契机。高效率的倾听者清楚自己的个人喜好和态度，能够更好地避免对说话者做出武断的评价或是受过激言语的影响。好的倾听者不急于做出判断，而是感同身受对方的情感。他们能够设身处地看待事物，更多的是询问而非辩解。

### 学会高层次的倾听

据统计，约有80％的人只能做到层次一和层次二的倾听，在层次三上的倾听只有20％的人。如何实现高层次的倾听呢？以下是学习高层次倾听的一些方法：

专心　通过非语言行为，如眼睛接触、某个放松的姿势、某种友好的脸部表情和宜人的语调，你将建立一种积极的氛围。如果你表现得留意、专心和放松，对方会感到重视和更安全。

对对方的需要表示出兴趣　你带着理解和相互尊重进行倾听，才能表现出对对方的需要的兴趣来。

以关心的态度倾听　像是一块共鸣板，让说话者能够试探你的意见和情感，同时觉得你是以一种非裁决的、非评判的态度出现的。不要马上就问许多问题。不停地提问给人的印象往往是听者在受"炙烤"。

**表现得像一面镜子** 反馈你认为对方当时正在考虑的内容。总结说话者的内容以确认你完全理解了他所说的话。

**避免先入为主** 这发生在你以个人态度投入时。以个人态度投入一个问题时,往往导致愤怒和受伤的情感,或者使你过早地下结论,显得武断。

**使用口语** 使用简单的语句,如"呃""噢""我明白""是的"或者"有意思"等,来认同对方的陈述。通过说"说来听听""我们讨论讨论""我想听听你的想法"或者"我对你所说的很感兴趣"等,来鼓励说话者谈论更多内容。

遵循这些原则将帮助你成为一名成功的倾听者。养成每天运用这些原则的习惯,将它内化为你的倾听能力,你也会对此带来的结果而不禁感到惊讶。

(选自人民教育出版社中学语文室《听话和说话》第二册)

6. 教师朗读下面两篇文章,学生复述文章内容,并谈感想。

## (1) 孩子,我为什么打你

毕淑敏

你突然插嘴说:妈妈,你经常打一个人,那就是我……

那一瞬间屋里很静很静。那一天我继续同客人谈了很多的话,但所有的话我都心不在焉。孩子,你那固执的一问,仿佛爬山虎无数细小的卷须,攀满我的整个心灵。面对你纯真无瑕的眼睛,我要承认:在这个世界上,我只打过一个人。不是偶然,而是经常,不是轻描淡写,而是刻骨铭心。这个人就是你。

在你最小最小的时候,我不曾打你。你那么幼嫩,好像一粒包在荚中的青豌豆。我生怕任何一点儿轻微的碰撞,将你稚弱的生命擦伤。我为你没日没夜地操劳,无怨无悔。面对你熟睡中像合欢一样静谧的额头,我向上苍发誓:我要尽一个母亲所有的力量保护你,直到我从这颗星球上离开的那一天。

你像竹笋一样开始长大。你开始淘气,开始恶作剧……对你摔破的盆碗、拆毁的玩具、遗失的钱币、污脏的衣着……我都不曾打过你。我想这对于一个正常而活泼的儿童,都像走路会摔跤一样应该原谅。

第一次打你的起因,已经记不清了。人们对于痛苦的记忆,总是趋向于忘记。总而言之,那时你已渐渐懂事,初步具备童年人的智慧:它混沌天真又我行我素,它狡黠异常又漏洞百出。你像一匹顽皮的小兽,放任无羁地奔向你向往的草原,而我则要你接受人类社会公认的法则……为了让你记住并终生遵守它们,在所有的苦口婆心都宣告失效,在所有的夸奖、批评、恐吓以及奖赏都无以建树之后,我被迫拿出最后一件武器——殴打。

假如你去摸火,火焰灼痛你的手指,这种体验将使你一生不会再去抚摸这种橙红色抖动如绸的精灵。孩子,我希望虚伪、懦弱、残忍、狡诈这些最肮脏的品质,当你初次与它接触时,就感到切肤的疼痛,从此与它们永远隔绝。

我知道打人犯法，但这个世界给了为人父母者一项特殊的赦免——打是爱。世人将这一份特权赋予母亲，当我行使它的时候臂系千钧。

我谨慎地使用殴打，犹如一个穷人使用他最后的金钱。每当打你的时候，我的心都在轻轻颤抖。我一次又一次问自己：是不是到了非打不可的时候？不打他我还有没有其他的办法？只有当所有的努力都归于失败，孩子，我才会举起我的手……每一次打过你之后，我都要深深地自责。假如惩罚我自身可以使你吸取教训，孩子，我宁愿自罚，哪怕它将苛烈十倍。但我知道，责罚不可以替代也无法转让，它如同饥馑中的食品，只有你自己嚼碎了咽下去，才会成为你生命体验中的一部分。这道理可能有些深奥，也许要到你也为人父母时，才会理解。

打人是个重体力活儿，它使人肩酸腕痛，好像徒手将一千块蜂窝煤搬上五楼。于是人们便发明了打人的工具：戒尺、鞋底、鸡毛掸子……

我从不用那些工具。打人的人用了多大的力，便是遭受到同样的反作用力，这是一条力学定律。我愿在打你的同时，我的手指亲自承受力的反弹，遭受与你相等的苦痛。这样我才可以精确地掌握力度，不至于失手将你打得太重。

我几乎毫不犹豫地认为：每打你一次，我感到的痛楚都要比你更为久远而悠长。因为，重要的不是身累，而是心累……

孩子，我多么不愿打你，可是我不得不打你！我多么不想打你，可是我一定要打你！这一切，只因为我是你的母亲！

孩子，听了你的话，我终于决定不再打你了，因为你已经长大，因为你已经懂得了很多的道理。毫不懂道理的婴孩和已经很懂道理的成人，我以为都不必打，因为打是没有用的。唯有对半懂不懂、自以为懂其实毫不懂得道理的孩童，才可以打，以助他们快快长大。

孩子，打与不打都是爱，你可懂得？

（选自张文质主编《中国最佳教育随笔》，有删改）

## （2）微笑，并保持微笑

尚德琪

不久前，一位朋友发来一条手机短信，用4个英语单词对"SARS"进行了全新的解释：Smile And Retain Smile。并注明它的意思："微笑，并保持微笑。"无独有偶，5月8日《南方周末》上的一则公益广告，其主题内容正是这4个英语单词和这一行简单的汉字。

在非典肆虐的紧要关头，这种不乏幽默的"另类释词"，不仅表现了一种智慧，也传达出老百姓在抗击非典过程中的生活态度和精神状态。

非典是一场突如其来的灾难，微笑是一种司空见惯的表情。非典不是微笑的唯一理由，却使微笑更具魅力。

医生的微笑是一种坚定。

著名摄影家解海龙曾为希望工程捕捉了一双充满渴望的"大眼睛"，在"非典时期",他又"捕捉"了一双饱含微笑的大眼睛。《北京青年报》5月10日发表了解海龙拍摄的北京佑安医院传染科主任孟庆华在抗非典前线的特写照片。孟庆华戴着大口罩,戴着护士帽,能看到的只有一双大眼睛。但眼睛中所流露出的微笑,是那么的不经意,又是那么的深情;是那么的从容,又是那么的坚毅。

解放军302医院9位护士姐妹经过一个多月的艰苦鏖战,于5月初走下了抗非典第一线。24岁的段艳蕊在回顾这一段经历时说:"虽然隔着口罩,病人看不清我的脸,可我相信,从我的眼神中,病人能感受到微笑。"(《人民日报》5月12日)

广东省中医院二沙分院急诊科护士长叶欣,在抗非典第一线以身殉职。但是,她在护理过程中那天使般的微笑,却永远留在了患者的心中。今年护士节落成的叶欣雕像,使她的笑容变成了永恒:叶欣依然身穿护士服,依然面带微笑。那微笑曾经给许多患者以希望,也必将给更多的患者以希望。

法国哲学家阿兰在他最著名的著作《幸福散论》中说过:"在医生的药箱里,没有别的药品比微笑更能带来迅速、和谐的疗效。"在抗击非典第一线,医护人员充满坚定的微笑,传送的正是病人最需要的感染力。

患者的微笑是一种信心。

在电视荧屏上,在各种报刊上,几乎每天都能看到非典病房里的画面。和医生一样,病人也都戴着大口罩。但是,不用语言,病人们同样能表达他们的情感。在对医护工作表示满意时,他们会微笑着竖起大拇指;在向外面的世界传达他们的状态时,会微笑着伸出两根指头,做出必胜的手势。

住院的人,谁都会觉得外面的世界很精彩,但从患者的微笑中,我们也知道里面的世界也并非很无奈。一位患者说过,非典可能夺去人的生命,但却无法夺走人的信心。如果说非典病魔终被战胜,那么首先就不能在精神上输掉。从病人的微笑中,我们能读出迎战非典的乐观,也能读出战胜非典的信心。

大家的微笑是一种平静。

《北京日报》4月30日刊发了一组反映非典时期北京人寻常生活的图片,微笑可以说是这组图片的主题。一位女孩的特写照片特别引人注目,大大的口罩遮住了她的大半个脸,"严防死守"4个字则占据了整个口罩。但大大的口罩更加突出了那双满含微笑的大眼睛,"严防死守"4个字则使她的微笑更加生动感人。

突如其来的非典改变了我们的生活,但非典时期的日常生活中,仍然处处荡漾着微笑;非典时期的内心世界中,仍然需要一片宁静的天空。

"赠人玫瑰,手有余香。"微笑的感染力是互相的,也是无限的。不吝微笑的人,必将从微笑中得到更多。

我们应该多问问别人,也多问问自己:"你的心情,现在好吗? 你的脸上,还有微笑吗?"(一首流行歌曲的歌词)

我们应该多提醒自己,也多提醒别人:"让我们把手洗干净,然后握得更紧;让我在十八层口罩后面,看看你微笑的眼睛……"(一则正在流行的"民谣")

微笑,并保持微笑。

我们一定会笑到最后。

（选自尚德琪《态度》）

## 第三节　朗诵训练

朗诵是一种常见的语言艺术形式,受到人们的喜爱,张颂《诗歌朗诵》(第 2 版)对朗诵艺术有如下阐述:

朗诵,是朗诵者的艺术再造,是朗诵者唱给文本的歌,是朗诵者为文本谱的曲,是朗诵者以文本为蓝图,向听者描绘的理想国;是朗诵者以文本为桥梁,跨越内心的河,进入艺术殿堂的生命之旅。

朗诵者不应满足于自己的声音、口齿和技巧,而应下功夫校正自己的世界观、人生观、价值观、审美观。朗诵者的追求是朗诵艺术的高境界,以高尚的情操陶冶人,以优秀的作品鼓舞人,以生命的感情给人以启迪,以高雅的品位给人以导引,以对利己和拜金的轻蔑使人脱离庸俗,以对奉献和勤奋的赞颂使人走进崇高。朗诵艺术不是涂脂抹粉的婢女,不应用以邀欢买笑;朗诵艺术不是贫嘴薄舌的食客,不应用以调侃人生。当然,朗诵艺术也不是道貌岸然的圣人,不必"世人皆浊我独清"地去居高临下指点迷津。

朗诵艺术需要语言功力,需要艺术技巧,但这功力、这技巧是不能一蹴而就的。学习和运用技巧要经过两个阶段:第一个阶段就是在对文本进行整体艺术把握的前提下,刻意雕琢的阶段。"熟能生巧""玉不琢,不成器",因此要重视技巧的功能,要掌握技巧的精髓。第二个阶段,返璞归真的阶段,在技巧运用达到一定水平时,便超越了"刻意",进入了"无意",不再考虑技巧,却又是技巧无处不在,那便是"大巧若拙""不工者,工之极也""天然去雕饰"。"艺术之所以是艺术,就因为它不是自然",但返璞归真阶段,又回归到质朴自然,不过,这自然已经是自然美了。为此,就要刻苦训练,以百倍的努力去攀登炉火纯青的艺术高峰。

朗诵有其概念、功用与技巧,如要达到较高的艺术境界,离不开对其基本知识与技能的掌握,并且勤加练习。

## 一、朗诵的内涵

### (一) 概念

朗诵是把文学作品转化为有声语言的艺术再创作活动。为什么说朗诵是艺术再创作活动？这是因为朗诵要求朗诵者进入作者创作时所具有的精神状态，把创作时燃烧着的思想感情，在朗诵表演中"再一次燃烧"，使文学作品有声化、艺术化。

朗诵者在对文学作品进行再创作的过程中带有自身的体验、感悟与特点，不同的朗诵者表演同一个作品会带给欣赏者不同的感受。

### （二）朗读与朗诵

朗读和朗诵既有相同之处，又有所区别。二者都是把无声的书面语转化为有声语言的再创造活动，都需要用心、用情，都要求语音规范、准确，表达流畅、自然，语速适当，音量适中，并运用相应技巧，努力达到舒适、悦耳乃至动听的听感效果；此外朗读和朗诵都能弥补书面语言"无声"的缺憾，满足学习者、欣赏者"听书"的需求。

在口语表达训练中，朗读被看成"正音的继续，说话训练的开始"，它在正音和说话之间起着承上启下的桥梁作用。可以说，朗读是语言表达的基础，也是包括朗诵在内的语言艺术的基础，只有打牢这个基础才能更好地开展语言表达与语言艺术活动。朗读与朗诵的区别主要表现在：

（1）二者出现的场合、适用的范围和使用频率不同。朗读出现的场合可能是正式的，如课堂教学，也可能是非正式的，如个人晨读；而朗诵表演是正式的，如诗会朗诵。较之朗诵，朗读的适用范围更广。在使用频率上，朗读高于朗诵。

（2）二者对文本的处理方式不同。朗读须忠实于原文，朗诵可对文本做些许改动，例如为了凸显重要的语句运用反复。

（3）二者的要求不同。朗诵的要求高于朗读，可从两个方面来看：一是朗读不要求脱稿，朗诵一般要求脱稿；二是朗读重在"读"，较为质朴、简便，而朗诵是表演艺术，讲求艺术性和审美性，相对复杂，它注重技巧的综合运用，需要利用无声的体态语，有时还须借助背景音乐、视频、灯光、舞蹈和道具等辅助手段来增强艺术表现力，表演时要求积极投入，适度夸张。

简言之，朗读是"本色化"的，朗诵是"艺术化"的。

## 二、朗诵的功用

优秀的文学作品是有生命力的，如果作品不被读者阅读或欣赏，那么作品就是"沉睡"的。就朗诵表演而言，朗诵者主要运用有声语言，辅以体态语、音乐、图像等来共同"唤醒"作品，使其焕发生命力。作为一种大众语言艺术形式，朗诵备受青睐，这与其多方面的功用密不可分，概括说来，主要有如下一些：

### （一）规范语言，提高语言表达能力

用于朗诵的文本一般都是典范的文学作品，朗诵前勤加练习，纠正以往不规范、不准确的表达，直至脱稿表演，这种学习、改正、积累的过程是朗诵者口语和书面语得到规范、语言表达能力得到提高的过程，影响所及，欣赏者的语言及其表达能力也能得到规范和提高。

### （二）净化心灵，陶冶情操

在创造美和欣赏美的过程中，朗诵给人以教育、鼓舞以及艺术的享受，人们在获得审美体验的同时，心灵也得到了净化与滋养。

古今中外优秀的文学作品具备文学性和审美性，蕴含着智慧的火花、道德的力量或人性的光辉，经常诵读经典诗文，能在潜移默化当中加强个人修养，培养高尚情操，提高精神品质。

### （三）交流思想，传播文化

在朗诵表演和欣赏朗诵时，人们的思想情感被点燃，心灵被打开，情绪激荡起伏，朗诵具有的交流思想、沟通情感等功能得以实现。

语言是传播文化的载体。朗诵是文化传播的途径之一，朗诵古今中外文学经典，是对人类优秀文化遗产的继承与弘扬，充分发挥朗诵的功能，能够推动文化传播的进程。

## 三、朗诵的技巧

朗诵表演离不开技巧的反复、综合使用，概括起来，内部技巧有三个：情景再现、内在语、对象感，它们用来酝酿、形成内在情感，激发朗诵的愿望；外部技巧有四个：停连、重音、语气、节奏，它们用于把思想情感表达出来，以上技巧简称"内三外四"。

### （一）内部技巧

1. 情景再现

情景再现就是朗诵者置身于作品所表达的情景之中，这个情景的人、事、物是具体、形象、可感的，并且和朗诵者有关。

为了情景得以再现，朗诵时需要充分运用联想，放飞想象。如徐志摩的《再别康桥》，"轻轻的我走了，正如我轻轻的来；我轻轻的招手，作别西天的云彩。那河畔的金柳，是夕阳中的新娘；波光里的艳影，在我的心头荡漾"。朗诵者联想和想象诗中描绘的云彩、河畔、金柳、夕阳等各种事物，形成一幅幅生动形象的景象，朗诵者仿佛置身其中，情感得到极大调动。再如下面几段文字：

曲曲折折的荷塘上面，弥望的是田田的叶子。叶子出水很高，像亭亭的舞女的裙。层层的叶子中间，零星地点缀着些白花，有袅娜地开着的，有羞涩地打着朵儿的；正如一粒粒的明珠，又如碧天里的星星，又如刚出浴的美人。微风过处，送来缕缕清香，仿佛远处高楼上渺茫的歌声似的。这时候叶子与花也有一丝的颤动，像闪电般，霎时传过荷塘的那边去了。叶子本是肩并肩密密地挨着，这便宛然有了一道凝碧的波痕。叶子底下是脉脉的流水，遮住了，不能见一些颜色；而叶子却更见风致了。

月光如流水一般，静静地泻在这一片叶子和花上。薄薄的青雾浮起在荷塘里。叶子和花仿佛在牛乳中洗过一样；又像笼着轻纱的梦。虽然是满月，天上却有一层淡淡的云,所以不能朗照;但我以为这恰是到了好处——酣眠固不可少,小睡也别有风味的。月光是隔了树照过来的,高处丛生的灌木,落下参差的斑驳的黑影,峭楞楞如鬼一般;弯弯的杨柳的稀疏的倩影,却又像是画在荷叶上。塘中的月色并不均匀;但光与影有着和谐的旋律,如梵婀玲上奏着的名曲。

荷塘的四面,远远近近,高高低低都是树,而杨柳最多。这些树将一片荷塘重重围住;只在小路一旁,漏着几段空隙,像是特为月光留下的。树色一例是阴阴的,乍看像一团烟雾;但杨柳的丰姿,便在烟雾里也辨得出。树梢上隐隐约约的是一带远山,只有些大意罢了。树缝里也漏着一两点路灯光,没精打采的,是渴睡人的眼。这时候最热闹的,要数树上的蝉声与水里的蛙声;但热闹是它们的,我什么也没有。

——朱自清《荷塘月色》(节选)

朗诵上面三段文字时,仿佛荷叶、荷花、月光、杨柳等景物历历在目,蝉声和蛙声近在耳边,这幅美妙的荷塘月色图,寂静又不失喧闹,通过联想和想象,朗诵者酝酿了情感,为表演好这个作品奠定了基础。

注意,朗诵时如果跳出作品创设的情境,游移在外,就会造成朗诵者与作品割裂的状况,导致朗诵效果不佳。与之相反,朗诵者与作品融为一体,沉浸其中,并把作品所表达的思想感情正确、充分地表现出来,这种"沉浸式朗诵"是一种良好的表演状态,朗诵者"乐"在其中,传递美感。

2. 内在语

一般而言,内在语指没有说出来的话,也叫"潜台词"。以现实生活为例,老伴深夜才回家,刚进门就被老太太劈头盖脸一顿责骂:"你这个老不死的,怎么这么晚才回来!"初看这是责骂,但话里包含了"我很担心你"这类没有说出来的话。在文学作品中,内在语也比较常见,例如:

女人们到底有些藕断丝连。过了两天,四个青年妇女集在水生家里来,大家商量:

"听说他们还在这里没走。我不拖尾巴,可是忘下了一件衣裳。"

"我有句要紧的话得和他说说。"

水生的女人说:

"听他说鬼子要在同口安据点……"

"哪里就碰得那么巧,我们快去快回来。"

"我本来不想去,可是俺婆婆非叫我再去看看他,有什么看头啊!"

于是这几个女人偷偷坐在一只小船上,划到对面马庄去了。

——孙犁《荷花淀》(节选)

这几段文字初看上去似乎平平常常,但仔细揣摩,回味悠长,堪称经典。显然,女人们都很牵挂和担忧丈夫的安危,迫不及待想去探望,但都不明说,有的还另找理由,这种"话外音"需要读者或听众用心体会。

3. 对象感

从朗诵者和观众的关系来看,对象感是朗诵者为观众服务、与其交流的意识或自我感受,使观众感到朗诵者的语言是表演给自己欣赏的。对象感的获取需要从"目中无人"到"心中有人",即"心中有受众"。

有了对象感,朗诵者才能更好地投入表演,认真专注,尽其所能把作品表现好。例如面向全班师生朗诵舒婷的《致橡树》,朗诵者有了为师生服务、与其交流的意识或者自我感受,才有可能朗诵好这个作品。

### (二) 外部技巧

1. 停连

停连是停顿和连接两种艺术手段的合称,停顿是语流中声音的暂时中断,连接是语流中声音的延续;停顿后有连接,连接中有停顿,二者相辅相成,缺一不可。

停连的位置与停顿时间的长短主要由作品内容及其情感表达的需要来确定。例如:

(1) 桃树、杏树、梨树,∧你不让我,我不让你,∧都开满了花赶趟儿。

——朱自清《春》(节选)

"⌣""∧"分别表示连接和停顿。此例连接处改变文中顿号、逗号所提示的停顿,语速加快,前后紧凑,有利于生动地表现桃树、杏树、梨树你不让我,我不让你,争先恐后开花的情景。此例连接中又有停顿,一是换气的需要;二是快慢交替,富有节奏感。这里恰当使用连接和停顿,桃树、杏树、梨树一下子就"活"了。

正确运用停连,应注意"藕断丝连",也就是声(音)断气(息)不断,意(思)断情(感)相连。注意,语音暂时的中断绝不是思想情感的停止和空白。请看:

(2) 鲁侍萍 (大哭)这真是一群强盗!(走至周萍面前)你是萍,∧……凭——∧凭什么打我的儿子?

——曹禺《雷雨》(节选)

(3) 他(韩麦尔先生)转身朝着黑板,拿起一支粉笔,使出全身的力量,写了两个大字:"法∧兰∧西∧万∧岁!"然后他待在那儿,头靠着墙壁,话也不说,只向我们做了一个手势:"放学了,——你们∧走吧。"

——[法]都德《最后一课》(节选)

例(2)两次停顿,"萍"与"凭"及时转换,欲言又止,充分展现了鲁侍萍既痛苦又无奈的心情,此时无声胜有声。例(3)描述韩麦尔先生使出全身力气写字,在诵读"法兰西万岁"时,一字一顿,既符合当时先生写字的情景,又格外强调了这几个字,给人信心和鼓舞;"你们走吧"也运用停顿,先生悲痛的心情得以凸显。可见,停连不仅显示语句脉络,还能强调和突出重点。

2. 重音

重音有词重音和语句重音之分,这里说的是后者。语句重音是有声语言表情达意需要着重强调的字、词、短语,重音表达的实质是对比。重音与非重音是一个有机的整体,而且前者需要后者的衬托,不重视非重音而孤立地表现重音不可取。

重音的确定需要建立在深入理解作品的基础上,也就是准确把握每句话的意思,找准重音的位置,进而准确地传情达意。例如:

(1)让暴风雨来得更猛烈些吧!

——[苏联]高尔基《海燕》(节选)

".."表示重音,此例着重强调"猛烈"二字,声音加重,与前后形成对比。注意,重音绝不仅仅只是加重声音,轻读或者延长都是表达重音的方式。请看:

(2)在这幽美的夜色中,我踏着软绵绵的沙滩,沿着海边,慢慢地向前走去。海水,轻轻地抚摸着细软的沙滩,发出温柔的刷刷声。

——峻青《海滨仲夏夜》(节选)

(3)漓江的水真静啊,静得让你感觉不到它在流动;漓江的水真清啊,清得可以看见江底的沙石;漓江的水真绿啊,绿得仿佛那是一块无瑕的翡翠。

——陈淼《桂林山水》(节选)

例(2)重音处轻读,有助于表达海滨夜晚的幽静和美好。例(3)"静""清""绿"重音延长,让人陶醉其中。

语言表达需要综合运用多种技巧,下面的例句提示停顿和重音综合使用:

(4)坐着,躺着,打两个滚,踢几脚球,赛几趟跑,捉几回迷藏。风∧轻悄悄的,草∧软绵绵的。

……树叶儿却绿得∧发亮,小草儿也青得∧逼你的眼。

——朱自清《春》(节选)

(5)他们明天∧就要永远离开这个地方了。

——[法]都德《最后一课》(节选)

3. 语气

语气指在思想感情支配下语句的具体声音形式,是表达语义的重要手段。语气是情、气、声三者的结合体,即有怎样的情感,运用相应的气息,最后呈现出来的声音状态。其中,情感是主导,是内涵、依托;气息受情感的支配和引导,是声音的基础和动力;声音是情感的外在表现形式,是气息控制的结果。语气直接体现说话人的情感态度,说到兴奋处,语气中含着笑;遇到悲伤的事,语气里饱含痛。例如:

(1)一切都像刚睡醒的样子,欣欣然张开了眼。山朗润起来了,水涨起来了,太阳的脸红起来了。(欣喜)

——朱自清《春》(节选)

(2)自胡马窥江去后,废池乔木,犹厌言兵。……二十四桥仍在,波心荡,冷月无声。念桥边红药,年年知为谁生。(感伤)

——［南宋］姜夔《扬州慢》（节选）

（3）孩子往往视教师为楷模，相信他的每一句话，无条件地完成他的要求。但如果在教师那里出现了某种行为，破坏了孩子对他的信赖，在孩子的心灵里就会酿成第一幕悲剧：发生怀疑，产生不信任感。（痛心）

——朱永新编著《苏霍姆林斯基教育箴言》（节选）

（4）鲁大海　（对仆人）你们这些混账东西，放开我。我要说，你故意淹死了二千二百个小工，每一个小工的性命你扣三百块钱！姓周的，你发的是绝子绝孙的昧心财！你现在还——（愤怒）

——曹禺《雷雨》（节选）

以上四例分别表示欣喜、感伤、痛心、愤怒等不同的思想情感，它们都能通过语气体现出来。可以说，感情的跌宕起伏会带来气息的不断变化，产生千差万别、各具特点的声音效果。

4. 节奏

节奏是语流运动过程中体现出的抑扬顿挫、轻重缓急的回环往复。朗诵表演时，朗诵者应根据思想情感的起伏变化控制节奏，将作品的内在韵律表现出来。

节奏立足全篇，具有整体性。节奏的类型有多种，常见的有高亢型、低沉型、舒缓型、轻快型等，下面以一些作品中某些具有代表性的语句、段落为例加以说明。

（1）狂风吼叫……雷声轰响……

一堆堆乌云，像青色的火焰，在无底的大海上燃烧。大海抓住闪电的箭光，把它们熄灭在自己的深渊里。这些闪电的影子，活像一条条火蛇，在大海里蜿蜒游动，一晃就消失了。

——暴风雨！暴风雨就要来啦！

这是勇敢的海燕，在怒吼的大海上，在闪电中间，高傲地飞翔；这是胜利的预言家在叫喊：

——让暴风雨来得更猛烈些吧！（高亢型）

——［苏联］高尔基《海燕》（节选）

（2）那年冬天，祖母死了，父亲的差使也交卸了，正是祸不单行的日子。我从北京到徐州，打算跟着父亲奔丧回家。到徐州见着父亲，看见满院狼藉的东西，又想起祖母，不禁簌簌地流下眼泪。（低沉型）

——朱自清《背影》（节选）

（3）我们在田野上散步：我，我的母亲，我的妻子和儿子。

母亲本不愿出来的；她老了，身体不好，走远一点儿就觉得累。我说，正因为如此，才应该多走走。母亲信服地点点头，便去拿外套。她现在很听我的话，就像我小时候很听她的话一样。（舒缓型）

——莫怀戚《散步》（节选）

（4）我为少男少女们歌唱。我歌唱早晨，我歌唱希望。我歌唱那些属于未来的事物，我歌唱正在生长的力量。（轻快型）

——何其芳《我为少男少女们歌唱》（节选）

"文似看山不喜平"，语言表达和语言艺术也是如此，过"平"的语言节奏是不能吸引人的。朗诵者的语言应根据文本表现出的思想情感相应地出现快慢、高低、强弱等的自然转换，在整体上形成跌宕起伏的节奏感，从而激发观众的兴趣，带来美的享受。

总之，朗诵时反复、综合、娴熟地运用内外部技巧，才能使朗诵逐步达到浑然天成的自然状态，上升到艺术的境地。不过还应看到，学习朗诵需要"厚积而薄发"，优秀的朗诵作品离不开朗诵者文学修养和知识阅历的积累，应该说这种技巧之外的功夫更为重要。

## 四、案例解析

下面以《人民之光》为例来谈诗歌的朗诵。

### （一）作品简介

诗歌《人民之光》是《特立颂》的精简版，其主要内容是对无产阶级革命家、杰出教育家、长沙师范学院创办人徐特立先生的深情缅怀与歌颂。《特立颂》由长沙师范学院李学全、匡代军、周智湘创作于 2012 年学校升本期间，发表于《湖南教育》2013 年第 12 期。2019 年《特立颂》作者之一匡代军在此基础上减缩成《人民之光》。

➤扫描章首二维码获取《人民之光》配乐。

### （二）朗诵概述

1. 朗诵前的准备

感情是朗诵的内在生命。为了扩展和升华这种内在的生命，使作品"再一次燃烧"，朗诵者在朗诵前需要了解徐特立先生波澜壮阔的一生及其教育思想和革命精神，熟悉长沙师范学院百年砥砺奋进的历史，这些看似无关紧要的准备工作实际上能为朗诵获得成功奠定必要的情感基础。有关徐特立的介绍并不少见，方便获取且较为全面的介绍可见于长沙师范学院官网中"徐特立纪念馆"的相关内容。在了解徐特立这位伟大人物后，朗诵者以肃然起敬的情感态度来表演，这是朗诵《人民之光》的内在情感要求。

除了情感准备外，在朗诵前朗诵者还要熟悉作品。熟悉诗歌内容是准确理解和深入感受作品的基础，应做到与作品"相认相识"，此外还要注意扫清文字障碍，规范读音。《人民之光》中有些字音容易读错，举例如下：

教诲(huì)　　　浩浩汤汤(shāng shāng)

模子(mú·zi)　　硕果累累(léi léi)

2. 作品的特点

作为一个多年来被反复传诵、屡获好评的大型原创诗篇,《人民之光》具有"长、多、高、大"等几个较为突出的特点。

"长"是就篇幅和时长而言,较长的篇幅和时长给熟记文稿并与背景音乐、图片同步呈现带来了一定的难度,如果朗诵节奏较快或较慢,都会造成和事先制作的音频、视频不协调。"多"指的是表演形式和参演人数都比较多,朗诵时分男领、女领、领合、男合、女合、群合六种形式,除了每个篇章开头两句和末尾部分分别由男领、女领和群合朗诵外,其余部分的朗诵形式缺少规律可循,因此多种形式彼此默契配合显得尤为必要;为了追求气势磅礴的艺术效果,正式演出时的人数通常在50人以上,有时甚至多达几千人。"高"指的是对朗诵者的要求比较高,这与前面篇幅长、形式多有关,除此以外,朗诵表演对表演者的形象、气质和语音条件等都有较高的要求。更为重要的是,朗诵者的情感表达还须随诗歌内容的变化而做相应、恰当的改变,做到强烈、真挚、自然地流露,这无疑要求朗诵者具备较好的朗诵水平和艺术修养。由"长、多、高"带来的是另一个特点,即表演难度比较"大"。

上述特点决定了朗诵《人民之光》不仅需要熟悉作品,勤加练习,还需要科学、有效的指导与训练。

3. 朗诵的艺术层次

从艺术品位的高低来看,《人民之光》的朗诵大体可分为低、中、高三个明显不同的层次。

较低层次的朗诵体现为普通话不够标准,字音常有错处,诗句停顿不正确,缺乏感情,或者感情表达不恰当,不同朗诵形式相互配合不默契,缺少体态语,艺术表现力较弱。

处于中间层次的朗诵表现为普通话基本上标准,字音偶有错处,停顿基本上正确,带有情感,但情感表达还不够自然、真挚,不过不同朗诵形式之间配合比较默契,体态语基本上符合规范,整体上有一定的表现力。

较高层次的朗诵堪称艺术的享受,是真情实感的自然流露。具体表现在语音标准,技巧娴熟,不同表演形式配合默契,听感上和谐、悦耳,情感把握准确、到位,抒情强烈,一气呵成,体态语自然、得体,朗诵具有较强的艺术感染力,起到促人奋进、深受鼓舞的艺术效果。

总而言之,表演《人民之光》应避免较低的层次,努力追求较高的层次,或者说在中间层次的基础上力求较高的层次。

**(三) 朗诵技巧及相关问题**

以下采用的朗诵符号共有五种:"∧""．"分别表示停顿和重音,"﹏﹏"表示语气柔和,"↗""↘"分别代表语势上扬和下沉。

1. 第一篇章的朗诵

## 人民之光

长沙师范学院　李学全　匡代军　周智湘

### 第一篇章　光辉一生

场外毛主席的声音＋钟声＋水波声：

"你是我二十年前的先生,你现在仍然是我的先生,你将来必定还是我的先生。"

（男领）当∧浏潭寺的钟声∧在心中敲响

（女领）当∧荷花池的流韵∧在梦里回荡

（领合）今天∧我们用最真最美的声音　为您歌唱

（群合）最真最美的声音　为您歌唱

（领合）歌唱您

（群合）我们敬爱的老校长　徐特立


（领合）我们怀着无比崇敬的心情

　　　　翻开您辉煌的人生画卷

（女领）辛亥革命　您振臂高呼　拥护共和

（男领）革命无望　您不恋高位　愤然辞职

（女领）"五四"风云激荡的年代

　　　　您不惑之年　远渡重洋

　　　　寻找真理　寻求救国之路

（男领）1927↘　大革命失败的危难之际

　　　　白色恐怖笼罩中国大地↘

　　　　您天命之年　毅然举起右手↗

　　　　捍卫共产主义的崇高信念↗

（女领）年近花甲　踏上二万五千里长征

　　　　您是∧年龄最长的红军战士

（男领）古稀之年　您殚精竭虑　步履匆匆

　　　　高举红色教育大旗

　　　　您是∧共和国教育事业的奠基人

（女领）您特立独行　与时俱进

　　　　不管革命历史车轮转得多快

　　　　您总是推着它向前

（男合）您勤奋工作

　　　　身为校长　既当教员　又兼校工

（女合）您艰苦朴素

　　　　身居高位　一身布衣　两袖清风

(女领)您爱生如子

学生亲切地称您"徐外婆"

(男领)您关爱他人

爬雪山　过草地　您把马匹让给伤兵

您用仅存的青稞　拯救战友的生命

(女领)您"实事求是，不自以为是"的言行

将"自强不息""厚德载物"的哲理诠释为最通俗、最朴实的

(领合)"革命第一↗　工作第一↗　他人∧第一↗"

(群合)"革命第一↗　工作第一↗　他人∧第一↗"


(男领)中共中央高度评价

(领合)您是∧中国革命知识分子最优秀的代表

您是∧全党和全国人民学习的典范

(女领)毛主席评价您的一生是

(群合)"光荣的一生↗　伟大的一生↗　革命的∧一生↗"


(领合)您的光辉

照亮长沙师范

(女合)您的光辉

照耀三湘大地

(男合)您的光辉

洒向大江南北

(群合)您是我党之荣↗　人民之光↗

这一篇章概述了徐特立先生的主要生平事迹，以及他在全党和全国人民心中的地位。立足本篇章的朗诵，以下几点值得注意：

第一，开篇第一段确立了全篇的感情基调，尤其是第一、二句，潙潭寺、钟声、荷花池、流水等仿佛都在眼前或者耳边，徐老似乎就在面前，朗诵时语速较慢，节奏舒缓，情感抒发真挚、自然且不失强烈。另外，在情感表达上，本篇多处显示语气柔和，如"徐外婆"，朗诵时面带微笑，尤显深情。

第二，个别语句标明语势下沉，此时语气低沉，表情凝重，即"1927/大革命失败的危难之际/白色恐怖笼罩中国大地"，朗诵者仿佛身处险境，气氛紧张，语气上应有所体现；随后的"您天命之年/毅然举起右手/捍卫共产主义的崇高信念"，语气坚定，表情严肃，语势由低转高，前后形成强烈对比。这里句与句之间没有"虽然、但是"这类词语，但转折的意味需要表达出来。此外，"您关爱他人/爬雪山/过草地/您把马匹让给伤兵/您用仅存的青稞/拯救战友的生命"这几句里有内在语，需要进一步解读，即徐老把生的希望留给他人，其中"生命"二字不仅是重音，表演时还应肃然起敬，做到

字正腔圆、声情并茂;同时,这些语句还与后面出现的"他人第一"相呼应。

第三,朗诵节奏总体上先舒缓后高亢,高亢之处主要体现在靠近篇章末尾的部分。文中语势上扬处多次出现,如"革命第一"等三句,层层递进,音量逐渐加大,语势逐步抬高,其中第三句"他人第一"采用停顿加重音的方法,使情感抒发逼近顶点,有助于营造气势恢宏的朗诵效果,之后"光荣的一生"等三句也是如此。

2. 第二篇章的朗诵

### 第二篇章　教泽长存

徐老画外音:

"师范者,教育之教育,固陶铸国民之模范,造就青年之渊泉也。"

(男领)从掌管修业学堂∧到创立长沙师范

(女领)从执教湖南一师∧到主持女子师范

(男领)从瑞金列宁小学∧到延安自然科学院

(群合)无论神州陆沉　沧桑巨变

　　　　您执着教育　矢志不移

(女领)兴办教育

　　　　您倡导"群众本位　学有所教"

(男领)培育师资

　　　　您要求"经师人师　合二为一"

(女领)人才培养

　　　　您提倡"三育并举　德育为先"

(男领)您谆谆教诲

　　　　"不用一个模子塑造人"

　　　　"要造成∧一定立场、一定方向∧又无限生动发展的人格"

(群合)您的教育思想博大精深

　　　　您的教育思想熠熠生辉

(领合)善之本在教　教之本在师

(女合)在∧湘江之滨

(男合)在赣水∧之畔↗

(女合)在∧滔滔延河

(男合)在巍巍∧太行↗

(群合)您将一棵棵新苗∧培育成大木参天

(领合)敬爱的徐老啊　您的教泽浩浩汤汤↗

(群合)您的教泽　浩浩汤汤↗

（领合）接过您百年不灭的火炬

（女合）我们坚守使命初心

（男合）我们致力师范教育

（群合）继往开来　开拓创新

　　　　跨越发展　硕果累累↗


（男领）站在新时代的潮头

（领合）沐浴教育事业蓬勃发展的春风

（女合）我们意气风发

（男合）我们信心百倍

（女领）继承徐老教育思想

（男领）弘扬徐老革命精神

（女合）我们义不容辞

（男合）我们勇于担当

（群合）我们昂首阔步↗

　　　　奔向∧光辉灿烂的∧明天↗

　　　　再铸　辉煌！↗

这一篇章讴歌了徐特立先生的教育思想、教育救国的具体实践以及由此产生的深远影响，并且表达了朗诵者继承与弘扬徐老教育思想和革命精神的坚定决心。此篇的朗诵解析如下：

首先，此篇承接上一篇章，气势下行，转为深情讲述，前两段的前面部分语气均显舒缓，之后的合诵部分气势高涨，末段整体上语势上扬，气势磅礴，在末尾合诵"我们昂首阔步/奔向光辉灿烂的明天/再铸/辉煌"时气势达到全篇的最高点。作为全文第二个篇章，此篇节奏以高亢为主，尤其是文末的多句。末段背景音乐较为激越，与此相应的是，朗诵此段时语速相对较快，语势随之逐渐推高，最后升至顶点。

其次，第三段"（女合）在湘江之滨/（男合）在赣水之畔""（女合）在滔滔延河/（男合）在巍巍太行"句式整齐，运用反复的手法，读来朗朗上口，此处前后语句停顿有别，女合、男合交替出现，加之男合语势上扬，从而形成错落有致、交相辉映、高低起伏的艺术效果。注意，此处运用联想、想象法能调动形象感受，产生身临其境之感，有助于情感的自然流露。

最后，朗诵表演切忌直着嗓子喊叫，特别是末尾高潮部分，而应酝酿情感，利用共鸣腔发声，达到雄浑、稳健的声音状态。朗诵《人民之光》应饱含深情、悦耳动听，而非矫揉造作、缺乏美感，其中语气是核心所在。

此外，从整体上看，《人民之光》的朗诵以高亢的节奏类型为主，其次是舒缓，间或低沉。

3. 相关问题

表演《人民之光》时，领诵与合诵须相互配合，共同构成一个有机的整体，也就是说二者彼此依存，联系十分紧密。不过，朗诵者还应进一步正确看待领诵与合诵之间的关系，即二者好比"荷花之于荷叶"。不可否认，领诵是全场的主导，《人民之光》不仅由领诵起头，确立语气、语速、朗诵基调等，而且属于男女领诵的部分远多于男女合诵，因此，领诵的好坏才是决定朗诵能否成功的关键。但是，"荷花还须荷叶衬"，合诵的衬托与渲染作用也是不容忽视的，好的合诵不仅烘托情感、增强气势，还能弥补或掩盖领诵的不足。总的说来，领诵与合诵紧密合作乃至融为一体才能演绎好这个作品。

另外，朗诵时的体态语也需要注意。领诵和合诵都是站姿，肩平、腰直、身正、立稳，双腿稍微合拢，呈"八字步"或"丁字步"。领诵和合诵的表情语一般都是面带微笑，个别地方面色凝重，表演者目光平视，眼神统一集中到观众席的中央区域。

**思考与练习**

1. 回顾自身朗诵实践，"内三外四"的朗诵技巧是否能熟练使用？如果不能，哪些技巧还需要进一步学习？

2. "优秀的朗诵是难于用语言形容的，而语气是核心。"（张颂，2008）请以实际篇目为例，谈谈对这句话的理解。

3. 根据教材解析，在运用多种朗诵技巧的基础上配乐朗诵《人民之光》，要求恰当表现诗歌的思想与情感。

4. 朗诵下面两首古诗词，通过语气、节奏等的对比，表现婉约派与豪放派诗词的差异。

## （1）雨霖铃

［北宋］柳　永

寒蝉凄切，对长亭晚，骤雨初歇。都门帐饮无绪，留恋处，兰舟催发。执手相看泪眼，竟无语凝噎。念去去，千里烟波，暮霭沉沉楚天阔。

多情自古伤离别，更那堪，冷落清秋节！今宵酒醒何处？杨柳岸，晓风残月。此去经年，应是良辰好景虚设。便纵有千种风情，更与何人说？

## （2）念奴娇·赤壁怀古

［北宋］苏　轼

大江东去，浪淘尽，千古风流人物。故垒西边，人道是，三国周郎赤壁。乱石穿空，惊涛拍岸，卷起千堆雪。江山如画，一时多少豪杰。

遥想公瑾当年，小乔初嫁了，雄姿英发。羽扇纶巾，谈笑间，樯橹灰飞烟灭。故国神游，多情应笑我，早生华发。人生如梦，一尊还酹江月。

5. 综合运用朗诵的内外部技巧,反复诵读下列诗歌和散文,辅以体态语,登台表演。

### (1) 再别康桥

徐志摩

轻轻的我走了,
　　正如我轻轻的来;
我轻轻的招手,
　　作别西天的云彩。

那河畔的金柳,
　　是夕阳中的新娘;
波光里的艳影,
　　在我的心头荡漾。

软泥上的青荇,
　　油油的在水底招摇;
在康河的柔波里,
　　我甘心做一条水草!

那榆阴下的一潭,
　　不是清泉,是天上虹;
揉碎在浮藻间,
　　沉淀着彩虹似的梦。

寻梦? 撑一支长篙,
　　向青草更青处漫溯;
满载一船星辉,
　　在星辉斑斓里放歌。

但我不能放歌,
　　悄悄是别离的笙箫;
夏虫也为我沉默,
　　沉默是今晚的康桥!

悄悄的我走了,
　　正如我悄悄的来;

我挥一挥衣袖，
　　不带走一片云彩。

## （2）致橡树

舒　婷

我如果爱你——
绝不像攀缘的凌霄花，
借你的高枝炫耀自己；
我如果爱你——
绝不学痴情的鸟儿，
为绿荫重复单调的歌曲；
也不止像泉源
常年送来清凉的慰藉；
也不止像险峰
增加你的高度，衬托你的威仪。
甚至日光。
甚至春雨。
不，这些都还不够！
我必须是你近旁的一株木棉，
作为树的形象和你站在一起。
根，紧握在地下，
叶，相触在云里。
每一阵风过，
我们都互相致意，
但没有人
听懂我们的言语。
你有你的铜枝铁干，
像刀，像剑，也像戟；
我有我红硕的花朵，
像沉重的叹息，
又像英勇的火炬。
我们分担寒潮、风雷、霹雳；
我们共享雾霭、流岚、虹霓。
仿佛永远分离，
却又终身相依。
这才是伟大的爱情，
坚贞就在这里：

爱——

不仅爱你伟岸的身躯,

也爱你坚持的位置,足下的土地。

### (3) 面朝大海,春暖花开

海 子

从明天起,做一个幸福的人

喂马,劈柴,周游世界

从明天起,关心粮食和蔬菜

我有一所房子,面朝大海,春暖花开

从明天起,和每一个亲人通信

告诉他们我的幸福

那幸福的闪电告诉我的

我将告诉每一个人

给每一条河每一座山取一个温暖的名字

陌生人,我也为你祝福

愿你有一个灿烂的前程

愿你有情人终成眷属

愿你在尘世获得幸福

我只愿面朝大海,春暖花开

### (4) 春

朱自清

盼望着,盼望着,东风来了,春天的脚步近了。

一切都像刚睡醒的样子,欣欣然张开了眼。山朗润起来了,水涨起来了,太阳的脸红起来了。

小草偷偷地从土里钻出来,嫩嫩的,绿绿的。园子里,田野里,瞧去,一大片一大片满是的。坐着,躺着,打两个滚,踢几脚球,赛几趟跑,捉几回迷藏。风轻悄悄的,草软绵绵的。

桃树、杏树、梨树,你不让我,我不让你,都开满了花赶趟儿。红的像火,粉的像霞,白的像雪。花里带着甜味儿;闭了眼,树上仿佛已经满是桃儿、杏儿、梨儿。花下成千成百的蜜蜂嗡嗡地闹着,大小的蝴蝶飞来飞去。野花遍地是:杂样儿,有名字的,没名字的,散在草丛里,像眼睛,像星星,还眨呀眨的。

"吹面不寒杨柳风",不错的,像母亲的手抚摸着你。风里带来些新翻的泥土的气息,混着青草味儿,还有各种花的香,都在微微润湿的空气里酝酿。鸟儿将窠巢安在繁花嫩叶当中,高兴起来了,呼朋引伴地卖弄清脆的喉咙,唱出宛转的曲子,跟轻风流水应和着。牛背上牧童的短笛,这时候也成天在嘹亮地响。

雨是最寻常的,一下就是三两天。可别恼。看,像牛毛,像花针,像细丝,密密地斜织着,人家屋顶上全笼着一层薄烟。树叶儿却绿得发亮,小草儿也青得逼你的眼。傍晚时候,上灯了,一点点黄晕的光,烘托出一片安静而和平的夜。在乡下,小路上,石桥边,有撑起伞慢慢走着的人;还有地里工作的农夫,披着蓑戴着笠。他们的草屋,稀稀疏疏的,在雨里静默着。

天上风筝渐渐多了,地上孩子也多了。城里乡下,家家户户,老老小小,他们也赶趟儿似的,一个个都出来了。舒活舒活筋骨,抖擞抖擞精神,各做各的一份事去。"一年之计在于春",刚起头儿,有的是工夫,有的是希望。

春天像刚落地的娃娃,从头到脚都是新的,他生长着。

春天像小姑娘,花枝招展的,笑着,走着。

春天像健壮的青年,有铁一般的胳膊和腰脚,他领着我们上前去。

## (5)海滨仲夏夜(节选)

### 峻 青

夕阳落山不久,西方的天空,还燃烧着一片橘红色的晚霞。大海,也被这霞光染成了红色,而且比天空的景色更要壮观。因为它是活动的,每当一排排波浪涌起的时候,那映照在浪峰上的霞光,又红又亮,简直就像一片片霍霍燃烧着的火焰,闪烁着,消失了。而后面的一排,又闪烁着,滚动着,涌了过来。

天空的霞光渐渐地淡下去了,深红的颜色变成了绯红,绯红又变为浅红。最后,当这一切红光都消失了的时候,那突然显得高而远了的天空,则呈现出一片肃穆的神色。最早出现的启明星,在这深蓝色的天幕上闪烁起来了。它是那么大,那么亮,整个广漠的天幕上只有它在那里放射着令人注目的光辉,活像一盏悬挂在高空的明灯。

夜色加浓,苍空中的"明灯"越来越多了。而城市各处的真的灯火也次第亮了起来,尤其是围绕在海港周围山坡上的那一片灯光,从半空倒映在乌蓝的海面上,随着波浪,晃动着,闪烁着,像一串流动着的珍珠,和那一片片密布在苍穹里的星斗互相辉映,煞是好看。

在这幽美的夜色中,我踏着软绵绵的沙滩,沿着海边,慢慢地向前走去。海水,轻轻地抚摸着细软的沙滩,发出温柔的刷刷声。晚来的海风,清新而又凉爽。我的心里,有着说不出的兴奋和愉快。

夜风轻飘飘地吹拂着,空气中飘荡着一种大海和田禾相混合的香味,柔软的沙滩上还残留着白天太阳炙晒的余温。那些在各个工作岗位上劳动了一天的人们,三三两两地来到了这软绵绵的沙滩上,他们浴着凉爽的海风,望着那缀满了星星的夜空,尽情地说笑,尽情地休憩。愉快的笑声,不时地从这儿那儿飞扬开来,像平静的海面上不断地从这儿那儿涌起的波浪。

我漫步沙滩,徘徊在我的乡亲朋友们中间。

我看到,在那边,在一只底儿朝上反扣在沙滩上的木船旁边,是一群刚从田里收割麦子归来的人们,他们谈论着今年的收成。今春,雨水足,麦苗长得旺,收成比去年好。眼下,又下了一场透雨,秋后的丰收局面,也大体可以确定下来了。人们为这大好年景所鼓舞着,谈话中也充满了愉快欢乐的笑声。

月亮上来了,是一轮灿烂的满月。它像一面光辉四射的银盘似的,从那平静的大海里涌了出来。大海里,闪烁着一片片鱼鳞似的银波。沙滩上,也突然明亮了起来,一片片坐着、卧着、走着的人影,看得清清楚楚了。啊! 海滩上,居然有这么多的人在乘凉。说话声、欢笑声、唱歌声、嬉闹声,响遍了整个的海滩。

月亮升得很高了。它是那么皎洁,那么明亮。

夜已经深了。沙滩上的人,有的躺在那软绵绵的沙滩上睡着了,有的还在谈笑。凉爽的风轻轻地吹拂着,皎洁的月光照耀着。让这些英雄的人们,在这自由的天幕下,干净的沙滩上,海阔天空地尽情谈笑吧,酣畅地休憩吧。

## (6) 海　燕

### [苏联]高尔基

在苍茫的大海上,狂风卷集着乌云。在乌云和大海之间,海燕像黑色的闪电,在高傲地飞翔。

一会儿翅膀碰着波浪,一会儿箭一般地直冲向乌云,它叫喊着,——就在这鸟儿勇敢的叫喊声里,乌云听出了欢乐。

在这叫喊声里——充满着对暴风雨的渴望! 在这叫喊声里,乌云听出了愤怒的力量、热情的火焰和胜利的信心。

海鸥在暴风雨来临之前呻吟着,——呻吟着,它们在大海上飞窜,想把自己对暴风雨的恐惧,掩藏到大海深处。

海鸭也在呻吟着,——它们这些海鸭呀,享受不了生活的战斗的欢乐:轰隆隆的雷声就把它们吓坏了。

蠢笨的企鹅,胆怯地把肥胖的身体躲藏在悬崖底下……只有那高傲的海燕,勇敢地,自由自在地,在泛起白沫的大海上飞翔!

乌云越来越暗,越来越低,向海面直压下来,而波浪一边歌唱,一边冲向高空,去迎接那雷声。

雷声轰响。波浪在愤怒的飞沫中呼叫,跟狂风争鸣。看吧,狂风紧紧抱起一层层巨浪,恶狠狠地把它们甩到悬崖上,把这些大块的翡翠摔成尘雾和碎沫。

海燕叫喊着,飞翔着,像黑色的闪电,箭一般地穿过乌云,翅膀掠起波浪的飞沫。

看吧,它飞舞着,像个精灵,——高傲的、黑色的暴风雨的精灵,——它在大笑,它又在号叫……它笑那些乌云,它因为欢乐而号叫!

这个敏感的精灵,——它从雷声的震怒里,早就听出了困乏,它深信,乌云是遮不住太阳的,——是的,遮不住的!

狂风吼叫……雷声轰响……

一堆堆乌云,像青色的火焰,在无底的大海上燃烧。大海抓住闪电的箭光,把它们熄灭在自己的深渊里。这些闪电的影子,活像一条条火蛇,在大海里蜿蜒游动,一晃就消失了。

——暴风雨!暴风雨就要来啦!

这是勇敢的海燕,在怒吼的大海上,在闪电中间,高傲地飞翔;这是胜利的预言家在叫喊:

——让暴风雨来得更猛烈些吧!

6. 古今中外适合朗诵的优秀篇目不计其数,以下列举一些,请选择其中若干篇目,在班上表演。

[隋]李密 《陈情表》

[唐]张若虚 《春江花月夜》

[唐]韩愈 《祭十二郎文》

[唐]李白 《将进酒》

[唐]杜甫 《茅屋为秋风所破歌》《兵车行》

[唐]刘禹锡 《陋室铭》

[唐]白居易 《琵琶行》《长恨歌》

[北宋]范仲淹 《岳阳楼记》

[北宋]周敦颐 《爱莲说》

[北宋]苏轼 《前赤壁赋》《水调歌头·明月几时有》

[南宋]姜夔 《扬州慢》

[南宋]岳飞 《满江红》

毛泽东 《沁园春·长沙》《沁园春·雪》

徐志摩 《雪花的快乐》《沙扬娜拉——赠日本女郎》

艾　青 《我爱这土地》《大堰河,我的保姆》

戴望舒 《雨巷》

林徽因 《你是人间的四月天》

臧克家 《有的人——纪念鲁迅有感》

汪国真 《热爱生命》

林　庚 《新秋之歌》

舒　婷 《祖国啊,我亲爱的祖国》《这也是一切》

叶文福 《祖国啊,我要燃烧》《我是飞蛾》

食　指 《相信未来》

余光中 《乡愁》

席慕蓉 《一棵开花的树》

[俄国]普希金 《假如生活欺骗了你》《致大海》

[爱尔兰]叶芝 《当你老了》

[智利]聂鲁达 《你的微笑》

## 第四节 演讲训练

日常生活中,演讲使用广泛,它是口才的集中展现,带有较强的艺术性。为了达到演讲的目的,演讲者重在用情感和道理打动人、说服人。关于演讲,德国哲学家黑格尔有精辟的论述:

一般说来,演说家在演讲里的最高终极旨趣并不在于艺术的描述和完美的刻画,他还有一个越出艺术范围的目的,他的演讲的形式结构毋宁说只是一种最有效的手段,利用来实现一种非艺术性的目的或旨趣。从这个观点来看,他感动听众,也不单是为感动而感动,听众的感动和信服也只是一种手段,便于达到演说家想要实现的意图。所以对听众来说,演说家的描述也不是为描述而描述,也只是一种手段,用来使听众达到某一种信念,做出某一种决定,或采取某一种行动。

演说家不能只针对我们的科学的或其他单凭知解力的思维来说话,他要说服我们相信某些信念,为了达到这个目的,就要设法影响整个的人,如情感和观点……所以,他不能单凭逻辑推理和下结论的方式去满足我们的知解力,而是也要激发我们的情感,震撼我们的心灵,充实我们的认识。总之,通过心灵的一切方面来感动听众,说服听众。

(引自邵天声、战晓书编《名人论演讲》)

学习演讲需要了解其概念、功用与类别等,而如何写作演讲稿并登台演讲,学会即兴演讲,则是本节学习的重点和难点。

### 一、演讲的内涵

演讲是"讲"与"演"相结合的一种综合性语言艺术形式,以"讲"为主,"演"为辅。"讲"要求将事理讲清楚、生动、感人,"演"主要包括语言和体态语两个方面,比如语调、节奏、修辞、手势、动作、表情,兼及仪表服饰、背景音乐、图片等,"讲"离不开"演","演"为"讲"服务。

演讲时演讲者面向公众,就某个话题或问题发表见解与主张,为了让思想和情感更有力量。演讲追求感染力、说服力与召唤力,是一种实用、高级的语言表达形式,具有实用性、针对性、宣传性、表演性、艺术性、审美性等特点,又叫"讲演"或"演说"。

## 二、演讲的功用与类别

### (一) 演讲的功用

古今中外,演讲历来受到人们的重视,其功用有很多,主要体现在如下几个方面:

首先,演讲具有强烈而广泛的社会功用,是宣传和动员群众的一种手段,它在说服、鼓动和教育人等方面具有不可低估的重要作用。

其次,演讲能充分展示演讲者自身的真知灼见、真情实感以及精神气度等,对演讲者而言,它是表达思想情感、展示自我的机会。

再次,演讲是一种学习语言的良好形式,演讲者可通过这种形式学习写作、训练口才、锻炼思维,增强语言表达能力和思维能力。

最后,演讲不同于一般场合的说话,它是在大庭广众之下阐述自己的思想和观点,能够训练并提高演讲者的心理素质。

### (二) 演讲的类别

演讲的种类有许多,从场合看,有大会演讲、课堂演讲、宴会演讲、法庭演讲、广播电视演讲等;从目的看,演讲有教育性的、鼓动性的、学术性的、凭吊性的、娱乐性的,等等;从内容看,分为政治演讲、经济演讲、军事演讲、文化教育演讲、宗教演讲等。

如果按有无演讲稿(含提纲)来分,可简单地分为专题演讲和即兴演讲两大类。专题演讲有讲稿或提纲,可分为读稿演讲、离稿演讲和列纲演讲三种,其中离稿演讲是效果比较好的一种演讲方式。为了在离稿的情况下自如地发挥,演讲者须对事先写好的讲稿或提纲很熟悉。经过前期的充分准备,离稿演讲贵在临场发挥,不能背稿,演讲时可适当增删内容,并及时调整演讲状态。即兴演讲没有讲稿或提纲,是一种临时即席边想边说的演讲形式,除了前期的积累外,它还需要随机应变,要靠敏捷的思维和流畅的表达。

## 三、演讲稿的写作

在专题演讲前,一般首先需要写作演讲稿,熟悉文稿后登台演讲。以下先对演讲稿的写作做一般性的论述,然后介绍一种实用的写作模式。

### (一) 一般论述

演讲稿的写作涉及多个方面,下面从标题、事例、结构、语言四个方面来谈。

标题是"文眼",通过它可以把握演讲稿的主要观点或内容;标题是文章的灵魂和统帅,反映演讲的主题,无疑应受到特别的重视。如何构思恰当的演讲稿标题?可从满足场景需要、符合比赛要求、体现时代性、具有新意等方面考虑,反复推敲。优秀的演讲标题往往简练有力、新颖独特,让读者、观众先睹为快,并留下深刻印象。为避免雷同、缺乏新意,演讲的主题、话题不宜直接用作标题。标题、主题或话题一旦确定,正文须紧扣主旨来写作,不可"跑题",也不能"游而不击"。

事例为主题服务,是构成演讲稿内容的重要基石。用于演讲的事例不在"多",而在"精",需要反复比较、精心选取。事例与事例之间不仅要有差异性,而且还应有内在的联系,体现互补性。哪些事例适合用于演讲稿?时代感浓、新颖度高、典型性强、真实感人的事例,容易激发兴趣、产生共鸣,通常是演讲稿用例的首选。那些缺乏时代感、陈旧老套、不够典型、可信度低的例子则应剔除。选取事例之后还须灵活使用,对于精当的事例,不能一带而过,应充分利用,即经过润色、总结和提炼以更好地反映主题。

文章结构即框架,好比施工的"蓝图",需要用心设计。演讲稿的结构讲究逻辑,要有层次性,总分、分总、平行关系等都体现层次,它是写作思路清晰、具有条理的反映。演讲稿不仅要分层次,还要分轻重,反映在篇幅上,一般是重要的内容所占篇幅多,不重要的内容所占篇幅少。此外,我国古人讲结构布局,主张"凤头、猪肚、豹尾","凤头"即开头像凤凰的头那样精悍、漂亮;"猪肚"即中间的内容像猪的肚子那样充实、饱满;"豹尾"即结尾像豹子的尾巴那样简短、有力,这种主张值得借鉴。

专题演讲有别于一般的口语表达,不能彻底口语化;演讲稿的语言要求简洁、精练,去芜存菁,须向书面语靠拢,但是,演讲又是口头的,表达需要通俗易懂、接地气,文绉绉的话不适合演讲,因此不能过分强调文采。简言之,演讲是一种规范化的口语。同时,演讲还是真情实感的流露,不说"假大空"的话,不讲套话,不打官腔。为了让语言具有表现力,更富美感,演讲常用到反问、设问、反复、排比、引用、化用等。另外,遣词造句须正确、规范,避免生造词、语病等问题。

值得注意的是,演讲稿的写作与修改是紧密联系的整体,"文章不厌千回改""语不惊人死不休",文章写完后还应反复修改,好文章是改出来的。

**(二) 一种实用的写作模式:实虚结合**

1. 什么是"实虚结合"

"实虚结合",即"讲述+议论/抒情","实"指的是"讲述",即讲述事例;"虚"即"议论/抒情",建立在讲述的基础上,以讲述为前提。

综合来看,"实"使立论有根基、接地气,不过,演讲稿仅有"实"则缺少高度,升华不够会导致境界不高;"虚"能弥补"实"的缺憾,但是演讲稿只有"虚"则根底不牢,难以立稳;从演讲本身看,"实"一般相对平缓,"虚"较为激昂,只取其一则节奏难免单一,容易产生审美疲劳,而"实"与"虚"相结合就能避免只有"实"或"虚"某一个方面所带来的诸多不足。可以说,"实"是"虚"的基础,"虚"是"实"的提高,二者相互依存、缺一不可。如果把"实"比作"脚踏实地","虚"比成"仰望星空",无疑既要"脚踏实地"也要"仰望星空",也就是"实虚结合",做到"有实有虚,实而不板,虚而不空"。

"实虚结合"是演讲稿写作的一种模式,该模式基于人爱听故事的天性,避免了泛泛而论,甚至口头说教,能够拉近与观众的距离。实践证明,这种模式的实用性和可操作性比较强,写作和演讲的效果比较好。

2. 相关案例

某单位以"干事、担当、简单"为话题开展演讲比赛活动，以下是为该比赛写作的演讲稿。

## 担当铸就＊＊梦

刘吉力　王媛媛

尊敬的各位评委、各位领导，亲爱的朋友们：

大家好！

去年＊＊银行收到一份特别的礼物——一幅画。画里的孩子捧着碗开心地笑着，碗里是香喷喷的米饭和鸡蛋。这幅画的名字叫《什么是快乐》，这个孩子叫蒲建辉，怀化新晃县阿况村的一名贫困留守儿童，当小建辉用稚嫩的童声告诉我们："没饭吃，就喝白开水，很饿了，我们就唱歌……"他们生活的艰辛让人心酸落泪，对他们来说，吃顿饱饭就很快乐。我无法忘记那位坚守阿况村小26年的魏老师，两鬓斑白的她哽咽着说："我的梦想是让孩子们能吃饱肚子。感谢＊＊银行，实现了我的梦，让我圆了孩子们的梦！"

＊＊银行携手爱心午餐走进阿况村，一粒米，一碗饭，一张笑脸，＊＊银行把满满的爱都装进了孩子们手中的碗。2011年，＊＊银行向新晃县捐献了120万元，用于资助25所小学的1000个孩子。扶助贫困学生，捐建希望小学，16年，＊＊银行始终承担着一个企业对社会公益的责任和担当。这是＊＊银行服务社会、彰显大爱的故事。

在长沙北边有个宁静的小镇叫彭家巷，＊＊银行第一家社区银行在这里成立，去年的客户体验活动中有一个老奶奶让我印象深刻，她惊喜地指着墙上的照片问我："姑娘，这照片贴的是你吧？他们讲这个电话拿起来就会有专人服务，是真的不？"我笑着回答说："是的，奶奶，这是＊＊银行社区银行，是您家门口的银行，我是社区银行客服专员。您只要拿起电话，就能直接连线银行，会有专人为您服务！""那，那在这里存钱、取钱方便不？""很方便，社区银行还能取十块钱的零钞，而且还能交水电煤气费呢！"老奶奶更高兴了，说："真的？那我试试，以后我就不用特意去柜台办喽！"

立足社区金融新起点，＊＊银行将在三年内建成300家社区银行，覆盖长沙80％以上社区，越来越多的市民将从中受益！16年，＊＊银行毅然践行着便民利民的职责和承诺，这是＊＊银行踏实干事、贴心为民的故事。

这两个故事不同，但又相同，它们共同诠释了＊＊人"心忧天下，敢为人先"的担当的精神，这种担当铸就了我们心中的＊＊梦！全面实施四化两型超越发展战略，成为领导行业潮流的湘军旗舰，成为最具创新力的区域银行、龙头银行、精品银行和上市银行！做长沙人自己的银行，做湖南人自豪的银行！这就是我们的＊＊梦！

有一种担当凝聚力量，有一种力量成就梦想。＊＊人在干事、担当、简单的风格指引下，披荆斩棘，砥砺奋进，成功渡过了"四大关"的考验，坚定捍卫了＊＊的旗帜，走出了"最贴心，最给力，最可靠"的品牌之路，这是担当的力量！这是梦想的力量！

朋友们,不要问＊＊能为我们做些什么,而要问我们能为＊＊做些什么! 干事、担当、简单,铸就你我的＊＊梦!

我的演讲完毕,谢谢大家!

3. 案例分析

演讲比赛的话题由三个联系并不紧密的关键词组成,写作前首先需要确定主题。与其三个都讲,试图面面俱到却难以做到,不如集中笔墨"击破"其中一个。此篇演讲稿紧扣话题之一——担当,无论讲述还是议论或抒情,都紧紧围绕"担当"展开,并且由此自然引出带有鲜明时代感的"＊＊梦",成为演讲稿的"落脚点"。

此文的结构层次如下:

$$[(讲述_1＋议论_1)＋(讲述_2＋议论_2)]＋[议论_3＋议论_4＋议论_5]$$

整体上看,此文先分后总,总分结合,分的部分前后对称,总的部分层层递进,层次分明,结构完整。

在事例上,选取最典型、最具代表性的例子,从爱心午餐和社区银行两个不同的方面体现担当作为,以小见大,"小题大作";此外,人物语言也在讲述之中,增强了故事的现场感与真实性。

文末的三段议论,先阐释梦想,后摆出成绩,再号召观众,步步推进,不断升华主题,最后把情感推向最高点。

在语言表达上,此稿逻辑清晰,表达简练,追求语言美,巧用顶真、化用,增强了表现力与感召力。

从比赛过程和结果看,演讲收到了良好的效果,取得了较好的成绩,这与演讲稿采用"实虚结合"的写作模式有关,还与遵循主旨、结构、事例、语言等方面的一般要求密不可分。

不过,"文章有一定的理,没有一定的法",以上仅介绍并分析了演讲稿写作的一种模式,但并不能应对所有的场景。由于演讲涉及面很广,演讲稿写作的实际需求也会复杂多样,因此演讲者还须根据实际情况选择或调整写作模式,使之符合演讲要求。

## 四、即兴演讲

### (一) 概念

即兴演讲是指在特定情境下为满足表达意愿或场景需要自发或被要求即刻进行的演讲,它是一种不凭借讲稿来表达意思、传递情感的口语交际活动。即兴演讲是一种交际能力,有助于精神愉悦、人际和谐和事业成功。

虽然即兴演讲事先没有讲稿,但它不是毫无准备的,演讲前一般都会有短暂的时间供演讲者构思、打腹稿,或者演讲者事先知道将当众讲话,因此也会有所准备。尽管即兴演讲带有临时性,需要临场发挥,但是应该看到,这种自然、得体的当众讲话更多的是演讲者生活状态和过去积累的体现。

### （二）特点

即兴演讲具备演讲的一般特点，此外它还有自身的一些特点：

第一，动因的触发性。演讲者遇到某种情境，触发了表达的愿望，不吐不快，需要当即面向公众演说。

第二，反应的敏捷性。由于准备时间短，演讲者须随机应变，迅速反应，快速整理思路、组织语言，甚至是一边思考一边讲演。

第三，讲话的简明性。由于即兴演讲事先缺少充足的准备，要想做到内容集中、条理清晰，篇幅短小的演讲比较适宜，反映在语言表达上要求简洁明了。

第四，使用的广泛性。随着社会的发展，人们交往的频繁以及演讲水平的提高，即兴演讲广泛运用于日常生活、工作和学习，使用范围扩大，使用频率随之提高。

### （三）类别

即兴演讲广泛地使用于众多不同的场合，根据其类型，可简单地分为"生活场景式"和"命题式"两种。比较而言，"生活场景式"演讲较为常见，宴会祝酒、婚丧嫁娶、欢迎、欢送、答谢、竞选等均属此类，这类演讲选题比较自由、广泛，演讲者的主动权较大，不过须从现场气氛、听众情况、事情的本质、自己的身份等方面把握。"命题式"演讲要求演讲者围绕确定好的题目或主题进行演讲，类似于口头作文，这类演讲常见于演讲比赛，演讲者的主动权相对较小。

### （四）生活场景式演讲的技巧

生活场景式的即兴演讲有许多好方法，下面介绍一些实用的技巧：

首先，演讲者向观众问好或者根据实际情况表示歉意等。这些看似客套的话是谦逊有礼的体现，能够拉近与听众之间的距离，产生亲近感。

其次，结合具体场景捕捉"兴奋点"，显出机智，激发听众倾听的兴致，活跃气氛，并引出话题。比如，某老师勉励学生刻苦学习，有下面一段话：

金秋十月，丹桂飘香，秋高气爽，岁月静好。此时没有夏日的炎热，也没有冬日的严寒，正是大伙儿读书的好时候啊！

这里联系季节来谈，怡人的天气是每个人都能感受到的，说话人很自然地引出"读书"这个话题。

其次，谈谈感想或体会。谈感想、体会时，议论或抒情应吐露真情实感，切忌浮在表面，甚至口是心非。除了议论和抒情外，还可以有讲述，或者变议论、抒情为讲述，讲述的故事可以是演讲者亲身经历的，也可以是间接听到或看到的。讲故事的方式能让演讲者有话可说，有利于流畅表达，讲话篇幅也由短变长，好的讲述还能打动或启发观众，收到良好的演说效果。

再次，总结要点、特点和闪光点，选取这"三点"中的某一点或几点，每一点下分出几个小点,小点生发成语段,然后连缀成篇,这种方法适合用于总结性概括。例如辩论赛结束了,评委老师上台即兴点评,可以总结本次比赛的要点和特点,并就选手的表现情况指出闪光点,每个"点"再分出一二三,条分缕析。特点、要点、闪光点相当于讲话的关键词,有了关键词,演讲就有了眉目,能够有的放矢,进而流畅而有重点地讲下去。

最后,演讲者表达希望、祝愿或者感谢等,提出更高的期待,传递美好情感,鼓舞人心,使结尾步入高潮。

## 思考与练习

1. 为什么说"好文章是改出来的"? 请结合演讲稿写作与修改的实践来谈。

2. 为什么说即兴演讲不是毫无准备的演讲? 它与专题演讲有哪些区别?

3. 请从构思、主题、写作方法、用例的典型性等方面赏析如下两篇演讲稿。

### (1) 人格是最高的学位

*白岩松*

很多年前,有一位学大提琴的年轻人去向20世纪最伟大的大提琴家卡萨尔斯讨教:我怎样才能成为一名优秀的大提琴家? 卡萨尔斯面对雄心勃勃的年轻人,意味深长地回答:先成为优秀而大写的人,然后成为一名优秀而大写的音乐人,再然后就会成为一名优秀的大提琴家。

听到这个故事的时候,我还年少,对老人回答中所透露出的含义理解不多。然而,在以后的工作生涯中,随着采访接触的人越来越多,这个回答在我脑海中便越印越深。

在采访北大教授季羡林的时候,我听到一个关于他的真实故事。有一年秋天,北大新学期开学,一个外地来的学子背着大包小包走进了校园,实在太累了,就把包放在路边。这时正好一位老人走来,年轻学子就拜托老人替自己看一下包,自己则轻装去办理手续。老人爽快地答应了。近一个小时过去,学子归来,老人还在尽职尽责地看守着。学子谢过老人,两人分别。几天后北大举行开学典礼,这位年轻的学子惊讶地发现,主席台上就座的北大副校长季羡林,正是那一天替自己看行李的老人。

我不知道这位学子当时是一种怎样的心情,但在我听过这个故事之后却强烈地感觉到:人格才是最高的学位。后来,我又在医院采访了世纪老人冰心。我问她:您现在最关心的是什么? 老人的回答简单而感人:是老年病人的状况。

当时的冰心已接近自己人生的终点,而这位在五四运动中走上文学创作之路的老人,对芸芸众生的关爱之情历经近80年的岁月而依然未老。这又该是怎样的一种传统!

冰心的身躯并不强壮,然而她这一生却用自己当笔,拿岁月当稿纸,写下了一篇关于爱是一种力量的文章,在离去之后给我们留下了一个伟大的背影。

然而，当你有机会和经过五四或受过五四影响的老人接触，你就知道，历史和传统其实一直离我们很近。这些世纪老人身上所独具的人格魅力是不是也该作为一种传统被我们延续下去呢？

不久前，我在北大又听到一个有关季先生的清新而感人的新故事。一批刚刚走进校园的年轻人，相约去看季羡林先生，走到门口，却开始犹豫，他们怕冒失地打扰了先生，最后决定，每人用竹子在季老家门口的土地上留下问候的话语，然后才满意地离去。

这该是怎样美丽的一幅画面！在季老家不远，是北大的博雅塔在未名湖中留下的投影，而在季老家门口的问候语中，是不是也有先生的人格魅力在学子心中留下的投影呢？

听多了这样的故事，便常常觉得自己像只气球，仿佛飞得很高，仔细一看却是被浮云托着；外表看上去也还饱满，但肚子里却是空空。这样想着就有些担心：这样怎么能走更长的路呢？于是，"渴望年老"四个字，对于我就不再是幻想中的白发苍苍或身份证上改成60岁，而是如何在自己还年轻的时候，能吸取优秀老人身上所具有的种种优秀品质。

于是，我也更加知道了卡萨尔斯回答中所具有的深意。怎样才能成为一个优秀的主持人呢？心中有个声音在回答：先成为一个优秀的人，然后成为一个优秀的新闻人，再然后就会成为一名优秀的节目主持人。（原文系白岩松参加全国新闻界"做文与做人"演讲比赛时所做的演讲）

（选自史钟锋、张传洲主编《演讲与口才实训》，有删改）

## （2）所有的日子都来吧

邹　彤

朋友们：

小时候，常常盼望着长大，盼望着所有的日子都快快来临。那样，我们就可以做我们想做的任何事情了！我们可以在五线谱跃动的音符中如痴如醉；可以在画布上纵横驰骋，施展我们丰富的想象；可以在欢快的溜冰圆舞曲中纵情欢愉，可以在字里行间抒发我们对生活的爱；可以在严谨的学问中展示我们高超的技巧……那时候，生命对于我们，是一首未谱曲的歌，可以谱出或纯粹清朗，或高亢激昂，或深沉婉转的华美乐章。

可是，当所有的日子一天天走近我，所有的忧思也不请自来；定睛回眸，生命充满了太多的遗憾，太多太多的梦想还来不及实现；顾影自怜，眼角却已悄悄爬出鱼尾印痕……啊，难道青春就这样匆匆离我而去？

是呀，岁月能带走许多，能带走我们年轻的容颜和充沛的体力。但是，岁月带不走一切，它带不走我们所有的梦想，它带不走我们实现梦想的青春之心！

一位美国老人在他70岁时写下了一段关于青春的文章。他说，青春并不只属于青年，青春属于每一个人，青春属于每个人的任何时期。只要你对人生永远怀有梦想，只要你对自然、宇宙、社会永远怀有好奇心——那么，不管你是白发苍苍，抑或体弱多病；不管你是身陷囹圄，抑或重担累累……谁都无法剥夺你的青春之心，谁都无法遏制你生命中焕发出夺目的光彩。

这位老人关于青春的独到见解成为许多成功的企业家的座右铭，它鼓舞着他们不断开拓进取，取得一个又一个成功。齐白石老人也正是这段话的写照。对绘画的热爱促使他在古稀之年握起画笔，他的生命、他的青春难道不是在惟妙惟肖、呼之欲出的画虾中得到了永远的延续和再现吗？

也许你未必有如齐白石老人的天才和机遇，但是倘若你蹉跎岁月、枉自嗟叹，那么你就无缘证明你有某方面的才华，也无法使你生命焕发出内在的活力与光彩了。

啊！青春之心，是多么美妙的一件东西，它可以使人在任何时候，即使是垂暮之年，也永葆青春的活力。大家看过美国电视连续剧《成长的烦恼》吧？成长带给我们烦恼，也带给我们经验，更带给我们快乐。正是宝贵的青春之心促使剧中退休的老外公卖掉花园洋房，却买了一辆豪华的 1987 住房式旅游车，去实现他一生梦寐以求的周游世界的美梦。

青春之心，这是怎样瑰丽的一件人间珍品！只要你去努力，它自会来到你心中，谁也恩赐不来，谁也剥夺不走。它可以使人的生命焕发出内在的活力与光彩。

我的一位好朋友曾经对生活非常悲观失望，她自暴自弃，以至于她的身体到了崩溃的地步。直到即将告别人世，她才发觉生活的可贵，才发现生活是这样美好，她还有太多的梦想没有实现……就是凭借这被唤醒的青春之心和她青春的生命力，她才从死神的手里奇迹般地逃了出来。康复之后她跟我谈道："我是学习心理的，可是直到生病之后，我才真正意识到：人通过暗示等方法是可以进行人格的自我塑造的，无论起步多么艰难，面临怎样的困境。"这才是健康、开放、富有创造力的人格，这种人格才具有吐故纳新、海纳百川的能力，因此才会有世上许多可歌可泣、可钦可敬的壮举和成就。

现在，她是北京一所著名高等学府的心理学专业研究生，她对她的专业、她的生命非常热爱，她曾到我们大家熟知的希望热线等处义务咨询服务，她正以她的学识、她的经历，以她对生命的热爱唤起许多人内在的青春之心。

朋友，我相信你也一定拥有青春之心吧？发掘出你内在的青春之心，实现你的梦想吧！总有一天，会实现你的某一个梦想。这样，当所有的日子都来临时，你的梦想、你的快乐将随之而来——

所有的日子，

所有的日子都来吧。

让我用青春的金线和幸福的缨络，

编织你们……

（选自邵天声编著《比赛夺冠——实用比赛演讲辞》，有删改）

4. 以下话题四选一，写作一篇1 000字左右的演讲稿，要求主题鲜明，事例恰当，不能抄袭，反复练习后脱稿登台演讲。

（1）感恩

（2）爱的艺术

（3）关于金钱的思考

（4）奋斗是青春最亮丽的底色

5. 请从以下四个话题中选择一个做三分钟的即兴登台演讲，要求表达清晰、流畅，符合情境或主题，体态语使用规范，具有表现力。

（1）六月毕业季，作为在校生，为即将毕业离校的学长学姐即兴演讲。

（2）在新生见面会上，作为带班学长学姐，对在座的学弟学妹即兴演讲。

（3）演讲，我想对你说……

（4）我和我的祖国。

6. 古往今来经典的演讲有很多，例如孙中山《在岭南大学黄花岗纪念会的演说》（1924年）、毛泽东《中国人民站起来了》（1949年）、［美］林肯《在葛底斯堡国家烈士公墓落成典礼上的演说》（1863年）、［美］马丁·路德·金《我有一个梦想》（1963年），请找来自学。

## 第五节　讲故事训练

讲故事、听故事历来受到家长和孩子、老师和学生的重视与喜爱，这是由讲故事、听故事的意义和作用所决定的，对此，我国著名儿童教育家、讲故事专家孙敬修有如下说明：

人人都爱听故事，特别是少年儿童，听故事几乎到了入迷的地步。我们常见到这样的动人场面：刚刚哑哑学语的孩子恳求妈妈讲故事："妈妈讲个故事吧！"妈妈们翻翻眼睛，用手抚摸着孩子的小脸，动情地讲起来："从前哪……"许多小学、幼儿园的老师、辅导员，爱给自己的学生讲故事，许多家长也爱给自己的孩子讲故事，就连不少儿童少年自己也会绘声绘色地讲故事。可是，为什么要讲故事呢？故事究竟有些什么作用呢？

我们讲故事，可不光是为了哄孩子，它有着更重要的意义和作用。它是对儿童进行教育的一个行之有效的好方法。这不只是由故事本身所决定的，而且也是由儿童所具备的特点所决定的。

比较故事讲述与演讲，二者都有"演"的成分，不过，讲故事重在故事讲述本身，寓教于乐。本节介绍讲故事的作用以及故事讲述前的准备，着重阐述讲故事的核心技巧及其他技巧，重点是学会讲故事。

## 一、为什么要讲故事

讲故事简便易行，不论在学校教育还是家庭教育中，儿童都喜闻乐见。讲故事是寓教于乐的良好形式，孩子在倾听故事的过程中获得快乐、感动等生活体验，在潜移默化中受到教育和启发。讲故事能让老师与学生、家长与孩子有共同的爱和恨，这种交流形式能够拉近相互之间的距离，有助于培养融洽的师生关系和亲子关系。此外，讲故事还能开发孩子的语言表达能力和思维能力，同时也能锻炼和提高讲述者自身的语言能力和思维能力。

综合来看，讲故事在教育教学中有着特殊且重要的作用，它已为越来越多的人所关注与运用，相关的产品也逐渐增多，呈现出较强的艺术化特征。可以说，会讲故事是未来从事基础教育的师范生必备的一项能力。

## 二、讲故事前的准备

讲故事前的准备直接影响故事讲述的好坏与成败，因此，讲述前的准备必不可少。

### （一）选择故事

好的故事能启发儿童思考，发展思维，扩充知识面，让孩子的精神世界得到愉悦与陶冶。选好故事是讲好故事的第一步。可是，故事不计其数，类型风格丰富多样，有的适合儿童，有的却不适合，这就要求讲述者根据实际需要从众多的故事中仔细筛选。受到儿童欢迎的故事往往浅显易懂、生动有趣，具有较强的故事性与童趣性，带有文学性和审美性，新颖度比较高，有的还适合表演，比如《孙悟空三打白骨精》《大林和小林》《满园青菜成了精》《是谁嗯嗯在我的头上》《我想吃一个小孩》《苏和的白马》。

总的来讲，选择故事应坚持思想性、知识性、趣味性和通俗性相统一的原则，根据场合的不同，考虑不同年龄儿童的知识水平、接受能力、性别差异和兴趣爱好等，选取的故事应注意题材广泛、内容丰富，并且以正面教育为主、反面教育为辅。

### （二）删改故事

选好故事后，有时还不能直接照搬，须对故事做一些增删、改动，也就是对原材料做必要的再创作。常见的删改有如下一些：删去某些无关紧要的细节；改长句为短句；改书面语为艺术化的口语；增加故事开头语和结束语。

删改的目的是为了符合故事讲述的要求，使故事更加适合讲述，易于儿童接受，为此，删改故事应根据实际情况灵活处理，做到内容、用词合理规范，语言浅显易懂，讲述起来栩栩如生。

### （三）熟记故事并试讲

在筛选、删改故事之后，还需要熟记故事，以利于连贯通畅、富有表现力地讲述。

记忆时抓住故事情节,记清事情的线索,如原因、经过、结果,此外还有时间、地点、人物等重要信息。

为了提高讲述的质量和水平,在正式讲述前多次试讲显得尤为必要。试讲时即带有对象感,增强与儿童交流、为孩子服务的意识。实际上,试讲的过程就是不断练习进而提高的过程。注意,试讲故事不是背故事,而是以"讲"为主,适当表演,积极投入、适度夸张,做到形象生动、富有童趣。

## 三、讲故事的技巧

下面以《两只笨狗熊》为例,介绍讲故事的技巧。(▷扫描章首二维码获取《两只笨狗熊》音视频资料。)

### 两只笨狗熊

(小朋友们,你们看过什么动画片呢? ……有小朋友说到《熊出没》,里面谁让你印象深刻呢? ……哦,光头强、熊大、熊二……今天啊,老师就给大家讲讲两只笨狗熊的故事。)

狗熊妈妈有两个孩子,一个叫大黑,一个叫小黑,它们长得挺胖,可是都很笨,是两只笨狗熊。

有一天,天气真好,哥儿俩手拉手一起出去玩儿。它们走着,走着,忽然看见路边有一块肉,捡起来闻闻,嘿,喷喷香。可是只有一块肉,两只小狗熊怎么吃呢? 大黑怕小黑多吃一点儿,小黑也怕大黑多吃一点儿,这可不好办呀!

大黑说:"咱们分了吃,可要分得公平,我的不能比你的小。"小黑说:"对,要分得公平,你的不能比我的大。"

哥儿俩正闹着呢,狐狸大婶来了,它看见肉,眼珠骨碌碌一转,说:"噢,你们是怕分得不公平吧,让大婶来帮你们分。"哥儿俩说:"好,好,咱们让狐狸大婶来分吧。"

狐狸大婶接过肉,恨不得一口吞下去,可是它没有这样做,它一下子把肉分成两块,哥儿俩一看,连忙叫起来:"不行! 不行! 一块大,一块小。"

狐狸大婶说:"你们别着急,瞧,这一块大一点儿吧,我咬它一口不就小了嘛!"狐狸大婶张开大嘴巴"啊呜"咬了一口,哥儿俩一看,又叫起来了:"不行,不行,这块大的被你咬了一口,又变成小的了。"

狐狸大婶说:"你们急什么呀,那块大了,我再咬它一口。"狐狸大婶张开大嘴巴又"啊呜"咬了一口,哥儿俩一看,急得叫起来:"那块大的被你咬了一口,又变成小的了。"狐狸大婶就这样这块咬一口,那块咬一口,肉只剩下小手指头那么一点儿了。它把一丁点儿大的肉分给大黑和小黑,说:"现在两块肉都一样大小了,吃吧,吃吧,吃得饱饱的。"

大黑和小黑你看看我,我看看你,一句话也说不出来。

(小朋友们,你们说这是不是两只笨狗熊啊?)

《两只笨狗熊》堪称经典,故事短小精悍,情节生动有趣,人物性格特征对比显著,矛盾冲突比较激烈,特别适合用来学习讲故事的核心技巧及其他一般性技巧,并且很适合讲给年龄较小的孩子听。

**(一) 核心技巧**

讲故事的核心技巧可以概括为"两个区分":一是通过音色、语气、语速、音量、节奏等的变化使不同人物角色的语言得以区分,二是区分叙述语言和故事人物语言。区分不同人物语言,其实质是对比,即通过对比使不同的人物形象栩栩如生。为此,表现故事人物时应有相应的角色感,做到"声如其人"。而叙述语言和人物语言的区分在凸显人物形象的同时,还使讲故事的语言在整体上富于变化,吸引观众。不过比较起来,前一个区分是重中之重,做到了前一个区分,后一个区分也就迎刃而解了。

1. 区分不同人物角色的语言

在《两只笨狗熊》里,大黑、小黑与狐狸大婶的性格特征完全不同,相应的音色、语气等也会有明显的区别,下表从性格特征、音色和语气三个方面做了简要概括。

| 对比项<br>人物角色 | 性格特征 | 音色 | 语气 |
|---|---|---|---|
| 大黑、小黑 | 蠢笨 | 粗厚 | 实、明 |
| 狐狸大婶 | 狡诈 | 尖细 | 虚、暗 |

大黑、小黑蠢笨,狐狸大婶狡诈,它们不同的性格特征能够通过音色、语气等的不同得以体现。发出粗厚的音色,须唇形撮圆,舌位靠后;尖细的音色与之相反,唇形扁平,舌位靠前。大黑、小黑和狐狸大婶的语气有实虚、明暗之分,"实"与"明"的语气体现在直呼叫喊,和盘托出;"虚"与"暗"的语气表现在阴阳怪气,口是心非。

音色变化是讲故事训练的重要内容,不过,和语气比较,语气更为重要,这是因为音色解决的是像不像的问题,即"形似"与否,如大黑、小黑粗厚的音色像不像笨狗熊;而反映情感与态度的语气决定了是不是的问题,即"神似"与否,如狐狸大婶是不是狡诈。

表现个性化的人物语言,需要仔细揣摩人物角色的心理,抓住其性格特征。

下面是对大黑和小黑语言的分析,充分反映了它们的蠢笨:

(1) 大黑说:"咱们分了吃,可要分得公平,我的不能比你的小。"小黑说:"对,要分得公平,你的不能比我的大。"

(2) 哥儿俩说:"好,好,咱们让狐狸大婶来分吧。"

(3) 哥儿俩一看,连忙叫起来:"不行! 不行! 一块大,一块小。"

(4) 哥儿俩一看,急得叫起来:"那块大的被你咬了一口,又变成小的了。"

例(1)哥儿俩不懂谦让,相互争吵,音量提高,近乎喊叫,显出幼稚、愚笨,为使大黑、小黑有所区别,小黑的语言可更加夸张。例(2)表现大黑和小黑迫不及待地想要狐狸大婶分肉,说话时音量增大,语速加快,粗声粗气,辅以拍手,在不假思索、兴高采烈中体现其蠢笨。例(3)哥儿俩的语气似乎理直气壮,也是其愚蠢的体现。例(4)哥儿俩眼见肉块越来越小,焦急不安溢于言表,表达时类似哭喊,并哭丧着脸。从例(1)—例(4)可以看出大黑、小黑的心理活动有明显的发展变化。

再看狐狸大婶的语言,阴险狡诈体现得淋漓尽致:

(5)噢,你们是怕分得不公平吧,让大婶来帮你们分。

(6)你们别着急,瞧,这一块大一点儿吧,我咬它一口不就小了嘛!

(7)你们急什么呀,那块大了,我再咬它一口。

(8)它把一丁点儿大的肉分给大黑和小黑,说:"现在两块肉都一样大小了,吃吧,吃吧,吃得饱饱的。"

例(5)是狐狸大婶刚打定主意时所说的话,语气柔和,虚情假意。例(6)是在狐狸大婶还没有吃到肉之前,摆出一副好心好意的样子,并用轻柔的语气来安抚大黑和小黑。例(7)是在狐狸大婶吃到肉以后所说的话,此时它对大黑、小黑的态度已发生变化,语气中含有责备,显出不耐烦。例(8)狐狸大婶把吃剩下的一丁点儿大的肉分给大黑和小黑,还要它们"吃得饱饱的",这是狐狸大婶得到满足后对大黑小黑的愚弄,说话时音量较低,语速放慢,阴阳怪气,充分体现其阴险和狡诈;为使角色表现得更为逼真、形象,说完后还可做打饱嗝儿状。至此,狐狸大婶心理活动的发展脉络已清晰地呈现出来,其性格特征也就十分显豁了。

2. 区分叙述语言和故事人物语言

总体而言,叙述语言讲求平实化,故事人物语言追求个性化。注意,平实化的语言并不等于平淡化,讲述时仍应使用语言技巧。例如:

(1)狗熊妈妈有两个孩子,一个叫大黑,一个叫小黑,它们长得挺胖,可是都很笨,是两只笨狗熊。

(2)大黑和小黑你看看我,我看看你,一句话也说不出来。

上面两例虽是故事开篇和结尾的叙述语言,但讲述起来应绘声绘色,饶有兴致,并伴以体态语,显得平实但不平淡。

比较而言,讲述个性化的人物语言与平实化的叙述语言,前者的难度较大,是故事讲述的难点;人物语言是人物形象特征的集中反映,它往往是故事讲述的重要内容,也就是讲述的重点。由此看来,抓住了人物语言也就在很大程度上抓住了故事讲述的难点和重点,这样能否讲好人物语言就成了决定故事讲述成功与否的关键。

**(二)其他技巧**

1. 设计相应的体态语

体态语是有声语言的辅助,在表达中起着不可替代的重要作用。讲故事以有声语言为主,辅以体态语。例如:

（1）它们走着，走着，忽然看见路边有一块肉，捡起来闻闻，嘿，喷喷香。

（2）哥儿俩正闹着呢，狐狸大婶来了，它看见肉，眼珠骨碌碌一转。

前例一边讲述一边双手捧起做闻物状，显出惊喜的表情；后例"眼珠骨碌碌一转"也有体态语，此处眼珠一转，目光由远及近，顿时计上心头，具有很强的表现力。

故事讲述带有"演"的成分，也就是具有表演性，但是"演"只是次要的，"讲"才是主要的，不可喧宾夺主。

2. 夸张地讲述叹词和拟声词

叹词和拟声词在故事中出现的频率并不高，但作用却不可小视。例如：

（1）（狐狸大婶）说："噢……"

（2）狐狸大婶张开大嘴巴"啊呜"咬了一口。

讲到叹词和拟声词时应显夸张，前例叹词"噢"，句调曲折，音色尖细，语气既虚又暗，此词一出，狐狸大婶狡诈的形象立刻鲜活起来，十分传神；后例"啊呜"为拟声词，模拟狐狸大婶使劲儿大口咬肉的声响，显得很逼真、生动。

正是因为叹词和拟声词在故事讲述中具有独特的作用，一些原本没有叹词或拟声词的文本，在删改故事时还应酌情增加。

3. 适当配乐、配图

故事讲述主要使用有声语言，适当运用体态语，除此之外，还可借助音乐、图片等营造氛围，渲染气氛。比如讲述《两只笨狗熊》，配以轻快、有趣的背景音乐，展示与故事相关的图片，用以增强讲述的视听效果。

## 四、案例解析

在众多典范的故事中，《猴吃西瓜》广为流传，故事情节曲折有趣，人物角色个性鲜明，文本短而精粹，讽刺鲜明，具有教育意义，适合讲给年龄较大的儿童听。（▷扫描章首二维码获取《猴吃西瓜》的音视频。）

### 猴吃西瓜

猴王找到了一个大西瓜，可是怎么吃呢？

这个猴王是从来也没有吃过西瓜的。忽然，它想出了一条妙计，召集所有的猴儿，对大家说："今天我找到了一个大西瓜，这个西瓜的吃法嘛，我当然是全知道的。不过，我要考验一下大伙儿的智慧，看看谁能说出这个西瓜的吃法。如果说对了，我可以多赏它一份儿；如果说错了，我可要惩罚它！"

小毛猴一听，眨巴眨巴眼睛，挠了挠腮说："我知道，吃西瓜是吃瓤儿！"猴王刚想同意。"不对！小毛猴说得不对！"一只短尾巴猴跳了起来，"我清清楚楚地记得，小的时候跟我妈去姥姥家，吃过甜瓜。吃甜瓜就是吃皮，我想，这甜瓜是瓜，西瓜也是瓜，吃西瓜嘛，当然是吃皮啦！"大家一听，有道理，可到底谁对呢，于是都不由得把目光集中到一只老猴的身上。

老猴一看,觉得出头露面的机会来了,就清了清嗓子说:"嗯呵!吃西瓜嘛,当然……是吃皮啦,我从小就吃西瓜,而且一直吃皮。我想,我之所以老而不死,就是因为吃了西瓜皮!"

有些猴儿早等不及了,一听老猴也这么说,就跟着嚷起来:"对,吃西瓜吃皮!""吃西瓜吃皮!"猴王一看,认为已经找到了正确答案,它上前一步,说:"对!大伙儿说得对,吃西瓜是吃皮。哼!就小毛猴崽子说吃西瓜是吃瓤儿,那就让它一个人去吃吧!我们大伙儿,都吃西瓜皮!"

于是西瓜一刀两瓣儿,小毛猴吃瓤儿,大家伙儿共分西瓜皮。有个猴儿吃了两口,就捅了捅旁边的说:"我说这可不是个滋味啊!""咳——老弟,我常吃西瓜,西瓜嘛,就这味儿……"

### (一)讲述的重点和难点

故事《猴吃西瓜》有多个角色,因身份、地位、年龄等不同,各角色的性格特征呈现差异,揣摩不同人物的心理,并且恰当地表现个性差异,是讲好这个故事的重点,同时也是难点。

分析文本可知,猴王不懂装懂,却极力维护个人权威,显得十分神气;小毛猴和短尾巴猴幼稚可爱,在西瓜的吃法上,前者猜对了,后者坚持自己的看法,可惜类比错了;老猴倚老卖老,满口错话、假话,令人生厌;其他的猴儿盲从跟风,毫无辨别能力,其中有只自认为是"老哥"的猴儿还有样学样,也是不懂装作很懂,说出的都是假话、错话。这些不同角色的性格特征及心理活动都需要略带夸张地表现出来。

### (二)讲述技巧

在仔细分析各个角色后,还要综合运用多种技巧反复练习,不断揣摩和提高。以下从四个方面来谈:

1. 做好"两个区分"

在"两个区分"中,首先须利用语气、音色、音量、语速、节奏等的变化来区分不同的猴儿。不同猴儿的语言得以恰当区分,会使其形象活灵活现。例如,猴王"打官腔",自命不凡,故意提高嗓门,讲究停连、重音,并使用命令式的口吻,语言的节奏感强,摆出一副不可一世的样子;小毛猴声音尖细,说话时争先恐后,语速较快,显得稚嫩;老猴的音色厚重,略显苍老,说出"当然"后稍做停顿,用以思考,后面"吃皮"的"皮"和"老而不死"的"死"都使用重音,显得可笑、可恨。

做到区分不同猴儿的语言,使其个性化,这是讲好该故事的关键,此外还应注意叙述语言的平实化,以与人物语言相区别。

2. 用好体态语

尽管体态语只是用来辅助有声语言,但有无体态语或者体态语使用的好坏,会在很大程度上影响讲述的效果。讲述《猴吃西瓜》,多处需要设计并使用体态语,用以惟妙惟肖地表现人物形象,例如:

（1）（猴王）对大家说："今天我找到了一个大西瓜，这个西瓜的吃法嘛，我当然是全知道的。不过，我要考验一下大伙儿的智慧，看看谁能说出这个西瓜的吃法。如果说对了，我可以多赏它一份儿；如果说错了，我可要惩罚它！"

（2）小毛猴一听，眨巴眨巴眼睛，挠了挠腮说……

（3）有个猴儿吃了两口，就捅了捅旁边的说："我说这可不是个滋味啊！"

例（1）在猴王说自己"当然是全知道的"时，右手往上一挥，做出不屑一顾的样子；到了说出"如果说错了"时，猴王的眼神不由自主地由外往内，以反映其心虚，但紧接着威胁要惩罚人时，眼神立刻又直视其他猴儿，边说边用食指指着众猴，以表现其威风。例（2）小毛猴眨眼、挠腮的动作，猴儿的天性表现得逼真、传神。例（3）有个猴儿用手肘捅了捅一旁的猴儿，然后手放嘴边，边说边东张西望，生怕猴王听见了，表现其说真话时的胆怯。

3. 讲好叹词和拟声词

故事中"哼、咳、嗯呵"等词语需要好好利用，也就是略显夸张地讲述，使其带有表演性，增强表现力。

4. 配好音乐

根据故事情节，《猴吃西瓜》适合配以活泼有趣、节奏感鲜明的背景音乐，在讲述时起到烘托、渲染的作用，从而辅助增强语言的表达效果。

## 思考与练习

1. 为什么说讲故事是一门艺术？

2. 以《两只笨狗熊》为例，谈谈体态语在故事讲述中的作用。

3. 根据《两只笨狗熊》和《猴吃西瓜》的文本解析，运用讲述技巧，反复练习后，脱稿登台讲述并表演这两个故事。

4. 熟悉下列六个故事，脱稿登台讲述，要求做到"两个区分"，设计并使用体态语。（▶扫描章首二维码获取相关资源。）

### （1）没有牙齿的大老虎

冰　子

在大森林里，谁都知道老虎的牙齿厉害。

小猴伸着舌头说："比柱子还粗的树，大老虎只要用尖牙一啃就断，真怕人哪！"

"大老虎嚼起铁杆来，跟吃面条一样……"小兔说着，害怕得缩起了脑袋。可小狐狸却说："你们怕大老虎的牙齿，我就不怕！我还要把它的牙齿全部拔掉呢！"

哈哈哈，哈哈哈，谁相信小狐狸的话呢！"吹牛！吹牛！""没羞！没羞！"小猴和小兔一个劲儿地笑小狐狸。

嗬！小狐狸真的去找大老虎了，它带了一大包礼物，"啊！尊敬的大王，我给您带来了世界上最好吃的东西——糖。"糖是什么？大老虎从来没尝过，它吃了一粒奶油糖,啊哈,好吃极了! 小狐狸以后就常常给大老虎送糖来。大老虎吃了一粒又一粒,连睡觉的时候,嘴里还含着糖呢。

这时,大老虎的好朋友狮子忙来劝它:"哎哟哟,糖吃得太多,又不刷牙,牙齿会蛀掉的。狐狸最狡猾,你可别上它的当呀。""嗯。"大老虎答应着正要刷牙,小狐狸来了:"啊,您把牙齿上的糖全刷掉了,多可惜啊!""可听狮子说,糖吃多了会坏牙的。""别人的牙怕糖,您大老虎的牙那么厉害,大树都能咬断,还会怕糖?""啊? 啊! 小狐狸说得对,我要天天吃糖,我的牙不怕糖。"

从此大老虎不刷牙了,小狐狸天天给大老虎送糖吃。大老虎牙疼起来了,它的牙齿一点儿、一点儿被虫蛀掉了,又过了一段时间,大老虎疼得哇哇直叫。它去找马大夫,"快,快把我的牙拔掉吧。"呀! 马大夫怎么敢拔大老虎嘴里的牙呀! 它吓得连门也不敢开。大老虎又去找牛大夫,牛大夫赶忙逃走:"我……我……不拔你的牙……"唉! 大老虎的脸肿起来了:"哎哟,哎哟,痛死啦! 谁把我的牙拔掉,我让它做大王!"

这时候,小狐狸穿着白衣大褂来了,笑眯眯地说:"我来给您拔牙吧!""谢谢! 谢谢!"大老虎捂着嘴说。小狐狸一看大老虎的嘴就连忙叫起来:"哎哟哟,您的牙全得拔掉!""啊?!"大老虎歪着嘴,一边哼哼,一边说:"唉,只要不痛,拔就拔吧……""哎哟,哎哟……"

小狐狸拔呀拔,拔了一颗又一颗……终于全拔光了。哈哈,哈哈……这只没有了牙齿的大老虎成了瘪嘴老虎啦,它还用漏风的声音对狐狸说:"还是你最好,既送我糖吃,又替我拔牙,谢谢,谢谢!"

### (2) 掉进酒桶里的老鼠

农夫买了一桶葡萄酒,放在了地窖里,有一天,他想喝酒了,就让小儿子去舀酒,可这个孩子呀,是个粗心的孩子,舀完了酒,却忘了把酒桶的盖子盖上,酒的香气就慢慢地飘了出来,飘呀飘呀,地窖里到处都能闻到。

有只老鼠闻到了香味,"吱吱",于是偷偷地爬上桶子,准备好好地喝上一口,可是,它刚爬上酒桶,脚下一滑"扑通"掉到桶里去了,桶里头呀,满满的全是酒,老鼠四只爪子乱扑腾,怎么也爬不出来,只好一边喊救命,一边拼命游啊游啊,等着有谁来救它。这时,有只小花猫爬上了酒桶,趴在桶沿上往下看,老鼠说:"猫先生,救救我,救救我!"小花猫说:"嗯嗯,老鼠呀老鼠,如果我救了你,你愿意让我吃掉吗?"老鼠犯愁了,它想了又想:"不管怎样,先让它救了我再说。"于是老鼠就痛快地答应了:"好啊,只要你把我救上来,想怎样就怎样,就算被你吃掉,也比在酒桶里淹死好啊!"

小花猫听了很高兴,一伸爪子就把老鼠拉上来了,它张开嘴巴正要吃,老鼠急忙说:"啊,啊,慢着,慢着!""干吗,你不会想赖账吧?""当然不是啦,我是想现在我浑身都是酒,你吃了肯定会醉的,不如先把我身上烤干了,到时候再吃也不迟啊!"小花猫听了,觉得很有道理,就把老鼠叼到火炉旁烤一烤,它用两只爪子摁住老鼠,免得它溜走了。火暖烘烘的,慢慢地小花猫就打起瞌睡来了,又过了一会儿,小花猫头一点,就睡着了,还打起了呼噜,爪子也就慢慢地松开了。老鼠一看,就悄悄地爬了出来,"吱溜"一下就钻到洞里去了。小花猫马上惊醒,追到洞口:"咦,你,你不是已经答应让我吃了吗!""呵,呵,呵,你这只蠢猫,我那是在酒桶里喝多了酒说的醉话,那怎么能算数呢?!哈哈!"

## (3) 小马过河

彭文席

在一座小山旁边,住着一匹老马和一匹小马。小马整天跟着妈妈,从来不肯离开一步。有一天,妈妈对小马说:"你把这袋麦子背到磨坊里去吧。"妈妈说着,就把一袋麦子放在小马的背上。小马试了试,一点儿也不重。可是小马对妈妈说:"妈妈,你跟我一块儿去好吗?"妈妈说:"快点儿去吧,早点儿去早点儿回来,妈妈等着你吃饭呢。"小马独个儿背着麦子向磨坊走去。从小马的家到磨坊,要蹚过一条小河。小马走到河边,看见河水挡在前面哗啦哗啦地流着,心里有点儿害怕。

"过去呢,还是不过去呢?"小马想着,就回过头去朝后望,他看见老牛伯伯在河边吃草,于是连忙"嘚嘚嘚"地跑过去问:"牛伯伯,请您告诉我,水深不深啊?我能过去吗?"

牛伯伯回答说:"水很浅哪,还不到我的小腿,怎么不能过去呢?"小马听了,立刻就朝小河跑去。

"喂!慢点儿跑,慢点儿跑!"咦!是谁在说话呢?小马停住脚抬头一看,原来是一只小松鼠。小松鼠对小马说:"小马,你可别听老牛的话。水很深,一下水就会淹死的!"小马问小松鼠:"你怎么知道水很深呢?"小松鼠说:"昨天,我的一个同伴过河,就给大水冲走了!"小马说:"那么牛伯伯为什么说水很浅呢?"小松鼠说:"浅?你可别听老牛的话!"小河里的水到底是深呢,还是浅呢?小马没有主意了。"唉!还是回家去问妈妈吧。"小马甩了甩尾巴,"嘚嘚嘚"地往家里跑。妈妈看见小马回来了,奇怪地问:"咦!你怎么就回来了呢?"小马很难为情地说:"河里的水很深,过……过不去。"

妈妈说:"怎么会很深呢?昨天小驴叔叔还到河那边驮了好几趟柴呢。他说河水只齐到他肚子那儿,很浅。"

"老牛伯伯也说水很浅,他说只到他小腿那儿……"

"那么你为什么不过去呢?"

"可是……小松鼠说……水很深,昨天,他的一个同伴过河,给河水冲走了。"

"那么到底是深呢,还是浅呢?你仔细想过他们说的话吗?"

妈妈笑了,接着说:"你想想看,牛伯伯有多高多大,小松鼠又有多高多大;你再把小松鼠和你自己比一比,你有多高多大,小松鼠又有多高多大,你就知道能不能过河了。"

小马听了妈妈的话,高兴得跳起来,说:"明白了,明白了,河里水不深,我过得去。"小马说着,就连蹦带跳地朝河边跑去。

小马一口气跑到河边,立刻跳到水里。河水刚好齐到小马的膝盖,不像老牛伯伯说的那么浅,也不像小松鼠说的那么深。

## （4）会打喷嚏的帽子

蔺　力

魔术团里有一位老爷爷,老爷爷有一顶奇怪的帽子,他朝帽子吹一口气,里面就会变出许多好吃的东西来,有糖果、蛋糕、苹果……

"嗨!把那顶奇怪的帽子偷来,该有多好!"这话谁说的?嗯,是几只耗子说的。晚上,它们就悄悄地溜到老爷爷家里去了。

老爷爷正睡着呢,那顶奇怪的帽子,没放在柜子里,也没放在箱子里,在哪里呢?就盖在老爷爷的脸上。"好哪,我看还是叫小耗子去偷最合适,它个子小,脚步又轻。"大耗子挤挤小眼睛说。"吱……"小耗子害怕得尖叫起来,"我不去!我怕'呼噜',你们没听见,奇怪的帽子里藏着一个呼噜,它叫起来,地板窗户都会动,吓人!"

可不是,老爷爷在打呼噜,呼噜呼噜,像打雷似的。大耗子叫黑耗子去偷,黑耗子不敢;叫灰耗子去偷,灰耗子也不敢;反正叫谁去偷,谁都说"不敢"。大耗子生气了,摸摸长胡子说:"好啦!好啦!都是胆小鬼,你们不去,我去。等会儿,我偷来了帽子,变出许多好吃的东西来,你们可别流口水。"

话是这么说,其实呀,大耗子心里也挺害怕,它一步一抬头,防着帽子里的那个呼噜突然钻出来咬它。也真巧,它刚走到老爷爷床跟前的时候,呼噜不响了。这下,大耗子可得意啦,原来呼噜怕我呀!它轻轻一跳,跳上了床,爬到老爷爷的枕头旁边,用尖鼻子闻了闻那顶帽子,喷喷,好香哟,有糖果的味儿、蛋糕的味儿……快!快!它把尾巴伸到帽子底下去,想用尾巴把帽子顶起来……咦,这是怎么啦?尾巴伸到了一个小窟窿里去了……哎呀,什么小窟窿,是老爷爷的鼻孔哪!

"阿嚏——"老爷爷觉得鼻孔痒痒的,打了个大大的喷嚏,吓得大耗子连滚带爬,一口气跑到了门口,对它的伙伴说:"快跑,快跑!"耗子们闹不清是怎么回事,跟着它跑哇跑哇,跑出好远,才停下来。它们问大耗子:"这是怎么回事呀?你偷来的帽子呢?"大耗子说:"帽子里藏着一个阿嚏,这个阿嚏可比呼噜厉害多了。你一碰它,它就轰你一炮,要不是我跑得快,早就给炸死了。"

## （5）兔子的名片

周　锐

现在大家都时兴用名片了,兔子也有了名片。在口袋里装着名片,兔子心想:"这下再不怕那些欺负人的家伙了。"正想着,迎面遇见了狐狸。狐狸拦住兔子,说:"你想过去吗?得对我笑三笑,要笑得讨人喜欢些,明白吗?"要是在过去,兔子尽管心里直想哭出来,但脸上还是不得不赔上三个笑,少一个笑都不敢。可今天,兔子不慌也不忙。他"刷"地从口袋里掏出一张名片递过去,"狐狸先生,请多照应吧。"狐狸一看,名片上印着:"狼的朋友——兔子。"狐狸顿时吃了一惊,心里嘀咕着:"没想到兔子成了狼的朋友了。要是欺负了狼的朋友,狼那家伙可不好对付。"狐狸便对兔子说:"你真会交朋友,值得祝贺哟。我可要走了。"兔子拦住狐狸,说:"还没笑三笑呢。"狐狸忙说:"不用了,不用了。""什么不用?"兔子说,"我叫你对我笑三笑呢,而且要笑得讨人喜欢。""行,行!——嘻嘻!嘻嘻!嘻嘻!"狐狸走后,兔子忍不住大笑起来,而且根本不止笑三笑。

可这时兔子看见狼向他走来了。"啊,兔子,"狼不满意地说,"按老规矩你该向我鞠三个躬。怎么,难道要我向你鞠躬吗?"兔子点点头,把自己的名片递过去。不过这张跟刚才那张有点儿两样:"老虎的朋友——兔子。"狼当然不敢得罪老虎。为了避免跟老虎结冤家,狼只得向兔子鞠躬。兔子认真地数着数儿:"一个,两个,三个。行啦,走吧!"

兔子又想大笑一阵,但没来得及,因为老虎来了。兔子知道老虎要来找麻烦,干脆迎上前去:"喂,老虎,给我磕三个头吧。"老虎一瞪眼:"凭什么?!""就凭这个!"兔子又亮出名片,这回是:"大象的朋友——兔子。"老虎被大象用鼻子卷起来摔过,很疼。所以除了乖乖地给兔子磕三个头以外,他想不出更好的办法。

兔子用三张名片战胜了狐狸、狼和老虎,心里想:"最好不要再让我遇见大象。"因为他不知道大象怕谁,没印好第四张名片。前方传来沉重的脚步声,"咚!咚!咚!咚!"真的是大象来了!在大象庞大的身躯跟前,小兔子直发抖,不知道说什么好:"对不起,我……我没有名片……""什么名片?"大象歪着头微笑,显得非常和气。兔子很高兴,因为和大象见面不需要使用名片。

## (6) 猜猜我有多爱你

[英]山姆·麦克布雷尼

小栗色兔子该上床睡觉了,可是他紧紧地抓住大栗色兔子的长耳朵不放。

他要大兔子好好听他说。"猜猜我有多爱你?"他说。大兔子说:"喔,这我可猜不出来。"

"这么多。"小兔子说,他把手臂张开,开得不能再开。

大兔子的手臂要长得多,"我爱你有这么多。"他说。"嗯,这真是很多。"小兔子想。

"我的手举得有多高我就有多爱你。"小兔子说。

"我的手举得有多高,我就有多爱你。"大兔子说。这可真高,小兔子想:"我要是有那么长的手臂就好了。"

小兔子又有了一个好主意,他倒立起来,把脚撑在树干上。"我爱你一直到我的脚趾。"他说。

大兔子把小兔子抱起来,甩过自己的头顶:"我爱你一直到你的脚趾。"

"我跳得多高就有多爱你!"小兔子笑着跳上跳下。

"我跳得多高就有多爱你。"大兔子也笑着跳起来,他跳得这么高,耳朵都碰到树枝了。这真是跳得太棒了,小兔子想:"我要是能跳得这么高就好了。"

"我爱你,像这条小路伸到小河那么远。"小兔子喊起来。"我爱你,远到跨过小河,再翻过山丘。"大兔子说。

"这可真远。"小兔子想。他太困了,想不出更多的东西来了。他望着灌木丛那边的夜空,没有什么比黑沉沉的天空更远了。

"我爱你一直到月亮那里。"说完,小兔子闭上了眼睛。"噢,这真是很远,"大兔子说,"非常非常的远。"

大兔子把小兔子放到用叶子铺成的床上。他低下头来,亲了亲小兔子,对他说晚安。

然后他躺在小兔子的身边,微笑着轻声地说:"我爱你一直到月亮那里,再从月亮上回到这里来。"

5. 优秀的儿童故事(含绘本故事)除了课本列出的一些外,还有许许多多,例如《安徒生童话》《格林童话》《一千零一夜》《伊索寓言》《小王子》《小熊不刷牙》《鸭妈妈找蛋》《谦虚过度》《逃家小兔》《笨小猪找快乐》《猪八戒换脑袋》《獾的公寓》《黑熊搬砖》《肚子里有个火车站》《雪人》,请自备一些篇目,在班上以个人或集体的形式进行表演,要求具有表现力,体现童趣。

# 第四章
# 教师体态语言训练

## ※ 学习目标

> 1. 了解教师服饰着装的原则,掌握男女教师着装要求及注意事项。
> 2. 掌握教师身姿语的特点及训练方法。
> 3. 掌握教师手势语的特点及注意事项。
> 4. 掌握教师表情语的特点及注意事项。

教师的体态反映教师的整体风貌。教师的一举一动、一颦一笑都会给人留下深刻的印象,并且会对学生产生极大的影响。在教育教学活动中,教师良好的仪态举止不仅仅是个人综合素养的体现,更是职业特点的要求,也是学生模仿的榜样。人们总是通过自觉或不自觉的仪容、行为、举止表露自己的思想情感和态度,因此,它被称为无声的语言。教师的体态语言包括服饰、身姿、手势、表情等方面。

教师的体态语言是一种无声胜有声的语言表达形式。在教育教学活动中,教师的服饰、表情、动作都可以生动地表达出当时的心态。仪容举止所表达出的独特信息比口头语言更具有直观的特点,能填补语言表达的某种空白。人们常常会被仪容举止优雅得体的人所吸引。教师如果具有优美得体的仪容举止,更会被奉为楷模,会产生不同于学识素养的影响力。

作为教师,必须严格注意自己的仪容仪表、言行举止,哪怕是独处于办公室,也要有慎独的能力。没有任何一个人天生就拥有得体优雅的仪容举止。要想拥有得体的仪容举止,必须通过学习。教师的仪容举止要符合教师的职业素养要求,也要符合学生成长发展的心理特点。

## 第一节　教师服饰语

服饰是一个人整体形象塑造的重点。当一个人出现在别人面前时，即使还没有被看清楚面部，但是整体的服饰风格和体态，也会让他人有一个初步的印象。服饰的色彩和款式与个人体型的契合度，会透露出个人的品位修养，更会展示出其他社会信息，如文化程度、职业、社会地位等。教师从事着育人的职业，职业特点要求教师整体风貌要具备知性、雅致、端庄，甚至理性特征。所以，教师的服饰风格是体现个人整体风貌的重要环节。教师的服饰风格也会潜移默化地影响学生，影响学生的审美能力和审美品位。男女教师的服饰该如何穿搭，如何运用搭配原理体现个人风格，这是本节的重点。

### 一、服饰着装原则

玛丽琳·霍恩曾说："服饰是人的第二皮肤。"简单地说，服饰是指一个人的服装穿着和饰品佩戴。服饰是一种无声的语言，它可以反映出一个人的身份、地位、文化素质、审美情趣以及生活态度等。人类的服装早已脱离了最初的保暖和遮羞功能。服装更多地体现了新时代的审美功能、赞赏功能。当生产力提高到一定程度，保证了人类基本的生存后，服装的其他功能就凸显出来。同时，饰品也由最初的胜利意味逐渐有了获得别人赞赏和欣赏的功能。二者最终的组合，体现了人类服饰文明的发展与进步。在现代社会，服饰的穿着和搭配已经是人们生活的基本样貌。同时服饰的选择与搭配会体现出人们自身的个性特点，包括自身条件、艺术修养、兴趣爱好，以及所处社会环境、社会角色等。教师职业是一个光辉的职业，教师扮演着令人期待的社会角色，所以教师的穿着打扮有着举足轻重的作用。教师的衣着整洁、典雅、大方得体具有潜移默化影响他人的力量，任何学生都喜欢看到教师上课时衣着庄重、雅致大方、得体。爱美之心人皆有之。如果教师不修边幅、衣冠不洁、蓬头垢面，这会令学生产生抵触甚至轻视的心理，对学生的审美发展不利。同样道理，教师的着装过于脱离时代，保守土气，也会让学生觉得教师思想保守、精神不振；但是倘若太过时尚和前卫的着装，也会给学生带来不良影响，会分散学生上课的注意力，比如时下流行的破洞牛仔裤就不适合教师穿着。所以，教师的服饰搭配应该体现大方得体、文雅庄重的感觉。既不呆板又不夸张，要以大方庄重为基调，格调适宜，款式简洁，这才能衬托出教师文质彬彬的气质，又与教师含蓄雅致的审美情趣相统一，同时还能够体现出教师的审美追求和道德情操。

对于教师而言，服饰穿着的最高境界是创造出自己的个性风格，并与环境和谐。

当然,并非每位教师都会找到适合自己的、独特的服饰风格。由于每个人形体、样貌、气质不同,同样的服饰会带来不同的感受。所以,要想找到自身风格,恰到好处地表现自我,获得服饰的和谐美,需要教师学习最基本的服饰搭配知识和原理,这样才能穿出风格,体现品位。教师的服饰搭配需要注意以下几个原则:

### (一) 着装的 TPO 原则

TPO 原则是国际公认的服饰搭配原则。其中,TPO 是英文中的 Time(时间)、Place(地点)、Object(目的、对象)的缩写。它是指人们在穿着打扮时,要考虑所处地点和场合,考虑时间,考虑活动内容,然后做出相应的服饰搭配。要注意因时、因地、因事而异。在社会场景中,如果参加婚宴时,着装要喜庆,配饰要靓丽,不要过于素淡;若是出席晚宴,要穿合适的礼服,配饰可以隆重些;若是出外旅游,要穿着轻便。作为教师,出现在学校场景和学生面前的时间最长,所以要考虑学校场景中,不同时间,不同活动,该如何着装。

#### 1. 关于时间

时间主要是指穿着搭配要考虑到早晚、季节和时代。一天中早晚会有温差的变化,如果处在温差大的地区,早晚需要多加衣服;一年中也有季节的变化,如果季节不同,也要因时而变。各个季节要有不同服装,除去独特的热带地区,教师的着装要符合保暖适度原则,在有风度的同时也要有温度。同时也要符合时代的特征,穿着不要过于古板和保守。时下有部分人群推崇汉服,但教师的工作性质不适合这些特殊服饰。

#### 2. 关于场合

场合是指地方、位置、地点的意思。教师在校内要穿着得体、简洁,色彩要搭配合理,不要太素雅暗淡,也不要过于视觉刺激强烈,要与所处的校园环境有和谐感。课堂上的着装要大方合体,不要太过臃肿或者过于裸露,也不可以过长或者过短,要以不影响学生的视觉感受为基本要素。

#### 3. 关于目的和对象

人们的服饰搭配主要是为了体现自己的特色,同时要获得别人的欣赏和认可,所以服饰不可以随意。教师若出席严肃场合,服装颜色可以略微深重,如深蓝色、藏蓝色,甚至黑色,以显示慎重之意。切不可使用过于轻快的粉色、黄色、绿色、橘色等,浅色服装会显得与严肃场合格格不入。若是出席喜庆、表彰、晚宴等活动时,完全可以穿着靓丽、鲜艳、前卫的服饰。从学生角度考虑,年龄较小的学生喜欢女教师穿着鲜艳的服饰,但不能太夸张。而年龄稍大的学生,则倾向于欣赏雅致的服饰。教师应该根据自己所接触的学生和参与的活动目的与对象的不同,来精心选择服饰。精心的服饰搭配也是个人表达尊重的体现。

### (二) 和谐性原则

服饰整体要体现出和谐的感觉,才符合礼仪标准。和谐意味着服饰不可以让人侧目咋舌,更不可以让他人看起来心情灰暗。得体的服饰应该让人看起来赏心悦目,即使不那么华贵,也让人感到心里舒服,甚至有温暖向上的感觉。著名作家冰心先生曾说过:"美的真谛应该是和谐。这种和谐体现在人身上,就造就了人的美;表现在物上,就造就了物的美;融汇在环境中,就造就了环境的美。"教师的整体形象也是校园环境的一部分,要有和谐意识。和谐性要从以下三个角度来衡量:

1. 要符合自身形体特征

教师应学会根据自身条件出发来选择合适自己的服饰。身材高大的人尽量不要穿戴短小服饰;身材较为肥胖的人尽量避免太紧身的服装;而身材矮小的人尽量避免穿戴过于肥大的服饰。如果不化妆,脸色比较黄的人,避免穿绿色和橘黄色服装,以免显得肤色更加暗黄;若是化过妆,有粉底的遮盖,则可以穿很多种颜色。总之,选择服装只要遵循一个最基本原则,就可以避免很多问题,那就是"合体"。先合体,再得体。合体要求服装符合自己的身材体型,扬长避短;得体要求的是服饰要体现和谐的美感,要看起来顺眼。

2. 要符合自身年龄特征

年龄在当今社会是个隐私性话题。但毕竟每个人的年龄感是存在的。到一定年龄,就要有一定年龄的服饰搭配。教师在选择服装配饰时,要考虑自身的年龄特征。年轻的教师,因为朝气蓬勃,可以选择颜色亮丽、较为时尚的服饰,这可以体现出教师的热情与活力。但是不可以过于前卫,例如时尚流行的破洞牛仔裤、紧身上衣等尽量不要穿着。当然过于老旧和落伍的服饰,也尽量避免穿着。时代在进步,学生的审美也与时俱进。较为年长的教师,请尽量选择颜色较为深重的服饰,这会体现出端庄、稳重的感觉。如果是太过于时尚和轻快的颜色,会不符合年龄感,会让学生有不适的感觉。不同年龄的教师,也可以选择不同的款式和面料。年轻的教师,可以选择较为轻柔的服饰面料,款式可以时尚,但不可以太薄、太露、太透。而年长的教师,则可以选择较为有质感和笔挺的面料,款式可以较为含蓄和保守,这也是职业素养的体现。

3. 要符合所处环境特点

作为教师,既肩负着传道授业的历史重任,也作为一名普通成员生活在这个世界上。不管以什么身份工作或者生活,穿着要符合所处的场所,要与环境相和谐。就教师角色而言,要求教师在学校范围内的穿着要符合学校环境。学校优美的环境往往具有育人的作用,教师的穿着要与环境相宜,既不可以太夸张,也不可以太守旧,不管是色彩方面还是款式造型,都要让自己成为学校的一道和谐的风景,与学校的风景有融于一体的感觉,而不是成为突兀的吸睛目标。比如,在有书法氛围的校园场景中,教师穿着宜典雅和传统,颜色以素净为主,款式简单合体就好。若是教师穿着过于时尚、前卫、夸张就破坏了和谐的氛围,若是学校有体育特色,那么运动型、轻便型的着装就显得比较融于环境。当然,所有的正装和套装都可以在校园中穿着,这会显得更加正式和规范,也能体现学校的严谨和学术氛围。总之,任何人以不同身份和角色出现的时候,着装一定要符合所处场合,这便是基本礼貌。

### （三）整洁性原则

服装的穿着和配饰的使用，是能够体现出每个人的个性、生活习惯和某些审美素养的。服饰的作用是综合性的。不管什么样的服饰搭配，总会给别人留下或好或差的印象。作为教师，留给学生基本的好印象是顺利教学的一个条件。要留下好印象，教师应该具备的基本条件就是服饰整体要干净、整洁。服饰干净整洁能体现教师是一位一丝不苟、严谨而认真的人；能体现他是一位懂得尊重学生，顾及他人感受的人。作为学生而言，看到教师的着装干净整洁，大多会无意识地模仿，也会自然而然亲近教师，这对学生个人的发展会有良性影响。谁都不会愿意看到教师衣冠不整，衣着有污垢、有破损的样子。倘若教师胡子拉碴、蓬头垢面，衣着邋遢、衣着老旧地走上讲台，会吸引学生的视线和注意力，会导致学生各种心理猜测而不注意听讲。作为教师保证自己形象的完好得体，是教师礼仪的基本要求。

孔子曾在《论语·尧曰》说："君子正其衣冠，尊其瞻视，俨然人望而畏之，斯不亦威而不猛乎？"这就是说，教师的衣着得体雅致，会让人产生敬畏之心，有利于树立教师的威信。教师威信的树立和尊严的获得，确实与教师整体衣着形象有很大关系。所以教师不管在什么场合，都要保持衣着干净整洁、得体美观。

## 二、女教师的服饰

在我国的中小学基础教育中，女教师所占人数比例相对较大，所以女教师的影响能力更为显著。尤其是女教师的外在形象，对于学生的审美能力发展有很大影响。女教师要充分发挥个人的积极影响，树立良好的榜样作用，要从注重自己的外在着装入手，女教师的服饰穿着和搭配既要符合教师职业要求，也要符合时代要求。不可以太过于守旧落伍，也不可以太过于时尚奢侈，要能突出个性特色，也要符合大众的基本审美。

女教师在国内教师群体中所占比重较大，所以，她们的服饰穿着，影响更为久远。不管是正装、休闲装，都是女教师可以选择的穿着方式。

### （一）服装类别

参考世界服装的分类标准，同时按照出席的场合，服装可以分为以下几种类别：一是职业类服装。主要指适合工作场合穿着的服饰。这里的职业包括严肃职场和非严肃职场。严肃职场：主要包括正式商务场合。严肃职场要求员工表现出思维冷静、严谨细致的形象。非严肃职场：主要包括一般的工作场所。要求员工体现出职场的职业感，同时兼具亲和力；并且表现友好的、开放的、互相尊重的、思路清晰的形象。二是休闲类服装。主要指适合生活、旅游、出行、运动穿着的服饰。分别是：时尚休闲——服饰较为靓丽，适用于出席一些朋友聚会的着装。家居休闲——家居服装，较为宽松随意，主要在家中穿着。运动休闲——适用于运动场所的服装，也是运动时的着装。三是正式社交类服装。这类服装适合参加晚宴、活动派对。整体大气，奢华，有格调。一般分为：午服——称下午服或略礼服,特指白天外出做正式拜会访问时穿着的服装。小礼服——又称准礼服或鸡尾酒会服,介于午服与大礼服之间,比大礼服简略。注重场合、气氛。大礼服——又称晚礼服、夜礼服、舞会服。是女士正式礼服的最高档次,是最具特色,充分展示个性身材的礼服。

### （二）适合女教师的服装

教育是育人的场所,要求教师既要严肃,又要有亲和力;既要传递知识,又要塑造心灵。所以,教师的着装就不同于非常正式的严肃场所的冷静和呆板,也不要过于随意和休闲,教师的着装间于正装和休闲装之间。教师的着装既要有严肃的一面,也要有平易近人的一面。所以,女教师在学校中要注意如下穿着建议:

1. 职业服装

在学校中,凡是有重大学校庆典、庆祝、会议等大型活动时,女教师应该穿着正式服装。正式服装包括职业套装、职业套裙、连衣裙、两件套裙等。

这几类服装中,女教师要考虑的是每一种服装的颜色和面料,要注意与出席场合的和谐性,要塑造出典雅知性的女教师形象。

（1）服装颜色的选择

图 4-1 职业服装

职业套装、套裙的颜色尽量以黑色、藏青色、深蓝色、灰色或暗色系为主。越是严肃的场合,越需要深色服装。而比较轻松的场合,如班会、毕业年会、座谈会、家长会等,教师的服装可以选择颜色较为靓丽鲜艳的色彩,因时穿着合适的服装。当然,教师的年龄、肤色、身材也是需要考虑的因素。

（2）服装质地的选择

对于正式场合所穿着的职业服装而言,尽量选择服装色泽、质地一致的上下装。套装上装和下装应该是同样面料和颜色,或者是同一个品牌和风格,尽量不要混搭,不可以一个颜色质地的上衣,搭配另一个颜色质地的下装。更需要注意的是,服装的面料要符合年龄,符合当地习俗。比如,北方地区的人喜欢有质感的毛料,硬挺的其他面料,看起来挺括而板正。南方人由于气候原因,比较喜欢轻柔的真丝类、纯棉类服装,看起来比较飘逸和柔和。不管哪一种风格,尽量以符合当地和当时的场合为好。若是处在较为轻松的场合,服装的质地可以较为轻柔随意些,上下装可以是混搭风格。尤其现在的服饰搭配更趋于国际化风格,混搭趋势已经不可阻挡。

## 2. 休闲服装

女教师在工作之余,会参加一些其他的较为轻松的活动,比如学校的各类晚会、同事的聚会、师生春游秋游、班级其他轻松的活动。这些活动要求女教师着装轻松、休闲。既体现女教师的职业特点,也要更多体现活动的轻松愉快,这些场合尽量不要穿着正式的套装,要穿着颜色较为鲜亮的时尚服装,如红色、橘色、蓝色、绿色、白色等。服装的颜色可以是多样的,同样服装款式也是自由的。不必太过于正统。无论真丝面料,还是化纤面料,只要适合自己和场所,都可以穿着。这要求女教师具备一定的搭配功底和审美品位。

一般而言,年轻女教师的休闲服装颜色和风格款式会比较多样化、时尚化。而年长的女教师服装的颜色比较深重,款式会比较单一,这

图 4-2　休闲服装

也是符合年龄特征要求的。不管是哪类服装,作为教师而言,服装的合体和得体,与环境的相宜程度是最需要注意的。

### (三) 女教师着装注意事项

#### 1. 关于职业正装的注意事项

职业装尽量上下装色泽质地一致,不可以混搭。做工要精良、细致。服装要熨烫整洁,不可以皱皱巴巴,更不可以有污垢。搭配的衬衫要保持领子部位干净平整。

内衣的搭配要合身,不要与外衣有色差。

穿职业套裙,必须穿长筒丝袜。长筒丝袜的袜边要高于套裙的边缘,不可以露出部分皮肤,袜子不可以有任何破洞。有破损,必须马上换掉,否则严重影响个人形象。与职业套装相伴的是包脚趾的高跟鞋。尽量以黑色为主,偶尔会用白色,其他颜色较不合适。高跟鞋鞋跟高度在3~5厘米较为合适,过高的鞋跟和过重的鞋跟声不适合安静的校园。

配饰可以是耳钉、项链、丝巾、胸花、手表、发饰等。尽量不戴各种手镯和戒指,那会吸引学生的注意力。配饰可以选择一两样佩戴,颜色材质要搭配好,不可以佩戴过多饰品。

如配合正装服饰,女教师的头发要尽量盘起或束起。发型和发饰要简约,不要过于耀眼。正装需要体现教师干练的感觉。

为了体现服饰的整体美感,女教师要适度化妆。妆容与服饰颜色相搭配,可以运用色彩呼应原理。

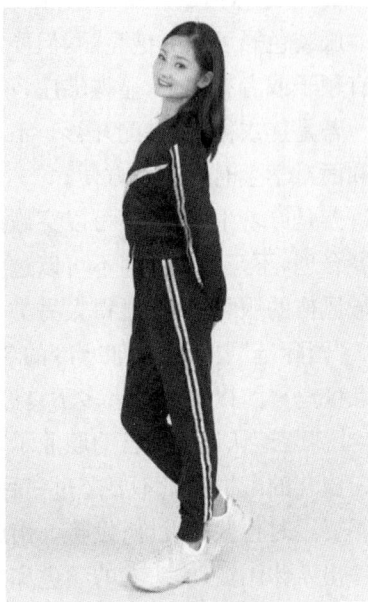

2. 关于休闲服装的注意事项

服装色彩可以鲜艳亮丽,但要符合色彩搭配原理。(详见下一节介绍)休闲服装要有领子或者有袖子,显得端庄,不可以无领无袖。

若是连衣裙,可搭配开衫。不可以大面积的脖子、胸部和手臂裸露在外,否则,书写和面对学生时会很不方便。

若是穿着牛仔裤,不可以穿破洞牛仔裤。过于时尚不适合教师职业。混搭的服装要合理,不夸张。叠穿不可以过多,更不要另类,不要全部穿着具有民族风格或者异域风格的服装,这会显得太另类,少数民族地区除外。

"国际范"要适当。如寒冷的冬季不可以露出脚踝骨,不可以露出半截大腿,要注意尺度/分寸,以免带来诸多不良影响。要懂得合理运用取舍。"国际范"不是盲目跟从,要清醒地认识到自己的职业示范性。

服装的配饰尽量不要超过三种以上,要合理佩戴。如项链、耳环可以同时佩戴,但不要同时再佩戴发饰、发箍。出席晚宴尽量佩戴同质同色成套的首饰。

出席休闲活动,头发的颜色和发型要与服饰相宜。

服饰穿搭要扬长避短。突出优点,体现知性、雅致、得体的一面。

3. 所有服装穿着的禁忌

(1) 忌"紧"

太过于紧身的服装,尽量不要选择。有些女教师的身材较为丰满,想穿出苗条感,但是,越是紧的服装,越是显胖,甚至可能会暴露出内衣的轮廓,非常不雅观,影响教师的端庄美。所以,要穿稍微宽松的服装,这样会不显身材的轮廓,会比较得体。同时太紧的服装会影响身体的健康,妨碍呼吸,妨碍书写动作,也会分散学生的注意力。

(2) 忌"露"

女教师的服装应该端庄得体,不可以太过暴露。暴露指的是不要大面积的露出胸部、腋窝、腿部、腰部等。服装面料不可以太过于稀薄,不可以让人看到内衣或者身体皮肤。过短的超短裙和吊带背心不可以直接穿。职业套裙要求裙子高度在膝盖部位上下十厘米就可以,不可以太短或者太长。服装面料的选择尽量要有质感,不可以透视,透视装会损害教师的职业形象。

(3) 忌"乱"

现代的时尚界喜欢混搭服装,但是教师职业着装必须协调素雅。混搭是指不同的服装颜色、面料、款式相搭配穿着。混搭需要个人有足够的时尚审美能力,若是搭配不协调,就会造成穿着"乱"的感觉。当然,有人是无意间混穿,也造成了"乱"的感觉,尽量要符合搭配原则,才会多而不乱。比如,身上服装不要颜色太过于对比强烈,如上衣大面积的红色,配下装的绿色,或者鞋子的黄色;图案上衣圆点,下衣条纹等。

(4) 忌"旧"

有些女教师出于朴素的心理,长年累月只穿一套衣服,一件上衣,一条裤子,甚至一双皮鞋,直到这些服装穿了十几年,甚至打了补丁,也不舍得换掉。这样的穿着方式对自己而言体现了朴素精神,但是对学生和同事而言,是一种无视。适当的美丽对他人而言是一种尊重。穿了许多年的服装不换,会带给别人守旧、古板的印象,不符合新时代教师的职业素养要求。所以,适当地替换服装,是一种礼貌,也是职业要求。

（5）忌"怪"

女教师的服饰要充分体现示范的作用,不可以太怪异。比如,不符合常理的冬衣夏穿,或者夏衣冬穿;服装太过于另类、夸张、前卫;或者充满了所谓的民族风、朋克风、牛仔风或者洛克风等。不论哪种穿着风格,都要符合当时当地的审美,这才是教师应该有的风格。穿着怪异会减弱教师的权威性和品位感,更不利于教育对象的审美发展。

女教师的着装不光是为了突出个性、体现魅力,更重要的是它具有潜在的影响力和示范性,所以女教师着装搭配一定要慎重。

## 三、男教师的服饰

男教师在中小学教育中所占比重较少。但是,男教师由于性别优势所带来的积极影响却不可忽视。一个形象阳光、服饰整洁的男教师,对学生的影响会比较深远;而一个邋遢且不修边幅的男教师,也会造成诸多不良影响,所以男教师的服饰穿搭也需要重视起来。

根据场所分类,男教师的服装可分为职业服装和社交服装。

职业服装是指适用于工作场所的服装。它体现工作人员的严谨和细致的工作态度,体现单位的文化。我国教师行业暂时没有统一的职业装。

社交服装指与他人交往时的服装。包括正式的社交服装、非正式的休闲类服装。男士正式的社交服装包括:西装、中山装、民族服装、夹克装。非正式社交服装种类多样,风格多样,这里不一一赘述。

西装是世界公认的通用正式礼服,所以我们本节着重了解男士西装的穿着礼仪。

图4-3 西装的穿着

### （一）西装的选择

教师在工作期间会出席一些重要场合,比如开学典礼、评课比赛、学术会议、交流访问等。凡是出席重要场合,应该注重场合着装。

西装是世界公认的适用于正式场合的礼服,会不会穿着西装,西装穿着是否符合国际礼仪,关系到一个人的整体形象,也会传递出一个人的品位和素养,所以作为为人师表的教师,有必要了解西装的穿着礼仪。

男士的西装要穿着得体,必须学会选择合适的西装。

第一,要从颜色入手。凡是重要场合,西装的颜色要深重。西装的颜色越深,代表场合越隆重,同时代表个人的权威感越重。西装的颜色,按照隆重程度递减,分别可以是黑色、藏青色、深灰色、浅灰色。其他颜色适合轻松休闲的场合。

第二,要从长度入手。选择合身的西装,要考虑西装的长度。

第三,看西装的质地。一般而言,重要场合穿着西装,除了合身外,还要注意西装的材质。最合适的材质是毛料。一般羊毛的西装质感强、笔挺、色泽柔和,是最佳选择。当然,其他面料也可以选择,要视出现的场合和参与的活动而定。隆重而正式的场合,西装面料要有质感,毕竟,有人认为,西装是男人的脸面。其他休闲娱乐聚会的场合,可以选择时尚的款式和面料。

第四,选择西装的款式。西装是世界公认的男士最正规的礼服,款式也有讲究。西装的款式基本上分为单排扣西装和双排扣西装。一般而言,单排扣的西装显得正式和严谨,而双排扣的西装显得较为时尚。身材高大匀称的男士选择两种款式,会有不同的感觉。身材比较胖或矮的男士,尽量不要选择双排扣的西装,以避免显得更加比例失衡。不管哪种款式,都要根据自己的需求来选择。

1. 西装上装

第一步,上装的肩膀部位要贴着整个肩背部。肩线的位置正好在肩膀的边缘,不碍胳膊的前伸为好。

第二步是看袖口的长度,袖口的长度以在手臂下垂时在手腕的底端,靠近大拇指根部为最佳位置,太长盖住手腕或者大拇指部分,会显得不精神或者显得胳膊短。

第三步看上衣的下摆位置。下摆要过臀部,在臀围线的位置比较合适,最好在臀围线上一厘米为最佳。下摆高于臀围线以上太多,则上衣显得太短,太短则显得身材比例不协调;若是下摆低于臀围线过多,会显得上衣太长,又会显得腿短。所以合适的下摆位置会影响到整体的身高感觉。若是实在无法选定长度,可以多试几个相邻的型号,直到最合适为止。

2. 西裤

西裤的长度一般是在鞋面上,以不打褶子为最佳。但是一般而言,由于男士大多身高比例不同,无法做到像模特一样的穿着,所以西裤一般会比较长。需要找专业裁缝修剪。我们只需要选好合适的腰围就可以。腰围选平时的号码,穿好后,臀部曲线轮廓比较清晰就可以,不可以太紧绷,否则会显得不够得体。

裤脚在鞋面的位置如何做到不打褶子呢? 这需要在请人修改裤长时,告诉对方要斜裁裤脚。裤脚前面短,后面长,前面的裤脚到鞋底是五厘米,后面的裤脚到鞋底是一厘米就可以。这样的西裤看起来笔直修长,有助于体现良好的身材。

**(二) 西装的穿着方式**

1. 要穿成套的西装

出席正式场合的时候,要穿着成套的西装,即颜色、材质是一整套的西装才合乎礼仪。正式的场合,成套的西装表达了对别人的尊重和礼貌。不可以上装与下装是不同的材质和颜色。只有在其他休闲的非正式场合才可以混搭。当然,混搭的西装也需要个人的品位和一定的审美能力,不是所有的混搭都是美的。

同时,新西装要去掉袖口的商标。要保证西装整体的干净素净,穿着之前要注意熨烫平整,不要有折痕和污垢。

### 2. 要穿合适的衬衫

穿西装的必备内搭是衬衫,尤其是白色衬衫,白色是百搭色。其他浅淡的素色衫也可以选择,正式场合选择白色衬衫为最佳。其他淡蓝色、浅灰色、浅棕色等都适合比较轻松的正式场合。有人认为西装内也可以混搭羊毛衫,但是,为保证西装的板正,建议尽量不要穿毛衣类内搭。若是因为天气原因,需要保暖,可以搭配低羊毛衫或者 V 领毛衫,以只见衬衫,不见毛衫为好。

衬衫的选择要符合国际西装的穿着礼仪。首先,衬衫的领子要平直硬朗,领口最上方的扣子扣上后,不可以太紧或者太松,以能伸进一个手指的宽度为合适。领口的高度要比西装领口高出一到二厘米为好。目的是保护西装的领口不容易磨损变脏。其次,衬衫的袖口长度要在手臂抬起来时,露出西装袖口一到二厘米的长度,这是一个绅士的标志,其实也是出于保护袖口不会磨损的原理。衬衣可以天天换洗,而西装不是每天都换洗的。普通衬衫适合很多一般场合,而正式场合所用的白色衬衫,必须是有袖扣的衬衫。袖扣也是男士为数不多的小装饰之一。

衬衣的下摆要放入腰围。西方比较传统的做法是搭配西装马甲,马甲可以很好地遮盖住腰围的接缝处,这也是一种礼貌。

### 3. 要搭配颜色适宜的领带

领带的重要性如同女性的化妆。领带运用的得体与否,影响着他人对自身身份、地位、个性、能力等的判断。穿西装一定要打领带,尤其是出席正式的场合。

（1）领带的颜色

由于西装的颜色都比较深,而衬衫颜色较浅,所以领带的颜色可以与西装颜色呈对比,也可以是顺色。同样领带可以与衬衫颜色有对比和深浅的差别,这样颜色之间有差异,有利于突出西装的风格和品位。领带虽然是小配件,可是却起着衬托的作用。领带的颜色可以是多样的,需要按照场合来选择。正式而且严肃的场合,领带颜色可以是冷色调为主,蓝色、紫色、灰色都可以;黑色大多是领结,适用于燕尾服;喜庆的场合可以选择红色系列或者其他亮色。总之,领带的颜色要与西装上衣或者衬衫有差异为好。

（2）领带的材质

领带的材质有多种面料,有真丝、仿真丝、棉涤、化纤等。公认最好的是真丝面料,这样材质的领带有自然的光泽,方便打理。其他材质也可以选择,但是质感会比较弱,不宜出现在正式场合。质量较差,有破损或污垢的领带请不要佩戴。

（3）领带的图案

领带的图案也是需要选择的。一般而言，素色领带和有图案的领带都可以选择。条纹、圆点、方格等规则的几何形状为主要图案的领带会显得个人气质儒雅，内涵丰富。若这类图案面积较大，则会显得比较豪放洒脱。若是纯粹素色无图案，会感觉比较严肃和认真。其他以人物、动物、植物、景观、文字等为主的图案，适合于社交或者休闲场所。建议男士选择领带时要结合自身的气质和场所来选择。注意比较奇怪的颜色，如绿色、荧光黄色、粉色等，还有怪异的图案如骷髅、凶猛野兽图案等，都不可以出现在正式场合。

（4）领带的长度

领带打好以后，长度应该适中。最佳位置是领带的下端大箭头正好抵达皮带扣的上端，最长到中端，不可以长过皮带扣，也不可以短于皮带扣上端，太长则不雅，太短又容易跳出西装外面。

图 4-4　领带长度

领带的打法多样，打好领带后要收紧领带结，不可以松松垮垮，也不要太紧妨碍呼吸，以能自由转动头部为好。领带夹一般不佩戴，除非是工作人员为工作方便才会用到。领带要放到衬衫与西装外套之间，若穿着毛衫类，放在毛衫与衬衫之间。

4. 选择合适的鞋袜等配饰

穿西装的最佳搭配是皮鞋。其他休闲类运动鞋、布鞋、凉鞋等都不与西装相搭配。

（1）西装皮鞋的颜色

西装皮鞋要以黑色真皮类为主。一般而言，西装的颜色比较深，搭配的西装皮鞋也需要深色，这样才有整体感。皮鞋颜色的深浅与正式程度相对应。最正式最百搭的颜色是黑色，其次深棕色，最后是浅棕色。皮鞋款式最正规的是三接头的素色系带皮鞋。鞋头可以是方头，显得严谨干练；也可以是圆头，显得较为随和。其他款式的皮鞋在一般正式场合也可以使用，比如乐福鞋、牛津鞋等，但正式程度不足。

（2）袜子的选择

西装的袜子也需要精心选择。袜子一般选择黑色的纯棉高腰袜子。其他材质的如丝袜、化纤袜、短腰袜等都不可以使用。从颜色角度而言，白色的棉袜更不可以使用。但休闲类服装可以搭配白袜子。

（3）腰部的皮带

皮带最合适的材质是真皮类，且以黑色为主，要用皮带扣。不要用打孔的皮带。正式的皮带也是彰显品位的一个配饰，不容马虎，不可以因为搭配的皮带不适宜而功亏一篑。

## 思考与练习

1. 教师服饰穿着的原则是什么？
2. 女教师的服饰应注意避免哪些问题？
3. 男教师穿着西装时，应如何选择领带呢？
4. 阅读以下小故事，回忆并与同学交流你记忆中穿着得体的教师，他们带给你什么样的感受和影响？

小兴是个四年级的淘气男孩子，平时不注意卫生，整天灰头土脸，小脸小手总是脏兮兮的。他经常被妈妈唠叨和批评。新学期开始后，班级迎来一位帅气阳光的男教师。男教师除了课堂上知识渊博，和蔼可亲外，平时总是穿戴整齐，干净利落，头发一丝不苟，文静的金丝眼镜加上灿烂的笑容，显得神采奕奕。一天，小兴上课迟到了，他晃着小花猫似的小脸，气喘吁吁地跑到教室，男教师没有说什么，只是用手轻轻摸了下这个小花脸，笑了笑，然后让小兴回到座位上去，小兴感觉到了教师的友善。这件事情以后，小兴开始注意观察男教师的行为举止和穿着打扮，渐渐地小兴开始主动洗脸、刷牙了。每天出门前还不忘看看自己的小脸洗干净没有，衣服穿整齐没有。到了学期末，小兴已经是一个爱讲卫生，懂礼貌，穿戴整洁的孩子了。

## 第二节　教师身姿语

培根说："在美的方面，相貌之美高于色泽之美，而秀雅合适的动作之美，又高于相貌之美。"教师的身姿语指的是教师在工作和生活中恰当地运用身姿和形态，表现出符合场所的精神和面貌。教师的身姿语包括站姿、走姿、坐姿等主要方面。

### 一、挺拔的站姿

古人云："站如松，行如风，坐如钟。"这表明我们古人对人的举止行为是有深刻认识的。所谓"站如松"，就是指人在站立时应该像松树那样端正挺拔。站是人的基本能力，站姿体现的是一种静态美，同时站姿又是训练其他优美举止的基础，是表现不同姿态美的起点。作为教师，当他挺拔地站立于讲台之上时，那种笃定而自信的气质,会油然而生。学生也会不由自主地坐得笔直,以融入这样庄严和肃静的学习氛围中。倘若教师站没站相,东倒西歪,脖子突出,肩膀耸立,这会造成学生们注意力的转移,尤其是小学生。他们会注意到教师的不同之处,并且无意识地模仿或者嘲笑,这给教师自身和学生都会造成不利影响。所以,站得挺拔优美,需要练习。

站姿分为男女通用的基本站姿和其他站姿。

图 4-5　男女基本站姿

### (一) 基本站姿

头正:两眼平视前方,嘴微闭,下巴微收,脖子伸直,表情自然,稍带微笑。

肩平:两肩平正,稍向后伸拉,挺胸收腹。

臂垂:两臂自然下垂,手臂尽量伸直,手掌自然弯曲。

躯挺:胸部自然挺起,腹部往里收紧,腰部保持正直,臀部向内收紧。

腿并:两腿立直,膝关节内侧尽量贴紧,脚跟靠拢,两脚夹角或者并拢都可以。

拥有挺拔站姿的秘诀是:站立时,运用想象,以腰为中心,感觉腰部以上有一股力量向上走,仿佛上半身有绳子拽着,穿过头顶;腰部以下,从臀部收紧开始,仿佛双腿是树根,牢牢地深入地下,不可动摇。这样的站姿看起来挺拔稳重,不会有摇晃和轻飘飘的感觉。在任何时候、任何场合,教师若有这样的站姿,会带给人与众不同的感觉,这就是"站如松"。

### (二) 其他几种站姿

1. 叠手站姿

叠手站姿指两手在腹前交叉相握保持直立。这种站姿,男士可以两脚自然分开,距离不超过肩膀宽度。女士站立时双腿不分开,可以用小丁字步(即一脚稍微向前,其脚跟靠在另一脚的内侧中间)。这样的站姿显得端庄优雅、自然轻松,有一定的亲切感。在站立过程中身体重心还可以在两脚间转换,以减轻疲劳,这是一种常用的生活站姿。

2. 背手站姿

背手站姿即双手在身后交叉相叠,自然放于背后。这种姿势一般用于男士,女士不用。男士可以双腿分开或者并立。分开时,两脚宽度一般不超过肩宽;并立时脚尖分开,脚跟之间有一定角度;同时注意挺胸收腹,双目平视。这种站姿优美中略带威严,易产生距离感。适合长者使用,也适合严肃场合的保卫人员。

以上这两种站姿,也是要经过长期的坚持和训练,才能形成自然的状态。

图4-6　叠手站姿　　　　图4-7　男士背手站姿

### (三) 杜绝不良站姿

不管在什么场合,教师的站姿应该是一道静穆的风景。要站有站相,要挺拔稳重,给人以可信赖的感觉和自信的感觉。一般而言,教师在课堂上站立的时间比较长,所以要保持挺拔得体的站姿也是一项必备功课。以下不良站姿千万要杜绝:

站立时探脖、塌腰、耸肩、弯腰驼背;左右摇晃,腿脚抖动;双手放在衣兜里,身体倚靠他物;头部左右摇晃,眼神左顾右盼;双手叉腰或者双手抱胸;双手长时间扶在桌子上;脚步后蹬墙壁等。

当一位教师在讲台上站得直,站得正的时候,就会有巨大的感召力。教师要具备这样的站姿,需要时刻的自我提醒和一定的训练。

### (四) 站姿的训练法

完美的站姿需要训练,以下介绍两种比较简单的训练方法:

#### 1. 靠墙训练法

这个方法是指运用靠墙站立的方法来训练自己的站姿。从上到下依次感受和确认:后脑勺靠墙,两个肩膀靠墙,臀部靠墙,小腿肚靠墙,脚后跟靠墙。这五处一共九个点靠墙。当我们依次确认靠墙后,腰间能有一掌的距离。同时,腹部肌肉尽量向内收紧,小腿肌肉也向内收紧。这样可以塑造笔直的双腿,紧实的臀部。同时,正确的站姿有利于防止未来腰椎、肩膀和颈部的骨骼变形。据心理学研究表明,一个好习惯的形成需要21天的时间,所以有意识地训练一个月,有助于自身形体的完美塑造,也有利于减肥和紧实肌肉。

2. 纸张速成法

有些教师站姿很正，可是腿部不够笔直，可以用纸张速成法。按照基本站姿站立，两个膝关节内侧放一张纸，尽力收紧大小腿部的肌肉，防止纸张掉下来。这样的方式可以快捷有效地矫正腿部的曲线问题。同时，如果想要保持更加长久的挺拔感，可以头顶放一本书，保持不掉，这样上身的挺拔和腿部的笔直可以得到同时的训练。一般而言，这样的训练法适用于各种礼仪接待人员。但是作为教师，也可以这样练习，同样可以达到较好的效果。

## 二、优雅的走姿

走姿是一种动态美。人们都会对那些走姿优雅、稳健、敏捷、干练的人投以欣赏的目光。因为这样的走姿给人以美感，容易让人联想到积极向上的精神状态。教师的走姿也反映出个人的精神状态。有蓬勃向上精神的人，走路会昂首阔步，让人感受到他对生活的热爱之情；而走路缓慢、举步不前的人，会让人感受到某种失意情绪。走路迈步大的人，让人感受到自信和阳光；走路小步前进的人，会让人感觉到谨慎和小心，所以走姿可以反映一个人的精神状态。对教师而言，走姿的优美得体，会给人以积极向上的力量。并不是所有的人对自己的走姿都有自信，走姿是需要训练的。

图 4-8 教师走姿

### （一）基本要点

在站姿的基础上，以腰部的力量为中心，保持上身挺拔，略微前倾，收紧臀部，顺势迈步前行。

走姿需要注意以下关键点：

头正：保持头部端正，不可以左右摇晃，双目平视前方，收回下颌。

肩平：两肩自然放松，保持平稳，不要上下左右前后摇摆。

臂摆：双臂保持伸直状态，不可屈肘，前后自然地摆动；前后的摆幅因人而异，不可太大，不可太小，要在手臂与身体间有 30°～40°角的距离。两手自然弯曲。

躯挺：保持上身及后背挺直，挺胸收腹立腰，重心稍向前倾。

步位直：行走时两脚尖略开，脚跟先着地，女士两脚内侧落地一条直线上；男士可以自然分开，不必落于直线。

步速稳：行走时速度应当保持均匀、平稳，不要忽快忽慢，步幅也要适当。在正常情况下，步速要自然舒缓，保持从容，不可太匆忙。

### (二) 杜绝不良走姿

教师走在校园里会受到学生的注目。走得优雅、得体、有魅力，自然会成为学生模仿的对象。倘若教师走路比较奇怪，也会成为学生的效仿对象。所以教师应该有意识地避免一些不良走姿：

行走时低头驼背，摇头晃脑；上下左右摇晃肩膀；双臂同时摆动时一只手臂不动；扭腰摆臀，左顾右盼；脚擦地面，跳跃变道；重心放到腿上，显得懒散；重心在上身，前倾过分；手臂甩动幅度太大影响他人；多人并排行走，占道聊天妨碍他人等。

行走是个人自身形象的动态名片，即使个人整体服饰形象已经很完美了，但是一走路，就会暴露出个人更真实的内在品质。所以走姿是除了学识素养以外的另一种素养。

特别提醒女教师，如果穿着高跟鞋，请走路时保持身体的挺直。要做到迈步出腿时，髋关节、膝关节和踝关节在一条直线上；不要屈膝撅臀以保持平衡，这样不雅观。若是鞋子过高，无法驾驭，可以选择低跟的鞋子；千万不要因为走姿而引起学生的另类关注，失掉教师的尊严。

### (三) 走姿的训练法

走姿是需要练习的。基本的走姿是在正确的站姿基础上进行的。若想练习更为优雅的走姿，可以在地上画一条直线，头顶放一本书，尽量保持书本不要掉下来，步幅适中，双臂自然摆动就可以。需要注意的是，女教师双脚内侧要尽量落到一条直线上，男教师可以两脚走平行线，不必走直线。走直线的判断方式不是用眼睛寻找地面的直线，而是感受到双膝关节内侧轻微触碰就可以了，只要膝关节内侧轻微触碰到落脚点就是直线。

走路挺拔、优雅既是职业的要求，也是一种健康的生活方式。走直线可以防止髋关节变宽，防止身体发福变形。良好的身材也是个人素养的体现。

## 三、端庄的坐姿

古人对男性的坐姿提出了"坐如钟"的要求，就是指坐姿要稳重、端庄和优美。坐是一种静态造型，在日常工作和生活中，离不开这种举止。坐姿美好，才会动人。教师除了在课堂上需要完美的站姿和优雅的走姿外，在工作中、在办公室、在学校会议中或者在与学生、家长的交谈中等,也需要有端庄的坐姿。

### (一)基本坐姿

#### 1. 入座方式

不论男士还是女士,为了落座时显得动作得体优美,彰显个人的儒雅气质,可以按照以下方式入座:

入座时,从左侧入座。可以先走到座位前站立于座位左侧,然后右腿放到座位的正面,用小腿触碰到座位边,感觉座位的高度和远近,最后保持头正身直轻轻落座。对于女士而言,若穿着大衣或者短裙,要用手从后面捋一下,防止走光或者防止衣服被压着。落座在椅子或者沙发的三分之二处就可以,不要坐得太深或太浅,避免不雅和不适。之后,可以把手放于腿部或者扶手。

#### 2. 男女通用坐姿

落座时关键是保持上身的正直挺拔。落座时,上身略微前倾就可以了;注意不要弯腰,弯腰入座会显得老态龙钟,不够有活力。

坐在座位上时要保持上身挺直,双肩自然放平,头部放正,可以随谈话者调整方向,表情要自然。头部、脖子和背部应保持一条直线,背部可以微微自然弯曲,双腿垂直于地面。对于女士而言,双腿双膝必须并拢,男士可以自然分开与肩同宽。双手可以叠放于腿上,也可以放在扶手上。这样的坐姿体现了个人的严谨和端庄,适合于表现对人对事的尊重和谦虚。

### (二)女教师的坐姿

#### 1. 标准式坐姿

与通用坐姿相同。上身保持挺直,双脚垂直于地面。需要注意的是,女教师一定要注意双膝并拢,双手可以叠放于两腿中间。这样可以避免裙装短小的尴尬。

#### 2. 前伸式坐姿

在标准坐姿的基础上,两小腿向前伸出半脚的长度,两脚并拢,脚尖朝前,也可以脚尖点地,适用于照相显得腿长。

#### 3. 屈直式坐姿

在标准坐姿的基础上,一脚前伸,另一小腿后屈,大腿靠紧,双膝并拢,两脚前脚掌着地,并在一条直线上。

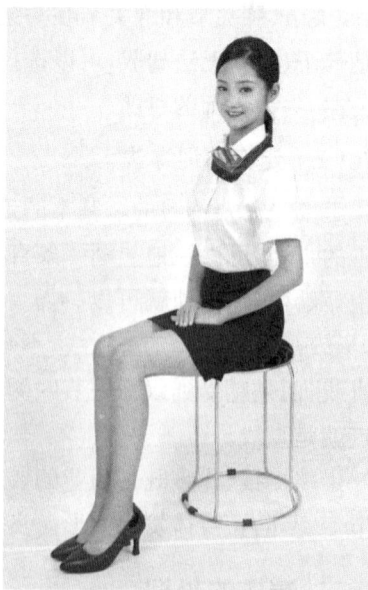

图 4 - 9  女士坐姿

#### 4. 侧点式坐姿

在标准坐姿的基础上,两小腿朝一侧斜出,两膝并拢,两小腿平行,两脚并拢,脚尖点地。关键点在于,两脚尖要朝向腿部延伸的方向,从视觉上会增加腿部的长度。

5.叠腿式坐姿

在标准坐姿的基础上,一腿向一侧轻轻移动,保持双膝并拢的状态;另一条腿随之提起,腿窝落在另一腿的膝关节上。要注意上边的腿稍微向里收,轻轻贴住另一腿,两条小腿保持平行线的位置;同时脚尖要向下回收,不可以脚底对人;还要注意另一条腿上提时动作不要太大,防止尴尬。手的位置可以是叠放于腿上,也可以是放于扶手上,这种坐姿不同于男子的二郎腿坐姿。一定要注意上边的小腿往回收,脚尖向下这两个要求。这种坐姿常常用于体现女士的优美文雅、自然温婉的气质。

**(三)男教师的坐姿**

1.标准式坐姿

与通用坐姿相同。保持上身正直,双肩放平,两手放在两腿或扶手上,双膝可以并拢,也可以分开与肩同宽,两小腿垂直于地面。

2.屈直式坐姿

在标准坐姿的基础上,一小腿前伸,另一小腿后屈,保持双膝并拢。

3.叠腿式坐姿

一腿前伸,另一腿上提,上提的腿窝叠放于另一腿的膝关节之上。上边的腿部尽量回收,紧贴另一条腿,脚尖要朝下,不可以朝人,不可以晃动。

**(四)杜绝不良坐姿**

坐姿也是一种无声的语言,表达个人真实

图4-10　男士坐姿

的心理状态。坐得优雅得体,会被认为是可信赖的、有亲切感的人;坐得歪斜松散,被认为是懒散的、无担当的人。在生活中或者工作中,经常会看到有人坐得豪放不羁,或者盛气凌人,或者萎靡不振,或者歪歪斜斜。这一切的感受都来源于坐的方式。

教师应注意杜绝以下坐姿:

上身歪斜倚靠。过于松散的坐姿让人觉得精力不济,状态疲惫,无法委以重任。若是与人交谈,过于随意的坐姿会让人觉得不够礼貌和不够尊重对方。头部歪斜、后仰、低垂,这样的姿势容易让人产生不认真的感觉。

双手随意乱放。双手抱头、抱胸、敲桌子、转动笔、玩捏物品或者总是放于桌下,会给人不认真、不自信、不耐烦的感觉,对人缺乏基本的尊重和礼貌。

抖腿、抖脚,或在公众场合脱鞋子,这些是很不礼貌和缺乏个人素养的表现。

坐座位太深,腰背部不容易挺直,容易给人松懈的感觉;或是坐座位太浅,容易掉落不稳。坐座位的三分之二最合适。

女士落座后,要注意双膝并拢,不要双腿分开。

教师在面对学生、家长和其他同事的时候,要注意保持得体的坐姿。即使在自己家里,坐的时候也要背部挺直,这既是个人完美形象的需要,也是防止腰椎间盘突出的健康之道。

**思考与练习**

1. 基本站姿的要点是什么?
2. 走姿的基本要点是什么?
3. 教师应避免哪些不良坐姿?
4. 观察你熟悉的教师在课堂中(或办公室)的站姿、走姿和坐姿,分析其优点和不足之处。

## 第三节　教师手势语

手势是人们常用的一种肢体语言。手势语就是通过手部的动作来表达情感和传递信息。手势语在生活中和教育过程中都有着非常重要的作用。比如,引导他人方向、强调重点、点名答题、表达情绪、加强语气、增强感染力等,都会运用到手势语。

手势的使用反映个人的修养。大方、得体的手势会带给人明确的指示、准确的信息,甚至有优美的感觉。而不恰当的手势,可能会带来误解和尴尬。比如,教师请一位学生起立读书,使用食指点向那个学生,虽然学生明白是指自己,但是内心会感觉到教师对自己有失尊重。

### 一、基本手势

最规范的手势应当是手掌自然伸直,掌心向内向上,手指并拢,拇指自然稍稍分开,手腕伸直,使手与小臂呈一直线,肘关节自然弯曲。大小臂之间的角度随指向的不同而有变化。

这种规范的手势通常用于指向他人,指出

**图 4-11　高位手势**

方向,指向物品等。这是在与他人交往时常用的方式。基本手势因为方向和目的不同,可分为三个方位:

1. 高位手势

指手掌自然伸直,拇指自然分开,整个手掌与大小手臂呈一直线,整个胳膊伸出时位置在肩部与头部之间,这个手势一般指向远处的人、事、物。使用这种手势时手掌不要超过头顶太多。手掌高于头部太多会显得不雅观或傲慢。出手势时尽量手掌心向上向内,不要向下向外。

这种手势运用于教师指出教室内靠后排的学生或指示室外远处的方向和事物等。

2. 中位手势

指手掌和小手臂呈一直线,手掌心向上向内,肘部在腰间位置,小手臂与手掌在腰部和肩部之间摆动。这样的手势比较有亲切感。大部分用于指向近处的人、事、物。

教师运用这种手势,可以提请近处的学生,指向近处的物品或指引他人近距离方向等。

图 4-12 中位手势

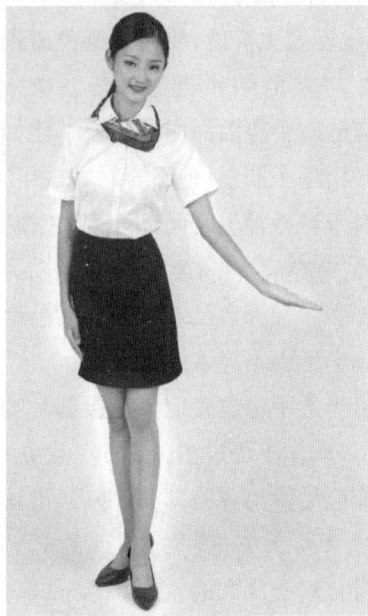

图 4-13 低位手势

3. 低位手势

指手掌和小手臂呈一直线,手掌心可以向上向内,也可以垂直于地面,手掌的腕部与胯部平齐。这个角度的手势更多运用于指出眼前的人、事、物、位置等。教师运用这种手势,可以请人入座或明确指出物品等。

这三种基本手势,教师在生活和工作中使用频率较高。

## 二、其他手势

手势语与个人的情绪和心理有较大的关系。表达喜悦时，可能会手舞足蹈，肢体语言比较丰富；情绪平静时，手势往往会比较少。

教师接触最多的人是学生，与学生交往时，手势语也是必不可少的交流工具。除了基本的手势动作以外，还有很多因人而异的手势。比如，伸出大拇指面向学生时，表达教师的赞许和认可；在学生表现良好时，摸摸学生的头部，表示鼓励和加油；鼓掌时，更是对学生的认同和鼓励；伸出双手，掌心向下，上下摆动，表示安静等。各种手势要随当时的情境以及情绪不同而有变化，不要一成不变；毫无肢体动作，会让学生觉得教师情绪和情感的冷漠。教师运用得体良善的手势语，在教育教学过程中会产生积极的影响。

## 三、手势语的注意事项

1. 手势的使用，要做到流畅自然优雅

具体来说手势动作幅度不要太大，太夸张；也不要太小，导致对方看不见；不要太平直；也不要太突然；要注意避免碰到他人。

2. 手势的使用，要注意场合和对象

应分清手势语面向的对象。比如，手臂抬高，掌心向下，手掌上下摆动的手势，可以用来招呼小朋友；但不要对着成年人这样做，否则会让对方感到受轻视，甚至受侮辱。对于异性师生之间，尽量避免摸头搂肩膀等近距离的肢体动作。

3. 手势的使用，要避免在脸部周围比画

把手部伸到自己或者他人的脸部跟前比画，这种手势显得失礼，容易引发矛盾。对于小学生也不应该这样。

恰当的手势位置应该在腰部与胸部之间为好。教师在教育教学和与人交往过程中，手势动作不可过多。比如一会儿抓、挠、扯；一会儿摸鼻子、拉头发、拽衣领等。手势动作应尽量离开脸部、胸部，只出现在上半身附近即可。

4. 手势的使用，要根据体量感大小进行

身材魁梧高大的教师，手势动作幅度可以相应大些；而身材娇小的教师，手势动作幅度可以小些。假若使用不当，会让学生感到困惑。

5. 指向学生时，应使用手掌而不是食指

教师提请学生，单独伸出食指指向学生，会让学生感到不受尊重。教师应使用手掌向内指向学生。而在需要准确地指出某些具体内容时，可以用食指进行指示。

教师手势语的使用应遵循基本的规范标准，同时应有个人的风格体现。因此，如何恰当地使用手势语，以增强个人的感染力和教学的生动性与形象性，需要教师在工作中多加体会和琢磨。

**思考与练习**

1. 基本手势的三个方位分别是什么？
2. 说说教师手势语的注意事项。
3. 当有人向你问路时,你会如何指明方向？请模拟一下,并说说需要注意哪些地方。

## 第四节 教师表情语

雨果说："有一种东西,比我们的面貌更像我们,那便是我们的表情；还有另外一种东西,比表情更像我们,那便是我们的笑。"在日常工作和生活中,人们通常除了用明确的语言表达情感、交流思想以外,还可以通过表情传递信息。表情语包括眼神的变化、眉毛的动作、微笑的收放、面部肌肉的变化等。这些表情可以细致入微地体现出一个人当时的心理状态、情绪、喜好、习惯,甚至某种个性品质。表情是一种无声胜有声的语言,教师的表情在教育教学工作中有举足轻重的作用,是学生判断教师状态的一个动态风向标。

对于教师而言,任何一种表情,都会给学生带来不同的感受。这些感受可能是积极的,也可能是消极的。人民教育家陶行知先生有一句名言："你的教鞭下有瓦特,你的冷眼里有牛顿,你的嘲笑中有爱迪生。"可见,表情语的作用有时候甚至胜过语言。所以,教师要深入研究表情语,并且合理运用表情,让这种无声的语言发挥真正积极的作用。教师的表情语包括目光语和微笑语。

### 一、教师的目光语

目光语是人们在交往时,体现感情的、含蓄的无声语言。它可以表达有声语言难以表现的意义和情感。"眼睛是心灵的窗口",这是因为心灵深处的奥秘都会自觉不自觉地从眼神中流露出来。

#### (一)教师目光注视的角度

一般而言,目光注视的角度,通常有以下三种：平视、仰视、俯视。

1. 平视

是指人的视线呈水平状态的注视。一般适用于普遍场合的交往。主要体现出平等、尊重和专注的心理状态。

平视适用于教师与学生的思想沟通时；与同事交谈或者研讨时；与学生家长的沟

通时；与朋友家人的对话时等。这是一种最放松最直接的目光交流方式。教师运用这种目光注视学生，容易得到学生的认可和信赖，同时配合真诚的微笑，这样的目光语会起到积极的教育效果。

**2. 仰视**

是指向上抬起目光注视他人的方式。这种目光语体现了对对方的尊重、仰慕、钦佩和敬畏之意。这种目光语比较适用于面对长辈、领导或者其他有影响力的人物。一般来说，学生运用这种注视方式较多。假如学生面前出现了他们爱戴的教师，学生大多会用仰视的方式面向对方。对于教师而言，著名专家、学者来做报告或做课题研讨时，运用这样的目光注视角度，既体现对专家的尊重和敬仰，也体现自己的学习精神。

**3. 俯视**

是指抬眼向下注视他人的方式。一般是长辈对晚辈的一种注视方式。这种方式可以体现出长辈对晚辈的宽容怜爱、审视、关注等心理状态。有时候也可表示对他人的不屑、轻慢或者怀疑。教师在讲课时，大部分时间处在位置比较高的讲台上，会不自觉地把目光变成俯视状态，当然也有时候是因为个体身高问题，一方较高，一方较矮，会产生俯视现象。俯视时如果距离过近，会给人压抑感，所以这种方式应该谨慎使用。当然，有时教师为了观察学生，在讲台上可以使用俯视方式。

**（二）教师目光注视的范围**

目光注视的范围指的是人们在交往时目光所及之处，就是目光注视的部位。目光注视的部位不同，表明了自己与他人关系的亲疏远近，同时也表明了自己对他人的态度。

根据人们心理上的远近划分，目光注视一般有三个范围：

**1. 第一个范围是额头到双眼之间**

这个范围的注视被称为公务注视。注视这个小范围意味着目光会直视到对方眼部，可以真实地觉察到对方的心理意图。人与人之间如果初次见面，互相不熟悉，一般注视的部位就是眼部。通过眼部的观察，人们能熟知对方讲话的真假，情感的多少。当然，直接注视不可以时间过长，要注意避免凝视，凝视有窥探别人隐私之嫌。教师有时也会运用这种注视方式面对学生。当学生回答问题不够清晰时，当询问学生犯的错误时，教师的目光一般集中在学生的眼部，以此来获得对方真实准确的答复。当然，若是处于不信任对方时而用这种注视方式，紧盯对方眼部，会造成对方的紧张和不安，甚至是害怕，这种让人产生紧张感的注视方式，一般较多地运用于严肃场合。对于教师而言，可以注视学生的眼部，但不要采取紧盯的方式，这会给学生造成心理压力，从而失去师生间的融洽氛围。教师的职责是育人，即使是一个小小的眼神，也要妥善运用，不可以因为一个不当的注视而使学生受到心理伤害。

**2. 第二个范围是双眼到唇部位置**

这个注视范围在社交礼仪当中被称为是社交注视。这个范围仿佛是一个倒三角形。通常是在社交场合,或者一般熟悉的人们之间的一种注视范围。这个范围的注视不局限于对方的眼部,而是目光可以在眼部和唇部之间移动。用这种较大范围的注视方式,会给人一种放松的感觉,同时也是一种可以达到互相理解和看清楚面部表情的方式。人与人之间初次见面,互相短暂的交谈后会把目光从对方的眼部适度地移动到唇部,不是一直盯着对方的唇部,而是根据谈话或者对话时间来变化,但是目光不可以移动太快,否则会给人以紧张不安或者狡猾不庄重的感觉。

教师与学生、同事或者家长交谈的时候,眼神转移要适度,不要游移不定,也不要紧盯不放。对待学生时,教师的眼神不要来回在学生的脸上扫视,否则容易引起学生心理的紧张和慌乱;教师的眼神可以在学生的脸部适度关注,同时教师的面部展现出温和的笑容,不仅可以让学生安定下来,还可以起到神奇的沟通和交流的作用,有利于教育教学的顺利开展。这种注视范围适合大多数的交往场合。

3. 第三个范围是从胸部到头面部的位置

这个范围是目光注视的最大范围。这个范围在社交礼仪中被称为亲密注视。指的是家人、恋人和长辈对晚辈之间的注视。这种注视更多地体现了人们之间关系的亲密和信赖。目光注视从小范围的双眼到大范围的胸部以上,表明了人们的亲密关系由远及近。注视的范围越小,表明关系越生疏;注视的范围越大,表明关系越亲密,越信赖。比如,当孩子出门上学时,一般父母会注意到他的头发丝落在了肩上,或者领子没整好,而一般朋友则不太能注意到这些细节。家长经常会发现孩子的牙齿是否整齐,胸前的衣扣是否扣紧,而教师一般不太可能发现。可见,这种注视方式并不适用于教师对学生的审视。只有当教师对学生充满了责任感的热爱时,只有当教师深深地记挂着自己的学生时,才会在与学生面对面时,注视到更大的范围。当教师真正的作为长辈,对待孩子们有真切的希望和热爱时,这种关切的注视也会引起学生的信赖感,也会产生鼓励和激励的作用。但是,这种上半身的注视范围尽量不要用于同龄异性师生之间,以免产生心理误会。

人与人之间目光注视的范围由小到大,表明了人与人之间关系的由远及近,教师要学会合理利用这几种注视的范围,让学生既可以从目光中感受到严肃认真,也可以感受到长辈的温暖关怀。

### (三)教师目光注视的时间

在人的目光礼仪中,目光注视不同部位会体现出有不同的情感关系,同时,注视时间的长短也有不同的心理体会。注视时间恰当,会给人放松亲切的感觉;注视时间过长,会让别人感觉不舒服,从而破坏友好的交往氛围。

1. 初次见面时的目光

当人们第一次见面时,开口互相介绍自己,双方的目光会有接触。一般而言,普通的交往场合互相对视三秒就可以。三秒的时间,足够双方做简单的自我介绍,同时完成握手或者鞠躬点头的礼节。一开始双方简短的对视,就会形成初步的印象了,随后的交谈交往中,更需要注意目光的各种礼仪。

教师与学生初次见面认识时，为了避免学生的紧张，可以注视学生的整个面部三到五秒，但时间不要太长，在学生介绍完他自己后，教师可以适当地收回目光。教师在与其他社会人士交往时，也是要遵循这样的时间原则，因为大家不熟悉，没必要紧盯他人不放，盯视他人容易造成对方紧张不安。

2. 与人交谈时的目光

人们在交谈时，一般来说，目光注视对方的时间占整个交谈时间的三分之二就可以了，不要交谈时一直盯着对方的面部，也不要目光交流少于三分之一。若谈话时心不在焉，目光游移不定，目光接触的时间少于三分之一，会被认为是不够重视对方，不够重视这场谈话；若是交谈时目光紧盯对方，也会造成别人的不适。

教师经常会与学生谈话，一来了解学生的学习情况，二来也可以听取学生的各种问题反馈。在师生交谈期间，教师的目光是主导。教师要认真关注学生的整个谈话过程，目光要温和地看着学生，时长至少要三分之二，千万不可以一边干自己的事情，一边听学生的汇报，这样没有目光交流的谈话属于无效沟通，学生反馈的真实状况会被忽略掉，学生会产生不被重视的感觉。当然，教师也不要一直盯着学生看，以免学生因为紧张而语无伦次或者言不由衷。

### （四）教师目光的变化与禁忌

教师是参与学生成长发展的重要人物。他们用什么样的方式对待学生，会深刻地影响到学生的一生。所以，教育无小事，细节决定成败，即使是一个眼神，一种目光注视方式，都会有强大的影响力。在学校里，通常教师与学生相处的时间比较长，在对待学生的各种方式中，一定要注意目光的合理运用。

1. 目光的变化

在注视的方式上，教师与学生交谈时，注意不要斜视，否则会让学生感到轻慢；也不要漫不经心地随意看一眼，否则会让学生觉得教师不在意自己，自尊心容易受到伤害，甚至会对教师产生反感。教师运用扫视，是一种监督，不可频繁使用，经常这样做，学生会感觉到被监督而形成胆小紧张的个性特征，甚至会有双重人格的反应。

教师要注意从不同的角度来关注学生。因为不同的角度有不同的含义。正视，表示认真与庄重；斜视，表示不屑或冷漠；仰视，表示敬仰或思索；俯视，表示关切或审视等。在教育教学中，教师的目光运用要丰富灵活，也要恰到好处，要让学生从自己丰富明快的目光语中，领悟到准确的情感表达和真实信息，真正地使目光语成为一条重要的信息传输渠道，以收到良好的教育教学效果。

总之，教师的目光语，要时常透露出对学生的关爱、接纳、肯定、鼓励、信任、赞许、热情、期盼、坚定的情感状态，这才是教师最应该有的目光。

2. 教师目光的禁忌

教师在学生心中的地位往往至高无上，学生们渴望教师善意、鼓励的目光，因为这样的目光能传递给学生自信和力量，能增强学生的自尊心、自信心。但是，有些目光却是学生害怕的、厌恶的，教师要绝对杜绝这些目光。

（1）忌冷漠的目光

面对学生的时候没有热情，没有表情，目光中没有温度。这样的目光会扼杀学生的学习兴趣，甚至会让学生讨厌教师。学生从这样的目光中找不到一点点的爱和鼓励。长期冷漠对待学生，学生会失去学习的动力，甚至心理上也会逆反。

（2）忌忽视的目光

教师在与学生对话时，只顾做自己的事，不看着学生说话，这是一种怠慢、心不在焉甚至厌烦的心理表现。当学生无意地打断教师自己的事情时，请不要冷漠对待，要学会倾听学生，看见学生。同时，要多用目光关注所有学生，不要只关注成绩好的学生，而忽略学习成绩较差的学生。忽视的目光容易导致学生的自尊心受到伤害，甚至会产生自卑心理，最终影响到学生的心理健康。

（3）忌责怪的目光

学生犯错误时，教师不要用责怪的目光注视学生，这种目光容易使学生产生害怕或逆反心理，造成学生对教师的抵抗，割裂师生间的情谊，使两者矛盾激化，不利于学生健康人格的发展。

（4）忌不信任的目光

任何学生都希望得到教师的赞赏和鼓励。他们需要教师的关注和信任，请不要用不信任的目光看待学生，这会打击学生的所有积极性和上进心。

（5）忌嘲讽和鄙视的目光

不要在学生回答问题错误，或者有其他错误行为发生时，用鄙视和嘲讽的目光注视学生。即使学生有错误，可以就事论事，心平气和地讨论问题，而不是用一个成年人的目光伤害未成年的学生，这会造成学生的自卑心理或者自暴自弃的心理状态，更可能会引起强烈的紧张不安或者逆反心理。

（6）忌呆板的目光

有些教师的目光不冷漠，但是也不够灵活，看起来缺乏生机和灵活性。教师主要职责是教书育人，目光呆滞的教师会引起学生的不适和不满，同样会对学生造成不良的心理影响。

（7）忌眼珠转太快

目光游移不定，眼珠快速转动的教师，会让学生产生教师能力不足、人品欠佳的感觉。这会失去教师的威严感和庄重感。所以，教师要注意眼珠转动速度和频率，不要太快。

教师的目光会因为生活习惯不同而各有差别，但是只要心中有爱，有学生，他的目光一定会是恰当的、得体的、温暖的。倘若要恰当使用目光，让每种目光都充满教育的力量，那么，可以试着去想象你面前的每个学生，就是你最疼爱的孩子，他们的未来就是你的未来，他们的前途就是你的前途，请爱他们吧！爱自己的孩子是本能，爱别人的孩子才是真正的伟大，教师的伟大就在于此。

## 二、教师的微笑语

微笑是人类最美的表情。微笑是一个人的素养的体现，是一个人善意的表达。如果说眼睛是心灵的窗户，那么微笑就是心灵最美的模样。微笑蕴含着丰富的意义，即使无声也能彼此沟通微笑，戴尔·卡耐基说："一个人脸上的表情比他身上穿的更重要。"微笑的表情配合着善意的眼神，是这个世界上最有感染力的语言。教师的微笑更具有无穷的魅力。

### （一）教师微笑的意义

在这个美好的世界上，微笑有着不可比拟的魔力。微笑是人际交往的名片，是有效地传情达意的手段。

#### 1. 教师的微笑是个人形象的名片

一个人，不管从事什么职业，拥有什么样的身份地位，他的面部表情会真实地现出他个人独有的一切，包括他的心情、品性、脾气、心胸、气度等。即使刻意掩饰，一些微妙的表情也会出卖真实的状态。所以，喜怒哀乐虽然是常见的表情，却是体现人深层次心理的一张名片。作为社会人的个体，有不同的分工和职业，不管何种职业，都有一定的礼仪要求。比如服务行业中，餐厅服务员、空乘人员、银行职员等都需要面带微笑出现在顾客面前，这是职业规范的要求。作为教师也应体现职业特点。虽然教育行业没有明文规定教师一定要微笑待人，但是作为个人来讲，微笑的意义非比寻常。

常常微笑的人，会有某种天然的吸引力、亲和力，这是教师应该具备的能力。时常面带微笑的人，表明他的内心是平和的、善意的、阳光的，表明这个人个性良好。人常说爱笑的人运气不会太差，这说明一个爱笑的人体现出了善意，那么周围就会有善意的相随。

教师是一个与学生打交道的职业。教师拥有善意的微笑，真诚的微笑，就像是自带光环，会成为学生眼中有魅力的教师，成为大家信赖的教师，会影响学生的发展。人人都爱善良的品质，所以教师一定要学会微笑，这是个人基本品质的体现，也是职业特点的要求。

总的来说，教师的微笑能体现以下四个方面的意义：

（1）体现教师的爱岗敬业

教师在工作中经常微笑，说明热爱本职工作，遵守教师职业道德。不管在课上还是在课下，微笑可以创造一种和谐融洽的气氛，让学生感到愉快和温暖。而在工作中不会微笑的教师，能体现出几分对教育事业的热爱呢？

（2）体现教师的良好心态

一般而言，心态平和、心境开朗的教师，会不自觉地带着愉悦的微笑，使周围人感觉到积极向上的人生态度。对学生对同事也是一种积极的影响。

（3）体现教师个人的自信

常常面带微笑的教师，会带给人自信乐观的感觉。这表明教师对工作、生活有充分的自信，带着微笑出现在课堂，会带给学生放松的心理，增加学生学习的兴趣。

（4）体现教师的真诚友善

微笑是善意的表达，会产生一种强大的吸引力量，会很快缩短与学生的心理距离。学生也会在教师的笑容里找到尊重、真诚和友善。

2. 教师的微笑对学生的意义重大

微笑作为一种最有魅力的无声语言，是教师与学生之间沟通的最佳桥梁，是教师影响学生发展的最佳手段。教师和学生的交往在学校教育中无处不在，一个善意的眼神、一个鼓励的微笑、一句亲切的话语可能会对学生产生久远的影响。

（1）教师的微笑可以迅速缩短师生间心理距离

微笑是令人感觉愉快的面部表情，它可以迅速缩短师生之间的心理距离，可以创造出温馨、和谐的氛围。微笑体现出教师的和善友好，任何人都喜欢笑容满面的人。有的小学生曾在作文中写到他们喜欢老师的笑脸，感觉很放松，更愿意听老师讲课。

现在的学生都有着非凡的观察能力。他们会察言观色，会根据教师的表情来猜测教师对自己的感觉。如果教师带着不愉快的表情走进教室，孩子会误认为教师不喜欢自己。如果教师的情绪饱满、笑容可掬，那么学生的心理是放松的、安全的，无形中师生间的心理距离就拉近了。教师的笑容是开启良好师生关系的钥匙。

（2）教师的微笑有助于提高学生的学习兴趣

教师微笑很有教育意义。教师任何一个表情都能带给学生某种暗示，特别是对小学阶段的学生。古语说"亲其师而信其道"，如果教师在一进入教室的时候就面带微笑，配以恰当的眼神，这必然会激起学生的兴趣，这样的课堂必然会充满生机和活力。教师微笑着讲话的方式，要比严肃和理性的言语更有吸引力和说服力。因为微笑透露出爱和信任、理解和尊重，这是如同阳光般温暖的感觉。

一个充满微笑且表情自然丰富的教师，会深深地感染到学生，能使学生培养出爱的能力和美好的品质，教师的微笑是一种积极的生活态度，是一种正确的教育理念，是一种无形却有极大影响力的教育资源。

（3）教师的微笑能促进学生心理的健康发展

成长期的儿童的心理大多是脆弱的。教师看到他，欣赏他，尊重他，他才有继续前进的动力和激情。即使学生犯了错误，教师能用微笑的方式指出错误，提出要求，也比用简单粗暴的言语和眼神更加有信服力。人与人的沟通，除了有声的言语外，要想达到更深刻的理解，还必须要有恰当的表情，微笑的表情就有这种魔力。

（4）教师的微笑是学生全面发展的动力

教师的微笑配合以合适的目光，将是一种和谐的春风般的面部表情。这些表情的背后，蕴含着教师对学生的热爱，对教育事业的高度责任感和忠诚心。教师的所有教育行为、教育方式，都不应该仅仅停留在传统的教育观念上，不能仅仅局限于学生的成绩问题上。教育的本质在于传递爱与希望。教育是要让学生在教师真正的关怀和爱当中成长,而不仅仅是为了提高课堂教学效率,为了成绩服务。学生的发展应该是全面的。教师除了知识的引领以外,更要进行学生健全情感道德的引领。教师微笑的真正意义在于,学生从教师的笑容中得到了认可、安慰、鼓励、期盼和信任。教师的微笑有着潜移默化的影响力量。

3. 教师的微笑是校园人际交往的通行证

教师的生活圈子除了学生外,还有周边的同事、朋友,甚至学生家长。一个常常面带微笑的人,会带给人容易相处、有涵养的感觉,所以作为教师,即使在日常社会生活中,也要体现出自身的素养和品格。与人交往时,带着得体优雅的微笑,很容易赢得他人的喜爱和尊重,也有利于开展各项工作,获得更多的支持与帮助。

### (二)教师微笑的分类

笑是人类最自然,最丰富的表情。笑容具有丰富的内涵,不同的笑容会带给人不同的心理感受和暗示。对于教师而言,经常面对学生,他的一颦一笑,会深深地影响到学生的心情和感受。所以,教师要学会运用不同的笑容,来体现不同的教育意图。

1. 浅笑

浅笑也叫小微笑,是指教师的面部放松,嘴角同时上提,不露齿,不发声,同时配合相应的眼神。

(1)表达善意和理解心理时,浅浅的微笑配合以理解的目光,会让学生心理放松并且产生信赖感。

(2)表示鼓励时,浅笑和期许的目光配合,会让学生体会到教师的鼓励和支持。

(3)表示信任学生时,浅笑和信任的目光配合,会加强信任的力量感,学生会受到鼓舞和激励。学生的表现会更加优秀。

(4)表达提醒学生注意时,浅笑配合以探寻和疑问的目光,会让学生立即领悟教师的提醒意图,却不需要严厉地指责。

2. 大微笑

大微笑是指教师的面部放松,嘴角同时上提,露出适度的牙齿,不发声,同时蕴含笑意。这种微笑的动作较大,更是一种具有感染力的表情。

当学生取得好成绩时,教师的这种具有感染力的微笑会让学生感受到被尊重和被重视。任何人都希望被他人重视和欣赏,所以教师面对学生时,如果能绽放出大大的微笑,并且配合以期许、信任和欣赏的眼神,学生受到的鼓舞会更大,更会有新的发展动力和激情。

大微笑的运用场合可以是较为严肃的课堂,这可以缓解学生的紧张情绪和压力;也可适用于欢乐的场合,比如学生的演出;还可以用于疏导学生的不良情绪。当学生有情绪问题时,教师的善意微笑,会大大改善学生的情绪状况。即使在训导学生的时候,还未开口前,给学生一个大大的微笑,也许比语言的训导会更让学生有悔过之心和改正的决心。真正的教育不一定是板着面孔的样子,笑容是一种教育资源,更是一种教育财富。教师的笑容是学生成长发展的驱动力。

### （三）教师微笑的禁忌

教师这样一个伟大而富有影响力的角色，容不得一点儿疏忽。因为学生的心大多比较敏感和脆弱，任何一个闪失都可能会带给他们心灵深处某种伤痛，甚至会影响到学生以后的发展。即使到了成年，仍然有人会回忆起，曾经是怎样的一种表情言语，深深地刺痛过他。所以在任何时候与学生面对时，一定要把握好分寸，在举手投足之间，在一颦一笑之中，把善意传递出来，把教师的大爱体现出来。以下几种微笑的方式，教师应该杜绝：

1. 讥笑

讥笑是指教师在面对学生时，面部呈现出讽刺挖苦的笑容，同时目光中也表现出不屑的神情，这是教师应该杜绝的表情，这个表情最伤害学生的心理。它可能让学生感到自己一无是处，或者不值得被爱和尊重，会严重打击学生的自尊心和自信心，甚至会引起学生的逆反情绪。

也许学生在某个时刻犯了小错，也许是做错题，也许是课堂上影响了他人，或者是没明白教师的言语，这个时候教师应该做的是平静而温和地、带有期许意图地去询问学生所面临的困惑和问题，而不是一个讽刺挖苦的笑容，加上一种冷漠的言语，这样不会解决任何问题，反而会加深师生间的误解和矛盾，这样极其不利于学生的心理健康成长和发展。教师的重要职责是引导学生健康发展，而不是相反。

2. 冷笑

冷笑是指不带感情的冷漠的笑容。教师经常与学生相处，在面对学生时，无论如何，不可以发出冷漠的笑声。即使学生真的处于学习后进的状态，即使所犯的错误比较严重，教师的职责也是让学生明辨是非、积极向上，而不是在学生处于学业或生活的困境时，教师冷面相对。只要是学生，只要他们在学校，他们就是一群需要引导和帮助的未成年人和社会的新生力量，教师不能因为自己的心情或者学生的状况，而表现出冷漠、反感或者放弃的态度和表情。学校就是容许学生犯错的地方，有错误可以教导学生改过，但是冷漠的笑容，却如一颗隐形的炸弹，一旦埋入学生心田，后果不堪设想。受到这种态度打击的学生，他们对于社会的认知，会不会有阴暗的一面呢？有爱才会有惩罚，没有爱，只有惩罚的教育，能称之为教育吗？所以，教师的表情运用要合理和克制。

以上两类笑容是教师要绝对杜绝的，因为笑的本质是接纳、信任、开心、满意，而不是破坏性的。在教师的笑容里成长的学生会更加热爱生活，更加能够健康成长。其他的笑容，比如狂笑、狞笑、皮笑肉不笑、突然大笑等，都不是教师应该有的表情。

### （四）微笑的训练法

笑是人的天性。发自内心的微笑是渗透情感的微笑，包含着对人的关怀、热忱和爱。作为教师，笑容是必不可少的表情。笑不仅仅是对学生有积极作用，对自身也有积极作用。俗语说,笑一笑,十年少。笑能拉近师生之间距离,也能促进自身健康,益寿延年。笑并不难,只要发自真心,源于尊重和爱,从良善的心态出发,笑容就会绽放,笑容就最迷人。可是有的教师笑起来不够美观,或者干脆是不习惯笑,那么,以下几种方式有助于训练出得体的笑容:

1. 对镜练习法

面对镜子,看着自己的面部,两侧嘴角同时上提,眼睛含笑,这是初步的浅微笑。然后发出"一、七"等开口音,注意自己的面部状态,关键是眼睛要笑意出现,这样的笑容才最美。找到最美的嘴角位置和眼神状态,保持、反复训练,直到成为自己的习惯性微笑,这样最美最得体的笑容就成功了。完美的笑容不是死板的笑容,记得要用心,做到嘴笑、眼笑、心笑三合一,才是真实的笑。

2. 想象法

美好的笑容需要想象力。当一个人在回忆或者想象美好故事场景时,总会不自觉地微笑起来,这时的笑容最迷人。倘若在上课前,在面对学生以前,能回忆美好的过去、愉快的经历,或者展望美好的未来,融入情感,笑容就会完美绽放。

3. 熏陶法

听有趣的笑话,看温暖的书,听动人的音乐等,凡是能促进教师自身综合素养完美提升的事物,都可以成为微笑的来源和动力。

4. 矫正法

假若教师的笑容有嘴角不平衡的现象,可以采用矫正法。取一根木筷,用门牙轻咬,对着镜子调整两边嘴角的上翘幅度,直到两边平衡,保持十秒,找到这种感觉,经常练习,可以矫正笑容的各种问题。

**思考与练习**

1. 教师的微笑对于学生的意义是什么?

2. 教师的目光语有哪些禁忌?

3. 说说你平时会如何训练自己的微笑。

4. 阅读下面的一则小故事,谈谈教师的目光语对于学生的影响。

星期四那天,一贯都按时交作业、按时完成作业的我心里很忐忑,因为头天晚上在奶奶家睡的觉,所以就忘记带作业本了。就因为没有带,让我跟老师说明的勇气都没有,要知道,我是个自尊心特别强的女孩。

就这样忐忑不安地过了第一节课、第二节课、第三节课,好像也都风平浪静,我这颗悬着的心才放了下来,以为没事了。可第四节课刚一下课,"霝耗"便传来,成成卖力地扯着公鸭嗓子喊着:"欣怡——去吴老师办公室!"我这颗刚落下的心又悬了起来:怎么办呢? 她要是不相信我说的,认为我是故意找借口,我该多丢人哪! 算了,当一回死猪吧,反正死猪不怕开水烫。我垂头丧气地到了办公室,心惊胆战地喊了一声

"报告"，便握紧了拳头，怯怯地向吴老师走去，支支吾吾地喊了一声正在认真批改作业的吴老师："吴……老师。"吴老师见我来了，用温柔的眼神看着我，而这眼神里也透露着一种严肃，她上下打量了我一遍，心平气和地说："说吧，为什么没带作业本？""我……我昨天睡在奶奶家了，所以……没带。"吴老师望了望我，我发现那是相信的眼神，心里立刻变得平静起来。老师拍拍我的肩膀，又跟我谈起话来："一个人，一定要有责任心……""好了，你明天带给我吧，下不为例！"而这时，吴老师的目光中却只有一种温柔。顿时，当初我的不安心情一扫而光。也许，说几句话对老师来说很平常，但是，对我一个自尊心极强的女孩，我打心里谢谢老师对我的信任。我忘不了老师信任的眼神。

5. 朗诵和体会以下两篇关于教师的目光的诗歌。回忆发生在自己身上因教师的目光而印象深刻的事情，与同学和朋友进行交流。

## 老师的目光

老师的目光是严肃的，
每当我们犯了错误之后，
她都会细心地来指导我们！
老师的目光是和蔼的，
每当你被别人排斥的时候，
她会告诉同学们什么是错误！
老师的目光是理解的，
每当你上课总走神时，
她会悄悄地走进你的内心来了解你！
老师呀！您是多么无私，您是多么伟大！您的真心打动着我们……
您的所作所为都印在我们的心里！

## 难忘老师的目光

### 王金波

任岁月潺潺地流淌，不能忘怀的始终是老师的目光。它洞穿千年的风霜，伴随着竹露的清响，带来朝露中第一缕阳光。

人世间最美丽的是老师的目光。老师的目光是春风中第一声布谷鸟的歌唱，是夏日里红肥绿瘦的荷塘，是秋空中渐渐淡去的雁行，是冬雪中悄悄绽放的芳香。

人世间最深沉的是老师的目光。以其无私和博大，在润物细无声的柔情中洗涤我狭隘粗俗的性情。在你写满期盼的目光中我蹒跚而行。

在布满荆棘的山路上，我看到了你的目光，山路弯弯，沉甸甸的脚印早已压弯了你的脊梁，你把目光锁在山崖上那棵凌风的小草，告诉我无限风光就在远方。

在漫漫的长夜，我枕着无尽的孤独和迷惘在黑夜中摸索，是你的目光远送着我走进黎明。在这一刻世界总是变得如此的澄清，连心也成了一方默默的清潭，笑着倾听着清晨的美丽。

在高高的蓝天上,我听到你的目光在说话,在我的翅边轻轻翕动。我用高飞的背影去接近你目光中的蔚蓝,生命在与风的升腾中获得了岁月的光环。

在烟波浩渺的大海上,你的目光是鼓满我船帆的一阵风,载着我如离弦之箭驶向遥远的彼岸。

在七彩的霓虹灯下,我迷失了方向。是你的目光带着我穿越四季的喧嚣,走向永不褪色的眷恋。在你久久凝望的目光里,那股无比的亲切和豪情在心海中放歌。

老师的目光是那开荒的铁犁,默默地耕耘着一方漆黑的沃土,把文明的种子播撒。

老师的目光是那悠悠的小桥,桥的一端连着现实,一端连着希望和梦想。

老师的目光是那风筝上的线,你飞得再远再高,生命中的根总是系在大地上。

老师的目光是那跳动的烛光,照亮人生中的困惑,照亮你前进的方向。

老师的目光是最醇最醇的酒,是最美最美的诗,最真最真的梦。

啊!难忘老师的目光!

# 第五章
# 教师教学语言训练

## ※ 学习目标

1. 了解教师教学语言的含义,掌握教师教学语言的特点。
2. 了解教学环节中导入语、讲授语、提问语、评价语、应变语和结束语的含义和功能,明确相关要求,掌握相应的方式并能运用到教学实践中。

现代著名的诗人、散文家、文学评论家何其芳先生,曾这样回忆他的两位哲学老师:

我们那位教康德和黑格尔的教授,在国外曾获得博士学位。他每次讲课,必定从头到尾把康德和黑格尔的著作静心再读一遍,然而他却无法把他的课教得让人可以听懂。在课堂上他总是翻着康德和黑格尔的书,东念一段,西念一段,然后半闭着眼睛,像和尚念经似的咕噜起来,要抵抗这种催眠术是很困难的。我们的另一位教中国哲学的教授,他的讲义倒是事先写好的。上课的时候,总是拿着稿子一句话念两遍,要大家静静坐着默写。上这样的课实在太闷了,所以我就有计划地缺课,准备缺到不至于被取消学籍为止。

可见,即使是学识渊博的学者,如果没有良好的教学语言素养,教学时仍可能出现"茶壶里煮饺子——倒不出"的情况,让学生遗憾。

➤扫描章首二维码获取相关音视频资料。

## 第一节　教师教学语言概述

教师的职责是"传道、授业、解惑"。教师是吃"开口饭"的,也有人将教师的职业称为"舌耕"。教师的语言修养直接影响教学质量。教育家苏霍姆林斯基曾指出:"教师的语言修养在较大程度上决定着学生在课堂上的脑力劳动的效率。"没有口才的教师,其教学效果一定非常糟糕。许多优秀的教师,他们的教学之所以能给学生留下终生难忘的美好印象,除其丰富的知识外,纯熟、优美的教学语言是一个重要的原因。

## 一、教师教学语言的含义

教师教学语言是教师在教学过程中,根据学生的特点和教学内容的需要,以传授知识、培养能力、进行思想教育为目的而使用的一种工作语言。它是教师进行教学活动最基本、最重要的手段,是教师的劳动工具。虽然目前现代化的教学设备越来越多,技术化的教学手段越来越常见,但语言仍是教师进行教学活动最基本、最重要的手段,是教师的劳动工具。

教学语言是教师职业语言的一部分,是一般口头语言在教学活动中的延伸。教学语言运用得是否得当,将直接影响到课堂的教学效果和学生的成长进步。因此,每一位未来的小学教师都应该自觉地学习教学语言,了解教学语言的特点和要求,认真进行教学语言的表达方式训练。

## 二、教师教学语言的特点

教学过程的复杂性决定了教学语言特点的多样性。课堂教学活动一般发生在教师和学生之间,教师教学语言除了受到教学对象、教学内容、教学任务、教学环境等多种客观因素的制约之外,还直接受教师的思想品德、学识能力、审美情趣以及语言表达水平等主观因素的影响。教师教学语言同其他行业所使用的语言相比,具有以下一些特点:

### (一) 规范性

教师教学语言具有规范性,才能产生语言的正面示范效应。教学语言规范,主要体现在语音规范、词汇规范、语法规范三个方面:一是语音规范。要求使用普通话标准音,做到发音清晰、吐字准确。二是词汇规范。指不用方言词,杜绝生造词,如不把"母猪"说成"猪娘","抽屉"说成"桌板底"等。三是语法规范。指力求避免成分残缺、搭配不当、词类误用、语序失调等不规范现象。如不把"请坐下"说成"请坐起来","你先走"说成"你走先"等。

### (二) 科学性

教师教学语言的科学性主要指讲授的内容科学。课堂教学中,教学内容和方法的科学性,决定了教师教学语言的科学性。教学时要求概念讲述准确,判断合乎常理,推理符合逻辑,不能出现知识性错误。否则,就会误导学生。例:

一位教师在教《狐假虎威》一课的"窜"这个词时,解释说:"'窜'就是'跑'的意思。"

这个说法是不科学的。如果说"窜"就是"跑",那体育课上教师鼓励学生向前跑,可否说成向前窜呢？显然不行。其实，"窜"固然有"跑"的意思，但"窜"不是一般的跑，它是指逃跑、乱跑，含有贬义，常用的词语如"四下逃窜""抱头鼠窜"等。

此外，不同学科的教学，有着各自不同的知识领域和知识系统。讲授不同学科，应该使用专业的术语、概念。例：

有位地理老师在讲授我国各地降水的有关内容时说："我国东南沿海靠海近，故降水多；西北地处内陆，故降水少。"

作为我国降水分布的事实，这句话是正确的。但对于降水多少的原因却解释得不够准确。因为靠海近，不一定降水多，如非洲西海岸的干旱地区、美洲西海岸的干旱地区等。科学的说法是，我国东南沿海地区更易受到来自太平洋的暖湿夏季风的影响，所以东南沿海较西北内陆降水多。

### （三）启发性

启发性是指教师的课堂教学语言能诱发学生的思考并使之有所感悟。在教学过程中，如果一味采用"注入式""填鸭式"的教学方式势必引起学生的厌倦情绪。教师启发性的教学语言可以激励、启迪学生，让学生置身于一个个富有启示、富有情趣的情境之中，从而点燃学生求知的欲望，激发学生学习的兴趣。

例：特级教师霍懋征给低年级学生讲"聪明"一词的教学片段

她问学生："你们愿意做个聪明的孩子吗？"学生说："愿意。""那为什么有的人聪明，有的人不聪明呢？"有的孩子说："有人生来就聪明。"她说："不对，一个人除非生理上有毛病外，不然都可以变得很聪明的。关键是会不会使用四件宝。你们想知道是哪四件宝吗？"学生注意力高度集中，她接着说："第一件宝：上边毛，下边毛，中间一颗黑葡萄。"学生们立刻说："眼睛！""第二件宝：东一片，西一片，隔座山头不见面。""耳朵！""第三件宝：红门楼，白门槛，里面有个红孩儿。""嘴巴！""第四件宝：白娃娃，住高楼，看不见，摸不着……"没等老师说完，学生抢着回答："脑子！""这四件宝怎么用呢？"她在黑板上先写出"耳"字，然后在"耳"字右边从上到下写出（用心就是用脑），耳、眼、口、心，合成一个"聪"字，她又在黑板上写了一个"明"字，然后说："这四件宝不能只用一次，要'日日'用，'月月'用，天长日久，就聪明了。"

这里霍老师通过引用谜语，妙释字形等语言技巧，既帮助学生有效地掌握"聪明"两字的形体结构，又使他们懂得了多听、多看、多问、多想与聪明的因果关系。语言通俗易懂，生动有趣，富有启发性。在轻松活泼的言语气氛中，使学生对所学知识留下深刻的印象。

### （四）形象性

儿童是用"形象、声音、色彩和感觉思维的"。卢梭说："在达到理智的年龄以前，孩子不能接受观念，只能接受形象。"其实即使达到理智的年龄，对于观念的接受也往往需要借助形象。课堂中，教师形象生动的语言能帮助学生更深刻地感知内容，拓展思维,达到激发学生的想象力和创造力的目的。

例:教师上《少年闰土》课文之前的一段话

同学们,我们今天学《少年闰土》这一课。闰土是谁呢?这篇课文在介绍这位少年时,描绘了这样一幅动人的画面:深蓝的天空中挂着一轮金黄的圆月,月亮下面是海边的沙地,都种着一望无际的碧绿的西瓜。其间有一个十一二岁的少年,项带银圈,手捏一柄钢叉,向一匹猹尽力地刺去……这就是少年闰土。多么勇敢机灵、活泼可爱的少年呵!鲁迅先生用他生花的妙笔,塑造了"少年闰土"这一生动鲜明的形象,真是栩栩如生啊!我们今天就来研究一下,鲁迅先生是怎样具体地写少年闰土的。

教师将课文中的一段话,用极富形象化的语言描述出来,使得少年闰土月下刺猹的场景如同电影画面般呈现在学生的眼前。让人印象深刻,难以忘怀。

### (五)情感性

特级教师于漪曾说过:"教师语言的魅力来自善于激趣、深于传情、工于达意,对学生产生吸引力、感染力,产生春风化雨般的魅力。"于漪老师的这句话说明了教师教学语言情感性的特点,即教师课堂上的每一句话,乃至每一个词都要反复推敲,既要准确、深刻,又要饱含情感、亲切自然,力求达到学生为之动心、为之动情的效果。富于情感性的教学语言不仅能给学生学习语言提供示范,还能使师生关系更加和谐。

例:教师讲授《我的母亲》一课时的一段话

师:母爱,一个饱含柔情的永恒话题。"谁言寸草心,报得三春晖。"是的,不论年长年少,也不论天涯海角,高飞后心的另一端永远牵挂的是对母亲的不尽思念。今天我们一起走进胡适的童年,去感受母爱的伟大力量。

这位教师引用学生耳熟能详的诗句,运用具有文学底蕴的语言抒发了真挚的感情。既贴合了课文内容,又让学生感受到语言的无穷魅力,师生之间的感情在教师充满情感的表达中得到升华。

### 思考与练习

1. 教师教学语言的特点是什么?你对哪一个特点感触最深,为什么?
2. 请联系实际谈谈教师教学语言与日常交际语言的区别。

## 第二节　导入语训练

### 一、导入语的含义

导入语是指一节课开始时教师为吸引学生的注意或引出新课所讲的话,即所谓"开场白"或"入课语"。俗话说"好的开始是成功的一半",优秀的教师都非常重视导入语的设计。

### 二、导入语的功能

#### (一) 激发兴趣,诱发思考

兴趣是情感的体现,也是思考的动力。导入语是激发兴趣、启动思维的第一站。古人说:"学源于思,思源于学。"教师在开课之初针对学生的年龄特点和心理特征,运用生动有趣的语言,巧妙引入新课,可以激发学生强烈的求知欲望,引发浓厚的学习兴趣;或一开讲便巧设疑点、布置悬念,能迅速调动学生的思维,诱发他们探究问题、掌握新知。

#### (二) 沟通情感,活跃气氛

课堂导入语是师生之间建立关系、沟通情感的第一座桥梁。成功的导入语能引起学生情感的共鸣,赢得学生的信赖和认可。高明的教师善于运用独特的开场白活跃气氛,创造良好的教学氛围,同时为学生学习新课奠定基础。

#### (三) 温故知新,承上启下

导入语是沟通"旧知"和"新知"的媒介。由旧入新的导入语既能体现知识的整体性和连贯性,让学生从总体上把握学习目标;又能自然衔接上下文内容,帮助学生理清思路,调动学生的学习积极性,提高学习效率。

由此可见,导入语是课堂教学的重要一环。好的导入语,能够调动学生兴趣,给一堂课定下积极的基调。

### 三、导入语的要求

#### (一) 目的明确

导入语的设计要符合教学目标和教学内容,或开门见山,或沟通情感,或设置悬念,或温故知新。总之,要从学生的实际出发,不要随心所欲,不搞"花架子"。

#### (二) 新颖有趣

导入语的设计要新颖有趣,才能激发学生的学习兴趣。要做到角度新、形式新、表达有趣、内容有趣,切忌千篇一律,空洞呆板。

### (三) 启发性强

导入语的设计要注重创设问题情境,点而不透,含而不露,让学生发现矛盾,积极思维,激发求知欲。

### (四) 内容简练

导入语仅是课堂的序曲,设计的内容不宜过多,占用时间不宜过长。导入语的内容应力求简明扼要,语言应力求简练准确,时间应控制在五分钟以内。

## 四、导入语的方式

"教无定法,贵在得法",课堂导入没有固定不变的模式,导入语的设计应结合每节课的内容,根据学生的实际情况采用不同的方式。导入语的方式很多,通常有解题式、复习式、情境式、故事式和引入式等。

### (一) 解题式

解题式是教师通过审题、解释课题来导入的方法。题目是一篇文章的"窗口",透过它,可以了解文章的主要内容,发掘文章的中心思想。审题、释题的过程常常能够帮助学生把握学习方向,明确学习重点,迅速领悟教学的主要内容,收到纲举目张的效果。这种方式要求单刀直入,开宗明义。例:

一位小学语文教师讲《飞夺泸定桥》一课时,先在黑板上板书"泸定桥"三字,并简单介绍一下泸定桥的地理位置。接着在"泸定桥"前写上"夺"字,指出这里地势险要,是兵家必夺之地。然后在"夺"字前面写上"飞"字,说明红军为了北上抗日,用"飞"一样的速度,抢时间占领这个天险。

这位教师从解题开讲,寥寥数语,却能画龙点睛,突出了课文的重点,使学生对这篇课文的主要内容和写作思路有了初步了解,为之后的课文讲读打下了良好的基础。

### (二) 复习式

复习式是教师在讲授新课之前,将已有的知识先进行复习,再过渡到新的知识的导入方法。这种方法通过新旧知识的对比和整合,在"旧知"与"新知"之间架起一座桥梁,有效提升学生的学习效果。

例:于永正老师在教学古诗《草》时的导入语

师:小朋友们以前学过三首古诗。一首是《锄禾》,一首是《鹅》,一首是《画》。还记得吗? 谁能把三首诗背给老师和同学们听听?

(学生背,略)

师:学完这么长时间了,还背得这么流利,而且很有感情。小朋友们,我国古代出了很多诗人,他们写了许许多多的诗。这些诗写得可美了,今天,咱们再来学一首。

于老师这个教学导入设计既复习了原来学习的诗词,又极其自然地和即将教授的古诗有机地联系起来,真正做到了"温故而知新"。

**(三) 设疑式**

设疑式是教师紧扣教材布设疑障,激发诱导学生积极思考以引入新课的方法。亚里士多德说:"思维是从疑问和惊奇开始的。"课堂之初,教师若能结合教学内容和学生情况,设置扣人心弦的问题或出人意料的悬念,可极大地调动学生解决问题的好奇心,激发学生继续学习的兴趣。设疑式的基本语言形式是设问。

例:一位教师在教《卖火柴的小女孩》一课时的导入语

师:同学们,你们的大年夜过得开心吗?

生:开心! 有很多零食吃,有新衣服、新鞋子穿。

师:可是,有个小女孩就没大家这么幸福了。(讲到这里,同学们都觉得惊奇)这一年大年夜,天气很寒冷,天又飘着大雪,小女孩又冷又饿,可是还要赤着脚到大街上卖火柴。

师:(进一步设疑)她究竟遭遇了什么事情呢? 后来又怎么样了呢? 今天,我们学习了安徒生的《卖火柴的小女孩》,大家就知道了。

教师用一段简短而且引人入胜的悬念式导入语,激发了学生的兴趣,很自然地进入新课教学意境。这一段导入语在结束时设置了两个悬念:"小女孩为什么大年夜还要在街上卖火柴?""小女孩后来的命运怎么样了?"学生们欲知答案,自然会关注接下来的课堂内容。

例:小学数学"解方程"一课的导入语

老师上课前设置了一个问题:"同学们,让我们来玩一个魔术。请同学们想一个数,不要说出来,把这个数除以 2 再减去 3,然后把运算的得数告诉我,我可以猜出你想的那个数是几。(有三位同学给了老师数字)同学们一定非常想知道老师是怎样把你们脑子里想的数算出来的,当你们学习了解方程后,你们不但能像老师一样迅速算出别人脑子里想的数,而且还知道为什么可以这样算。"

教师设计的数字魔术引发了学生强烈的好奇心,充分调动了学生参与课堂的积极性和主动性,教学环节从导入自然过渡到新课内容。

**(四) 引趣式**

引趣式是运用与教学内容密切相关的逸闻、趣事、故事、谜语、诗歌以及富有趣味的特殊修辞形式和修辞手段引入新课的方法。由于内容趣味性强,能极大地吸引学生的注意力,激发学生学习兴趣,达到活跃课堂气氛,引发学生思考的效果。这种方法要求教师语言流畅自然、生动有趣,讲述绘声绘色。

例:俞老师借"姓"发挥自我介绍

我姓俞,按《说文解字》讲,俞的本义是"船"。我觉得我作为一个教师,就好比一条船,载着你们几十个同学一起在求知的大海中航行,抵达成功的彼岸。

这位姓俞的教师,通过解释"俞"字的本义并引申开来,吸引了学生的注意,体现了教师的智慧。

有位老师在讲《赠汪伦》时,是这样开讲的:"小朋友,你们都知道李白是唐朝的大诗人,然而你们知道汪伦是什么人吗? 汪伦是一个平民百姓。一个大诗人怎么与一个普普通通的老百姓建立了深厚的友谊呢? 原来李白一生中有两大嗜好:一是喝酒,二是赏桃花。这个秘密让汪伦知道后,写了一封信给李白,说自己家乡有'千里桃花''万家酒店',邀请大诗人光临。李白接到信后,兴致勃勃地来到汪伦的家乡黟县,一看,哪儿有什么'千里桃花''万家酒店'? 其实只是一个方圆十里的'桃花潭'和一个姓万的开的一家酒店。然而,李白并没有扫兴,他深深地为汪伦交友的盛情所感动。因此两人在一起饮酒谈天,越谈越投机。渐渐地两人情同手足,离别时难舍难分。试想这依依惜别之情能用什么衡量出来呢?"

这位教师善于发掘与教材有关的趣味素材,编成故事。教师绘声绘色地讲,学生全神贯注地听。教师既诱发了学生的学习兴趣,又使"桃花潭水深千尺,不及汪伦送我情"这一教学难点,得到了突破。

## (五) 情境式

情境式是用饱含感情、形象具体、优美细腻的语言描述客观事物,以情境引入新课的方法。教师运用自己的语言创设出一种情境,营造出一种氛围,使学生受到感染,体验美好的情感,感受心灵的震撼。这种导入方法要求教师的语言感情充沛、节奏鲜明。

例:教师讲授丁玲《果树园》的导入语

当曙光冲破黑暗,太阳刚从晨曦中苏醒过来的时候,一轮红日跃出海面,将万道金辉洒向人间。于是,村舍、山峦、树木、田野、河流……都镀上一层金色,显得那么神秘而富有诗意。那金色的霞光、晶莹的露珠、清新的空气,构成一支美妙的晨曲,激荡着人们的心灵。晨光中的大地是美好的,那么果园的清晨又是一番怎样的美景呢? 让我们走进作家丁玲的文章去观赏一下《果树园》清晨的美景吧。

### 思考与练习

1. 什么是导入语? 导入语的功能和要求是什么?
2. 导入语有哪些方式,你喜欢哪一种或哪几种? 为什么?
3. 请根据课文《桂林山水》的内容,设计一段导入语并讲授出来。

#### 桂林山水

人们都说:"桂林山水甲天下。"我们乘着木船荡漾在漓江上,来观赏桂林的山水。

我看见过波澜壮阔的大海,玩赏过水平如镜的西湖,却从没看见过漓江这样的水。漓江的水真静啊,静得让你感觉不到它在流动;漓江的水真清啊,清得可以看见江底的沙石;漓江的水真绿啊,绿得仿佛那是一块无瑕的翡翠。船桨激起的微波扩散出一道道水纹,才让你感觉到船在前进,岸在后移。

我攀登过峰峦雄伟的泰山,游览过红叶似火的香山,却从没看见过桂林这一带的山。桂林的山真奇啊,一座座拔地而起,各不相连,像老人,像巨象,像骆驼,奇峰罗列,形态万千;桂林的山真秀啊,像翠绿的屏障,像新生的竹笋,色彩明丽,倒映水中;桂林的山真险啊,危峰兀立,怪石嶙峋,好像一不小心就会栽倒下来。

这样的山围绕着这样的水,这样的水倒映着这样的山,再加上空中云雾迷蒙,山间绿树红花,江上竹筏小舟,让你感到像是走进了连绵不断的画卷,真是"舟行碧波上,人在画中游"。

## 第三节 讲授语训练

### 一、讲授语的含义

讲授,是课堂教学中最基本的语言表达形式,是教学语言的主体。讲授语是指教师系统连贯地向学生阐释教材内容、传授知识和技能、培养情感和价值观的教学语言形式。它是课堂教学的重要手段,是决定整个教学质量的决定性环节。教学的内容主要是通过讲授的形式传输给学生的,讲授语言的好坏,直接关系到教学的成败。

### 二、讲授语的功能

1. 解疑释难,传授知识

教师是知识的传播者,"授业解惑"是教师的重要任务。学生由于认知能力的局限,在学习的过程中,必然会遇到不知道、不了解的内容。这时,教师就要在学生原有知识和经验的基础上,教授给学生新的知识,填补学生知识上的空白或化解学生的疑难,而实现这一目的的主要途径就是教师的讲授。

2. 启发思维,培养能力

教师通过生动、形象的讲授可以给学生一个思维的"拐杖",帮助学生扫除学习中的障碍,调整思路,完善认知,学会思维的方式和处理问题的方法,从而有效地培养学生的能力。

3. 激发兴趣,沟通感情

教师生动形象的描绘、言简意赅的阐述、合乎逻辑的分析,可以使学生产生积极的心理效应和探求知识的强烈愿望,有效地推动学生主动参与到课堂学习中来。同时,在传递知识信息的讲授过程中,教师的神态、语言、动作,都具有感情色彩,也具有情感交流的功能,可以沟通师生双方的感情,架设起师生之间相互信赖的桥梁。和谐、愉快的教学氛围,能使学生"亲其师,信其道",从而更轻松有效地实现教学目的。

### 三、讲授语的要求

教师的讲授,要讲清"是什么""为什么""怎么样"等问题,讲授语除了符合教师教学语言的基本要求之外,还应做到以下几点:

#### (一)通俗明白,深入浅出

对于教材中难懂的词句,深奥的道理,陌生的概念、定理、规则等,学生初次接触往往不易把握。教师的讲授必须善于化难为易,化深为浅,化抽象为具体,做到通俗明白、深入浅出,才能帮助学生有效地接受新知。

#### (二)钩玄提要,突出重点

教师讲授时,应抓住要点、突出重点,提纲挈领、言简意赅地进行表述,这样,既有利于加深学生对教学内容的理解和记忆,又可以节省教学时间,收到事半功倍之效。

#### (三)连贯周密,语义畅达

(1)话题要集中。有时在讲授时受到意外因素的干扰,不得不暂时偏离话题,但也要善于调控,及时拨到正题上来。

(2)层次要清楚。在一个话题之下,先讲什么,后讲什么,怎么讲,要有一个妥善的安排。

(3)衔接要得当。讲授过程中,语句之间、层次之间要注意衔接。

(4)把握讲授的时长。小学生连续注意的时间不太长,低年级可持续 10 到 20 分钟,高年级也不会超过 35 分钟。教师要根据学生这一心理特点,把讲授的主要内容安排在这一时长内。

### 四、讲授语的方式

#### (一)直陈式

直陈式是用平实的语言把教材内容直截了当地陈述出来的讲授方法。这是最基本、使用最普遍的一种讲授方法。其特点是使用简便,学生能通过教师的讲授直接迅速地感知教学内容,掌握新知。

例:教师讲授《从百草园到三味书屋》,这一课选自鲁迅先生的散文集《朝花夕拾》

"朝"是什么意思?(生:早晨)

"夕"呢?(生:晚上)

早上的花到傍晚才去把它拾起来,从《朝花夕拾》这个题目就可以知道这本散文集是作者的回忆。那么,这本文集所写的事情发生在鲁迅先生一生中的哪个阶段呢?

从"朝"——早晨,这个词,我们可以知道这本文集写的是鲁迅先生童年、少年时代的生活,那时还是清朝。下面我们就来看看《从百草园到三味书屋》写了鲁迅先生童年时代的哪些生活。

教师这一段讲授语,语言简明扼要,感情平静朴实,学生能够较快吸收知识,教学效率高。

例:数学老师讲述"黄金分割律"的使用价值

在数学中有个基本而重要的定律"黄金分割律",它表示 1∶0.618 的比例关系。乍看起来,它与生活无关,可是实验美学家通过大量的事实证明了这一点:一个长方形,当它的长宽比满足了黄金分割比时,看起来最美最和谐!奇怪吗?毫不奇怪!数学来自自然,它不过是用数字、符号、图形来表示自然规律罢了。数学定律所揭示的和谐当然与自然界的美是高度统一的,这就是说,数学是追求美的最有力的工具。一旦认识了这个问题,数学定律就被广泛应用于生活了:利用黄金分割律,在绘画与摄影时,避免了把主景放在画面正中而造成呆板的对称;人们完美设计了电视屏幕、门窗等;发现并应用了重大经济效益的快速优选法;姑娘们的发束也偏侧到脑袋的一侧,增加美感。

教师采用自问自答的句式,运用具体形象的语言,将"黄金分割律"的使用价值讲述得非常清楚。虽然整段话内容较多,但丝毫不影响学生的理解。

## (二) 具象式

具象式是借助形象化的描绘语言,阐述有关教学内容的讲授方法。其主要功能在于,它能利用学生熟悉的、可以直觉的、能唤起思维表象的事物帮助学生掌握那些陌生的、不易直接感知的事物或道理,引导学生自然地进入理性知识的王国。

例:教师讲"惯性"的概念

惯性就像某个人具有的急躁性格,即使这个人睡着了,他的急躁性格还存在,只有当他遇事时才会表现出来。

教师将惯性比作人的性格,简明生动又具体形象地解释了惯性的概念。

例:教师讲授文章的材料和结构

这好比一个书店,书店里琳琅满目,但没有分类摆放。各类书籍杂乱无章地放在一起,顾客要书不知从何找起。另一个书店,书籍分了类,而且摆放整齐,可就是书籍很少,顾客不愿去。还有一个书店更糟,不知怎么搞的,书架上空空荡荡,没有别的办法,只好关门。

用书店里书籍的摆放情况比喻文章的材料和结构,让人听了耳目一新,印象深刻。

例:教师讲黄河每年输往下游泥沙重达 $1.6 \times 10^9$ 吨

这些泥沙可绕赤道垒一道宽 3 米、高 8 米的堤坝，用载重 1 800 吨的火车每天运 2 500 车次，一年才能运完。

教师用具体的数字和形象的场景来帮助学生理解"1.6×109 吨"的重量，达到了理想的效果。

### （三）列举式

列举式是通过讲述实例来阐明概念、定理、规则等含义的讲授方法。这是使用频率很高的一种讲授方法，不同学科的概念、定理、规则大都可以通过举例来阐释。

例：教师讲分子的特性

分子是不断运动的，例如，湿衣服在太阳底下晒一会儿就干了，樟脑丸放在衣橱里不久就变没了，盐在水中很快就不见了，这些都是分子运动的结果。

教师通过举例，将抽象的概念化作具体的事例，使学生立即理解了"分子的特性"，极大提高了教学效率。

### （四）比较式

比较式是把两个或几个有同有异的事物、概念、词语、定理等联系起来，分辨其异同或高下的讲授方法。

例："忸怩""腼腆""扭捏"三个词语的辨析

这三个词都有不大方的意思，"忸怩"是形容词，指不好意思，不大方。"腼腆"也是形容词，意思是害羞，怯生生。而"扭捏"是动词，指不大方的举止。

通过比较"忸怩""腼腆""扭捏"三个词的词性和含义，便于学生快速掌握三个词的区别，在使用过程中不易出错。

### （五）引用式

引用式是指援引名言、警句、诗词或有关资料来阐述、论证相关内容的讲授方法。恰当地使用引用法，能增强讲授的说服力。

例：教师讲授梅雨季节的特点

黄梅时节家家雨，青草池塘处处蛙。

教师引用一句诗来说明梅雨季节的特点，生动形象，让人难忘。

### （六）联系式

联系式是将新知与旧知、本学科知识与其他学科知识、书本知识与生活经验之间进行联系，以加深对所学知识的理解的讲授方法。

例：数学老师讲解数学题

蔚蓝的天空飘着朵朵白云。

↓

天空飘着云。

4.8 加上 2.1 的和除以 5.2 与 3.4 的积。

↓

和除以积。

↓

$(4.8+2.1)\div(5.2\times3.4)$

教师将语文学科的知识巧妙地与数学学科的知识联系起来,角度新颖,让人印象深刻。

### (七) 借助式

借助式是借助实物或标本等进行操作演示,以帮助学生理解和掌握所学知识的讲授方法。运用借助法,具有直观形象的效果。

例:教师讲授"物体下落快慢的原因"

给每个同学发一块硬纸片和软纸片,要求学生从两米高处使其同时自由落下,观察纸片落地的先后。

教师借助实验,帮助学生理解"物体下落快慢的原因",效果显著。

## 思考与练习

1. 什么是讲授语?讲授语的功能和要求是什么?
2. 讲授语有哪些方式,你喜欢哪一种或哪几种?为什么?
3. 请根据课文《卖火柴的小女孩》(节选)内容,设计一段讲授语并讲授出来。

……

小女孩又擦亮一根火柴,火光把四周照得通亮,奶奶在火光中出现了。奶奶朝着她微笑着,那么温柔,那么慈祥。

"奶奶——"小女孩激动得热泪盈眶,扑进了奶奶的怀抱。

"奶奶,请把我带走吧,我知道,火柴一熄灭,你就会不见了!"小女孩把手里的火柴一根接一根地擦亮,因为她非常想把奶奶留下来。这些火柴发出强烈的光芒,照得比白天还要亮。奶奶从来也没有像现在这样美丽和高大。奶奶把小女孩抱起来,搂在怀里。

她们两人在光明和快乐中飞起来了。她们越飞越高,飞到没有寒冷,没有饥饿的天堂里去,和上帝在一起。

火柴熄灭了,四周一片漆黑,小姑娘幸福地闭上了眼睛。

新年早晨,雪停了,风小了,太阳升起来了,照得大地金灿灿的。大人们来到街上,大家祝贺着新年快乐。小孩们穿着新衣,愉快地打着雪仗。

这时,人们看到了一个小小女孩冻死在墙角,她脸上放着光彩,嘴边露着微笑。在她周围撒满一地的火柴梗,小手中还捏着一根火柴。

## 第四节 提问语训练

### 一、提问语的含义

"引导之法,贵在善问。"提问语是教师以发问的形式开发学生的智力,唤起学生进行思维活动而使用的语言。教学过程的实质是提出问题、分析问题、解决问题的过程,所以提问是一种常规教学手段。人们常说:"学源于思,思源于学",提问是深入的阶梯,是触发的引信,是觉悟的契机。提问效果的好坏,往往成为一堂课成败的关键。

### 二、提问语的功能

1. 强化认知

教师通过提问语可引导学生回忆所学内容,帮助学生较系统地复习相关知识,巩固、深化学习内容,构建新的认知结构,形成技能,培养能力。

2. 启发思维

古人云:"读书无疑者,须教有疑;有疑者,却要无疑,到这里方是长进。"教师通过提问语可引导学生积极思考,培养和发展他们的独立思维能力和语言表达能力。教师还可通过提问语启发学生自己提出问题,使学生能自发、主动地深层思考问题。

3. 引发兴趣

课堂教学中,教师讲,学生听,时间一长,容易使课堂气氛沉闷,学生注意力涣散。教师在新课开始时、讲授过程中、讲授结束后,当学生注意力分散时,恰当运用提问语,可有效地集中学生的注意力,诱发学生思考,活跃课堂气氛。

4. 反馈调控

教师通过提问语,可及时、有效地了解学生对知识的掌握程度,检查学生对重点、难点的掌握情况,探求学生出现问题的原因,把握学生的个体差异和个性特点,从而获得反馈信息,并及时调整后面的教学内容或方式方法,提高教学效率。

### 三、提问语的要求

#### (一)明确具体,语言准确

教师的课堂提问要紧扣教学目标和教学内容,并结合学生的实际。提问的目的要明确,表述的语言要准确。不能表意不明,含糊不清,模棱两可。教师提出的问题也不宜太空太泛,否则,学生难以把握,无法入手。例如"谈人生理想""谈国际社会"等问题,涉及内容多、面又广,小学生受知识水平限制,很难说清楚这样的问题。

### (二) 抓住关键,有的放矢

提问语应抓住教学的关键问题,紧扣教学重点和教学难点进行设计。这就要求教师对教学内容心中有数,有的放矢,切忌无疑而问。例:一位小学教师讲"天花板"一词,本来只要指着天花板,然后用科学的语言阐释一下即可,这位教师故弄玄虚,滥用启发式教学:

师:你头上是什么?

生:头发。

师:头发上面呢?

生:是帽子。

师:(有些急躁)帽子上面是什么?

生:(恐惧,用手摸帽顶)是老鼠咬的窟窿。

(众生哄堂大笑)

这位教师之所以弄巧成拙,闹出笑话,也正是因为提问无的放矢,提问的语言和方法都不科学。

### (三) 适时适度,面向全体

适时适度指教师在提问时要选择合适的时机,提出的问题难易程度适当。教师应站在学生的角度设计问题,问题的难易程度要考虑学生的思维水平,做到让学生"跳起来,摘桃子"。同时,提问要关注全体学生,调动全体学生的思维;可以根据问题的难易程度,选择不同的学生回答,让每个学生都有锻炼的机会。

## 四、提问语的方式

### (一) 直接式

直接式是教师针对某一问题直接提问的方法。直接式提问语的形式一般是一个问句。常见的语言标志是"谁""是什么""哪里""什么时候""怎么样""是……还是……""好不好"等。这些提问语的问句形式有特指问句、正反问句和选择问句,如"故事的背景是什么?""这篇课文讲了哪几件事情?"等。这类提问语的内容一般都比较简单,往往是常规性的提问,在课堂上使用量很大。若是能提到关键处,同样可以起到启发思维、强化教学的效果。

### (二) 诱导式

诱导式是指提问者为了获得某一回答,而在所提问题中添加了暗示答案的内容的提问方法。

例:《青蛙的眼睛》一课中的提问

师：文章第二自然段写了一个奇怪而有趣的试验：给青蛙许多静止的死苍蝇，青蛙却活活饿死；但只要把死苍蝇拴在线上，在青蛙眼前掠过，青蛙立刻就会跳起来把死苍蝇吃了，跟吃活的一样。这个奇怪的试验说明了什么？

生：说明死的苍蝇青蛙也会吃，不过死的苍蝇要动起来它才会吃。

师：如果不用动的死苍蝇，而用动的死蚊子、死白蛉、死蚱蜢等，青蛙也爱吃吗？为什么？

生：爱吃，因为这些东西都在动。

生：因为这些东西都是昆虫。

师：那么，这个奇怪的试验，说明了一个什么样普通的道理呢？

生：说明只要是动的昆虫，不管是死是活，青蛙都爱吃。

以上示例中，教师为了加深学生对于某些问题的理解，提出了一些富有启发性的问题。为了学生听得懂，便于理解，教师有意识地点出"只要把死苍蝇拴在线上，在青蛙眼前掠过，青蛙立刻就会跳起来把死苍蝇吃了，跟吃活的一样"以及"用动的死蚊子、死白蛉、死蚱蜢等，青蛙也爱吃吗？"的提问，一步一步让学生得出"只要是动的昆虫，不管是死是活，青蛙都爱吃"的结论。使学生对青蛙眼睛的特点有了清晰的认识。

### （三）连环式

连环式是指教师根据事先设计好的问题，对学生的回答进行预测，再进行连续提问的方法。连环式提问一般会问到接近预期的答案为止。

例：《光的传播》一课中的提问

师：同学们阅读课文并完成预习题，有问题请在书中做出标记。遇到问题同学们可以一起讨论。（此时教师全场巡视，检查同学们的完成情况，将具体的问题记录下来。）

师：通过预习，同学们知道了哪些有关光的知识？

生：我们把能发光的物体叫作光源。

生：太阳、闪电、电灯、蜡烛、萤火虫……可以叫光源。

生：霓虹灯、篝火、手电筒、火把……也可以叫光源。

生：光源可以分为两种：一种是自然光源，一种是人造光源。

师：很好，可是，光是如何传播的呢？

生：小学自然常识中曾经学过——光是沿直线传播的。

师：在生活中，你们见过光是沿直线传播的吗？能否举例说明？

生：见过，比如电影放映机射向银幕的光是直的……

生：在有雾的天气里，可以看到从汽车车灯里射出来的光束是直的……

生：现在有的建筑物上打的光束也可以说明光是沿直线传播的。

师：既然光是沿直线传播的，我们怎样才能形象地表示光的传播呢？

生：用光线——表示光的传播方向的带箭头的直线。

师：谁能上来示范画光线？

这位教师比较机智，在课堂上根据学生的回答，设计了一连串的连环式提问语，课堂气氛活跃，调动了学生的积极性，激活了学生的思维。

### （四）递进式

递进式是指教师设计的一组提问中，每个问句之间呈现层层递进的关系的提问方法。这种方法要求提出的问题难度逐渐加深，由表及里，由现象到本质，且符合学生认知的规律。例：

课文中提到的任务具体是什么呢？他能否完成这个任务？为什么能完成？

教师的这一系列问题，层层递进，步步深入，学生探索寻找、分析总结的过程同时也是解决问题的过程。

**思考与练习**

1. 什么是提问语？提问语有哪些功能和要求？
2. 提问语有哪些方式，你喜欢哪一种或哪几种？为什么？
3. 根据所学的专业，选择自己熟悉的教材，设计一个知识点的提问语（1～3 个）并尝试讲授。

## 第五节　评价语训练

### 一、评价语的含义

评价语是教师在课堂上对学生的学习、答问、演示、作业等情况进行评说的教学语言。评价语是教学语言的基本形式之一，它在教学过程中具有不可忽视的作用，教师恰如其分的评价有助于促进学生对知识技能的掌握。

### 二、评价语的功能

#### （一）诊断功能

教师通过评价语，可以帮助学生发现学习中存在的问题，进而指出解决问题的方法。又可以帮助教师明了教学上的不足，促进教师对自己的教学行为做出调整，达到教学相长的效果。

#### （二）导向功能

教师恰如其分的评价语可以有效地强化学生的认识。学生由于年龄、心理和认知能力的局限,对问题的看法和认识有时是不全面的,教师简洁、有力的评价语具有引导学生朝着理想目标迈进的功效,从而促进学生的个性发展。

### (三)激励功能

课堂教学中,正面积极的评价可以增强学生的自信心,而适度的否定评价往往能引发他们一定的焦虑感,促进学生发奋努力。教育家第斯多惠说:"教学不在于传授本领,而在于激励、唤醒和鼓舞。"课堂上适时、灵活地运用评价语,可以营造良好的教学氛围,陶冶学生的情操,开启学生的心智,让学生享受学习的乐趣,实现身心的全面发展。

## 三、评价语的要求

评价语要求教师在特定的语境中很快决定"说什么"及"怎么说",一般是在教学过程中的即兴表达,因此教师的评价语应注意以下几点:

### (一)准确及时

教师评价语应准确且及时。学生在课堂上有所表现后,总是会期待教师的评价,希望得到教师的肯定和鼓励。教师在学生回答问题之后,应及时做出评价,评价的语言要清晰准确。让学生能够清楚地知道自己回答正确与否,表现是否优秀。

### (二)理解尊重

教师在进行评价时,应充分理解学生的心理状态,尊重学生的想法和观点。著名的心理学家威廉·詹姆士说过:"人类本质中最殷切的需求是渴望被肯定。"教师评价时应以鼓励和肯定为主,要着眼于学生的进步和动态发展,发现和挖掘学生身上的闪光点,以充分调动学生的学习积极性。

### (三)注重差异

教师进行评价时,要注意学生的个体差异。一是要针对不同对象进行评价。不同年龄阶段的学生和同一年龄阶段不同的学生个体,其心理特征、学习特征各不相同,评价时不应用一把尺子来衡量。二是要针对不同情境进行评价。教师应根据不同情境来判断学生的心理状况和外在表现的联系,进行客观的评价。

## 四、评价语的方式

根据评价语采用的方式,可分成以下几类:

### (一)激励式

激励式是对学生的言行给予肯定、鼓励性的评价,以激发学生学习的积极性的评价方法。比如课堂上对于回答问题准确的学生的评价:"回答正确,这是你认真思考的结果!"又比如,对于朗读得好的学生的评价:"听你的朗读真是一种享受!""老师听了你的朗读都被感动了!"等。教师由衷的赞美会让学生感受到巨大的成就感,同时产生积极的表现自我的欲望,并推动学生进一步学习和发展。

## (二) 引导式

引导式是教师在评价中有意识地对学生给予正确知识或观念的引导,启发学生掌握知识或树立正确观念的评价方法。例:

教师教《火烧云》第三自然段时抓住"还有些说也说不出来,见也没见过的颜色"一句,让学生具体化。

师:作者说还有些颜色说也说不出来,你能不能仿照"红彤彤""金灿灿"这种形式的词再说几个重叠词?

生:绿油油。(其他同学笑)

师:重叠倒是重叠了,可用了"绿油油",天上的火烧云就成了内蒙古大草原了!

生:(大笑)

这位教师运用引导式评价语,对学生不正确的回答进行引导,让大家立即感到它的不合理。运用这种方法,往往能产生幽默风趣的效果,起到活跃课堂气氛的作用,同时也不会使答错的同学产生压力感。

## (三) 总结式

总结式是教师用简洁的语言,对学生的观点进行总结评价的方法。这种评价语往往能使学生的思路更清晰,理解更深刻。例:

有位教师教《找骆驼》一文,针对三位学生的回答,教师小结:"前两位同学的回答,从选择的内容上看是正确的,但在语言表达上各有不足之处;第三位同学的回答符合要求,他不仅从文中选择了正确的内容,而且恰当地使用了'他'这个人称,做到了语言准确。"

教师对三位同学的回答情况进行了总结,通过比较的方式既肯定了学生的正确点,又指出了其不足之处。不仅激发了学生的学习兴趣,而且提高了课堂教学效率。

### 思考与练习

1. 什么是评价语? 评价语的功能和要求是什么?

2. 评价语有哪些方式,你喜欢哪一种或哪几种? 为什么?

3. 阅读以下小学语文《那片绿绿的爬山虎》的教学片段,试对教师的评价语进行评价。

师:请同学们认真读课文,边读边思考,从课文中可以看出叶圣陶先生是怎样的人?

师:(待学生抬头表示读完)谁先来说说?

生:叶圣陶先生修改文章很投入,让人感到温暖。

师:你怎么看出来的?

生：叶圣陶先生在"我"的本子上改得这样密密麻麻，几页纸上到处是红色的圈、勾或直线、曲线。一个大作家给小孩子这么认真地改，让人感到温暖。

师：你用了课文里的话来说，很有说服力，还谈了自己的感受，你读书真用心啊！

生：叶老先生对我们少年儿童很关心，很热情，他很诚恳地指出"我"作文中的错误，又热情地鼓励，说出优点，还请"我"去家里做客。

师：你把文章的大部分内容读到心里去了，真了不起！

生：叶老先生平易近人，请"我"去做客，还叫孙女小沫迎接"我"，把"我"当大人一样对待。

师：是啊！你读书真细心，体会得很好。

## 第六节　应变语训练

### 一、应变语的含义

马卡连柯曾说："教育的技巧就在于随机应变。"小学课堂的教学对象是活生生的人，且教学范围涉及广，接触事物比较复杂，因此在教学过程中不可避免地存在着许多可变因素，随时都可能出现偶发事件。这就需要教师随机应变，妥善处理。这种对教学过程中偶发事件进行有效处理的能力，就是教学应变能力，也叫教育机智。乌申斯基说："不论教育者怎样的研究了教育学理论，如果他没有教育机智，他就不可能成为一个优良的教育实践者。"教师应变能力的高低，是教学水平高低的一种反映。应变语就是教师在课堂上及时调节师生关系，处理课堂突发事件时所运用的语言。

### 二、应变语的功能

#### （一）吸引注意

在小学生的注意品质中，注意的稳定性还不强。当课堂教学过程中有突发的意外情况，必然会引起学生不由自主的注意，使学生的注意力很快地从学习内容转移到发生的事情上。教师及时运用应变语可将学生的注意力拉回到学习内容上。

#### （二）调控教学

教师在教学过程中，一般按照预先设计的教学目标、教学内容、教学步骤进行教学。但由于各种原因难免会出现一些意外情况影响教学的正常进行。这时，教师应善于运用应变语，针对课堂的具体情况，对教学内容、教学方法等做一些适当的删改、变更和补救，使这意外情况巧妙地融入教学过程，保证教学进行下去。

### （三）缓和气氛

教师的应变语在师生之间关系紧张的时候，可以很好地起到缓和气氛的作用。"亲其师，则信其道"，教师若能在课堂上随机应变，用富有艺术性的语言在自己和学生心灵之间搭起一座桥梁，使师生之间形成一种和谐、融洽的气氛，学生就会在不自觉中接受教师。反之，师生之间则会形成一种隔阂、冷漠的关系，自然会影响到日后的教育教学效果。

## 三、应变语的要求

### （一）冷静从容

课堂上一旦发生偶发事件，教师首先要注意的是保持心理的镇静、举止的从容，要处乱不惊、因势利导、随机应变，决不要心慌意乱、窘迫失态。面对课堂中出现的意外事件，教师临危不乱、从容应对，方能显示其大将的风度、智慧的光芒。同时，应变语的运用应有明确的针对性，也就是要紧紧围绕完成课堂任务这个中心来进行。

### （二）把握分寸

教学应变语运用分寸的把握，是能否实现转变课堂偶发事件使之回到正常教学目标的关键。教师的应变语应与教学内容过渡自然、衔接紧凑、不露痕迹、顺理成章，同时，应注意分寸，既不宜过分夸张、做作，也不能过分平淡，其时间和内容也应相机而定，做到适度合理。

### （三）自然灵活

教学应变语的运用不是教学过程的节外生枝，它应该是自然融入教学过程的有效语言。教师在课堂上面对问题不能回避，只能针对不同情况加以处理，或借题发挥，使学生获得新的知识；或因势利导，使学生的注意力发生转移，这样，可使教学"变"得生动有趣，从而顺利完成教学任务，达到既定的教学目标。

总之，课堂偶发事件的出现，常常是教师始料不及的。预防偶发事件的产生，积极的办法是未雨绸缪，防患于未然。备课时，必须备教材，又备学生，把各方面的情况尽量分析和设计得充分些。同时教师要有广博的知识，要多才多艺。天文历史地理，生物物理化学，古今中外，说唱画演，都学一点儿、会一点儿，课堂上才会有更多的精彩，也才能更好地从容应变。

## 四、应变语的方式

### （一）风趣幽默式

风趣幽默的应变语言是教师在教育教学中解决问题的法宝，具有提神醒脑的功效。

例1：教师正在上课，突然一只蝴蝶飞了进来，盘旋了几圈又飞走了，有的同学就被蝴蝶吸引,注意力分散。看到这种情景,教师微笑着说:"刚才大家上课都很认真,连蝴蝶都感动得不愿打扰你们了。"一句风趣的话,让同学们意识到自己思想开了小差,马上集中注意力,认真听讲。

例2:有位教师把三乘七的答案写成了二十二,等他发现后就说:"你们看看我,我是不管三七二十一就把三七得了二十二啊!"同学们笑了起来,在笑声里,教师改正了答案。

以上两位教师针对课堂中出现的情况,用幽默的语言引导启发,既表达了自己的意思,又使学生心领神会,收到了很好的教育教学效果。

**(二) 将错就错式**

课堂教学过程中,教师出现错误、失误在所难免。教师可以将错就错,只要利用得法,便可使之融入课堂教学环节,成为有效资源。

例1:有位英语教师在教学单词 pencil 和 pen 时采用了直观教学的方法,用实物来启发学生思考,以追求更好的教学效果。但是,这位教师无意中把手中的铅笔说成了"This is a pen."等他意识到自己说错时,有些学生也意识到了。这位教师没有马上纠正自己的错误,而是干脆反问一句:"Is this a pen?"学生齐声回答:"No, It isn't. It is a pencil."这种灵活而果断的问答,使学生误以为教师在考问他们的句型呢。

例2:一位数学教师讲解例题时,因板书有误导致最终答案不合理,他已经意识到出了差错,但是他仍不慌不忙将错就错地问了句:"同学们,我的答案合理吗?"一位同学说:"不合理。"教师追问:"那么,错在哪里呢? 我们不妨来分析一下。"接下来教师在黑板的另一侧写下"正解"两字,同学们还以为教师在进行纠错分析呢。

以上两位教师巧妙利用教学过程中已发生的问题,将错就错,引导学生思考,并最终找出正确的答案。这种灵活处理的方式,达到了顺水推舟、水到渠成的效果。

**(三) 转移话题式**

教师对教学中的疑难问题、难堪的场面、突发的事件,以转移学生注意、激发学生思考、解脱自己困窘的方法。例:

一位小学语文教师在教《画鸡蛋》课时,一位学生问:"老师,你有达·芬奇的本事吗?"回答"有"显然是不合实际;回答"没有",学生会认为教师没本事。这真是一个让人进退两难的问题,怎么办呢? 这位教师的回答是:"达·芬奇的本事真大! 他为什么有这么大的本事呢? 就因为他学习刻苦。谁要想有本事,谁就应该刻苦学习。"

面对学生对教师提出的"你有达·芬奇的本事吗?"这一尴尬问题时,教师没有简单否定和评价,而是因势利导,转移话题进行教育,成功化解了难题。

**(四) 借题发挥式**

教师上课时遇到意外事件,可以尽量利用这些现象借题发挥,将话题引入课堂教学中,变弊为利,使之成为促进教学的手段。

例1:一位科学教师在讲"密度的应用"这一知识点时,发现一位女同学与同桌偷偷地玩一枚银戒指。这位教师灵机一动,一边讲课一边来到课桌旁,拿过戒指风趣地说:"你翻来覆去地观察这枚戒指,大概怀疑它不是纯银的吧,那么我就教给你鉴别真伪的方法。"

例2:一位教师在讲《口技》一课时,因为受到课文情节的描绘的吸引,班里一位男同学忘乎所以地学狗叫,顿时全班哗然,那男生吓得屏息等待教师的惩罚,可这位教师却粲然一笑:"王刚同学情不自禁地模仿了狗的叫声,这是为文中口技高超的技术所感染啊!下面我们还是继续欣赏课文中高超的口技表演吧……"

以上两位教师顺势将学生课堂中出现的行为作为话题,既提醒了学生要认真听课,又为教学增添了生动的实例,真可谓一箭双雕。

### 思考与练习

1. 什么是应变语? 应变语的作用是什么?
2. 应变语有哪些方式,你喜欢哪一种或哪几种? 为什么?
3. 请阅读以下例子,并对教师的应变语进行评价。

一位语文教师新接管了一个全年级有名的"乱班"。她第一次上这个班的课时,刚来到教室门口,就听见学生们哄堂大笑,一些学生还窃窃私语:"真像!"她向黑板上一看,发现黑板上有一幅漫画像,旁边写着她的名字。她心里非常生气,但她没有表现出来。她扫视全班后,笑眯眯地走上讲台,说:"原来咱们班还有绘画爱好者,这说明咱们班还是很有人才的嘛。这幅画虽说有些夸张,但我觉得还是挺不错的,因为它抓住了我的特点:圆圆的脸蛋、小小的眼睛、胖胖的身材,还配上了一头短短的波浪卷发。嘿嘿,这位'画家'一定是悄悄地'侦查'过我! 我想,今天这节课我就让大家大大方方、仔仔细细地把我'侦查'一番,然后以'我的语文老师'为题写篇作文,我要看看哪些同学写得最像。"教师温和、幽默的话语使大家安静了下来,学生们都饶有兴致地、仔细地观察起这位教师来。后来,作文交上来,有不少学生写得很好,而且普遍对这位教师给予很高的评价。

### 第七节　结束语训练

## 一、结束语的含义

结束语是指一堂课或某一个教学环节、阶段将要结束时,教师对前面的教学内容和过程进行巩固和强化所用的总结性语言。结束语又称结尾语、断课语。好的结束语有利于学生将知识信息归纳储存、加深印象,同时达到增强记忆、启发思维、开阔视野的目的。

## 二、结束语的功能

俗话说:"编筐编篓,重在收口。"一节课或一部分内容教完以后,说一段结束语,很有必要。其功能如下:

### (一)加深印象,增强记忆

教学是由一系列既有联系又有区别的阶段组成,知识点比较分散。如果教师在教学的最后环节,将一节课最重要、最基本的内容进行归纳总结,提纲挈领地加以强调,就可以起到加深学生印象,增强学生记忆的作用。

### (二)指导实践,培养能力

学生感知、理解、记住了知识,并不等于完全掌握了知识。如果教师在下课前,指导学生进行一些有针对性的练习,或对课后的学习活动提出一些要求,对于巩固知识、培养能力是大有益处的。

### (三)承前启后,过渡自然

任何知识都有严密的逻辑性和系统性。每节课后或每个章节之后,用小结的方式帮助学生将所学的知识系统化,并在总结的基础上预告新的学习内容,使前后内容连接紧密,过渡自然。

### (四)质疑问难,发展智力

在基本上完成教学任务的前提下,结合教材内容提出一些有争议的问题,让学生争论,或提出新的思考题,让学生课后进行观察、思索、探讨,把课堂延伸到课外,这样既可以开拓学生的知识领域,又可以使他们的智力得到发展。

## 三、结束语的要求

### (一)目的明确

结束语对一节课的学习内容、学习情况或归纳总结,或拓展延伸,或练习巩固,总之,应目的明确。应起到帮助学生理解、巩固和记忆,促进学生智能发展的作用。

### (二) 简洁深刻

结束语往往是课堂教学内容的自然结束,既要简洁明了,起到提纲挈领的作用;又要巧妙深刻,紧紧扣住教材,体现教学目的。忌拖沓冗长,语意不明。要让学生感到课虽尽而意无穷。

### (三) 灵活有趣

结束语应根据教学目的、教学语境的需要,灵活变换内容和形式。要符合学生的年龄特点和认知规律,做到生动有趣、余味无穷。忌公式化、模式化。

## 四、结束语的方式

### (一) 归纳式

归纳式结束语是在完成一节课或某一阶段教学任务后,采用教师归纳、学生回忆和师生讨论的方式,对主要内容、重点、难点进行总结的方式。这种方式利用学生加深对教学内容的理解和记忆。

例:分数基本性质的结束语

师:今天我们学习分数的性质。通过这堂课,你们自己说说学到了什么?

生:我学到了分数的基本性质:只要分数的分子和分母都乘以或除以相同的数(零除外),分数的大小不变。

生:……

师:看来,今天大家都学得很认真,分数的基本性质能帮助我们以后解决约分、通分和分数计算等许多问题。

教师通过与学生互动,对教学内容进行了归纳和总结,进一步加深了学生对分数基本性质的理解和记忆。

例:自然课《青蛙和蟾蜍》的结束语

今天我们学了《青蛙和蟾蜍》,要懂得:第一,青蛙和蟾蜍有能适应在陆地上生活的外形构造特点。第二,青蛙和蟾蜍小时候在水里生活,用鳃呼吸;长大后到陆地上生活,用肺呼吸,它们都是两栖动物。第三,青蛙和蟾蜍都会消灭大量的害虫,是人类的朋友,我们应当保护它们……

教师通过归纳和总结《青蛙和蟾蜍》一课的主要内容,帮助学生理清了思路,增强了记忆。

### (二) 练习式

练习式结束语是在完成一节课或某一阶段教学任务后,通过指导学生进行口头或书面的练习进一步巩固知识和技能的方法。这种结束语将理论与实践相结合,让学生在实践中巩固所学知识,把知识转换为技能技巧。

例:《猫》的结束语

师:请把书合上,我们做个仿写练习。做练习之前,我们先讲两点要求:第一,要写你喜欢的一种动物的性格,不写外形和其他,专写性格;第二,用总起分述的写法。为了能写好,咱们先讨论一下:你们最喜欢、最熟悉的动物是什么?

生:猴子。

师:如果写猴子,那咱们写它的什么性格?

生:淘气。

师:从哪些方面可以看出它淘气?

生:它一下就爬到笼子顶上,它爬山可快了,还一下子就钻到山洞里。小猴还叫老猴背着爬。猴子还玩打秋千,玩得可好了。有些猴子还叫别的猴子挠痒痒。

师:一般是谁给谁挠痒痒?

生:妈妈给小猴挠痒痒。

师:好,先讨论到这儿。我们这篇文章的总起句可以怎么写?

生:猴子可真淘气!

师:接着可以分别写它在地上、山上,打秋千玩,还可以专门写猴妈妈照顾小猴,背它玩,给它挠痒痒。咱们就这样向课文的作者学习,一定会写好的,再见。

这位教师在下课前,与学生进行了精彩的仿写口头练习。通过练习,为学生理清了思路,指明了方向,使学生课后能够顺利完成仿写作业。

### (三)延伸式

延伸式结束语是在完成一节课或某一阶段教学任务后,将课堂内容延伸到课堂之外,指导学生进行自主学习探究的方法。这种结束语富有启发性,具有诱导作用,能够培养学生自主学习和研究的兴趣。

例:语文课《动物过冬》的结束语

同学们,你们还想知道鱼、鹿、苍蝇、蜜蜂、袋鼠……这些动物是怎样过冬的吗?老师介绍一本书给你们看:这就是《少年科学》。(出示书)其中一篇《动物过冬》可有趣了,看了以后,会得到不少关于动物过冬的知识。如果有兴趣,老师再介绍两本书给你们看,一本是《有趣的动物》,一本是《中国动物故事集》。好了,今天我们的课就上到这儿。

示例中教师介绍相关书籍给学生,鼓励学生课后阅读,使教学从课堂延伸到课外。阅读课外书籍,不仅能够丰富学生的课外知识,还能培养学生对探索大自然奥秘的兴趣。

例:《蝉》的结束语

师:这一课我们学完了,可是有一个问题还没有解决:蝉有没有听觉?课文里说

"恐怕没有"。那到底有没有？大家课后去认真观察研究,也可以去请教别人,希望有一天你们能把这个谜揭开。

教师通过启发性的提问,引导学生思考"蝉到底有没有听觉"这一问题,鼓励学生课后去观察、去研究,培养学生自主探究的精神。

### (四) 探讨式

探讨式结束语是在完成一节课或某一阶段教学任务后,教师和学生通过讨论研究某一具体问题来巩固所学知识的方法。这种结束语可以开拓学生的思维,激发学生探求真相的欲望。

例:语文课《刻舟求剑》的结束语

师:那个人的剑没有捞上来,我们同学能不能想个办法,帮他捞上来呢?

生:叫挖沙船把剑挖上来。

生:用渔网捞上来。

师:用渔网捞,行吗?

生:不行,因为剑会把渔网戳破的。

生:用块吸铁石,把剑吸上来。

师:这个方法好不好?

生:不好,如果是铜剑就吸不上来了。

上例中,教师通过与学生研究讨论"把剑捞上来"的各种办法,引导学生进行思考。开拓了学生思维,激发了学生学习的乐趣。

例:《司马光砸缸》的结束语

师:司马光采用砸缸的方法救人,如果你碰到小朋友落进大水缸,你会想什么办法去救他?

生:请大人帮忙把他拉上来。

生:找能够在水中浮起来的东西让他抓住……

教师以"你会想什么办法去救他?"这一问题作为引子,在鼓励学生积极思考的同时,还潜移默化地进行了"开动脑筋帮助他人"的思想教育。

### (五) 游戏式

游戏式结束语是在完成一节课或某一阶段教学任务后,教师和学生通过游戏来巩固教学内容的方法。这种总结语对低年级学生特别适用,它能活跃课堂,让学生在愉快的游戏过程中受到启发,加深对课堂内容的理解和记忆。例:

教师在教完谜语诗《画》后,建议学生回家背给家人听,并在课堂上沿袭一下,教师自己扮演老奶奶:

生:奶奶,今天我们学了一个谜语,你能猜吗?

师:好,我很喜欢猜,你说说看。

生:"远看山有色……"

师:什么,远远地看到山上有蛇? 那这蛇一定是大蟒蛇吧。

生:不是"蛇",是"色"。

师:好好,奶奶耳朵不太好,那"色"是什么意思?

生:"色"是颜色的"色"。就是说远远看去,山上一片青翠的颜色。

通过扮演老奶奶,教师故意给学生设置问题,学生在与教师的互动中加深了对诗句中"色"的读音的印象和含义的理解。既让学生感受到学习的趣味性,又巩固了当天的学习内容。

## 思考与练习

1. 什么是结束语? 结束语的功能和要求是什么?

2. 结束语有哪些方式,你喜欢哪一种或哪几种? 为什么?

3. 根据所学的专业,选择自己熟悉的教材,设计一个知识点的结束语并讲授出来。

# 第六章
## 教师教育语言训练

### ※ 学习目标

1. 了解教师教育语言的含义，掌握教师教育语言的特点。

2. 了解教育语言类型中沟通语、启迪语、激励语、批评语和说服语的含义，明确相关要求，掌握相应的方式并能运用到教育实践中。

教育语言是教师的一种职业语言，它是和"教学语言"相对应的一个概念。小学教育对小学生进行培养，主要通过两个方面：一是学科教育，主要依靠教学语言使学生的知识与文化得以积累；二是教育活动，主要依靠教育语言对学生的思想与道德进行引导。雅斯贝尔斯在《什么是教育》(1977)一书中说道："教育的本质意味着，一棵树摇动另一棵树，一朵云推动另一朵云，一个灵魂唤醒另一个灵魂。"充满爱的教育语言是教师推动学生行为、唤醒学生灵魂的有力武器。

➢扫描章首二维码获取相关音视频资料。

---

### 第一节　教师教育语言概述

---

#### 一、教师教育语言的含义

教师教育语言是指教师在教育活动过程中对学生在思想、品德、行为等方面进行教育的语言。它贯穿于教育过程的始终，包括课堂教学过程中教育学生的谈话，班主任、少先队以及其他工作、其他场合中的教育性谈话。教师使用教育语言，除了掌握一般的语言交际技巧之外，还应结合教育学、心理学的相关知识，掌握教育语言的表达技能，让教育语言成为教师育人的基本工具。

## 二、教师教育语言的特点

教师在进行教育活动时必须针对不同对象的特点运用恰当的语言，才能取得良好的效果。成功的教育语言具有以下特点：

### （一）鼓励性

教师要爱护学生，保护他们的自尊心，时时鼓励他们积极上进。马卡连柯说："培养人，就是培养他对前途的希望。"教师的教育语言应有一种感人的力量，鼓励学生不断成长。尤其是小学生，其自我评价的能力尚未形成，教师的一言一行容易对他们造成深远的影响。例：

美国心理学家罗森塔尔做了一个实验：一天他和助手们来到一所小学，说要进行七项实验。他们从一至六年级各选了三个班，对这18个班的学生进行了"未来发展趋势测验"。之后，罗森塔乐以赞许的口吻将一份"最有发展前途者"的名单交给了校长和相关教师，并叮嘱他们务必保密，以免影响实验的正确性。其实，罗森塔尔撒了一个"权威性的谎言"，因为名单上的学生是随便挑选出来的。八个月后，罗森塔尔和助手们对那18个班级的学生进行复试，结果奇迹出现了，凡是上了名单的学生，个个成绩有了较大的进步，且性格活泼开朗，自信心强，求知欲旺盛，更乐于和别人打交道。

这个例子中，罗森塔尔的"权威性谎言"让教师受到了暗示，名单上的学生不断受到教师的鼓励，这使他们渐渐变得自信、自强，从而在各个方面都得到了异乎寻常的进步。后来，人们称这种效应为"罗森塔尔效应"或"期待效应"。

另一方面，教师语言最忌讳"冷""辣""硬"。启发诱导时，要忌讳"呆""木"之类的挖苦；指责骄傲时，要忌讳"真行""真了不起"之类的嘲讽；批评错误时，要忌讳"没治了""看透了"之类的断言。教师教育的语言应当像"雪中碳""三春雨""六月风"。

例：一位教师在班会上评价一位调皮的学生

"你就只会捣蛋，学习差，干啥啥不行，看你那德行，真是一匹害群之马……"

这位教师的评价，会让学生感到无地自容，久而久之将失去自信。其教育效果可想而知——非常糟糕。

### （二）教育性

教师的职责是教书育人，教学活动始终贯穿教育，教育渗透在教学活动中，因此，教师的教育语言也体现在各个教学环节中。例：

一位小学老师在教学生"打"字时，有学生说："是打人的打。"老师立即纠正说："应该说是不打人的打，少先队员还能打人吗？"

教师在开口与学生讲话时，一刻也不能忘了自己是教师，要时时做到"心中有人"

"目中有人"。这位教师通过纠正学生的表达，强调了"不打人"，适时对学生进行了教育。

### （三）幽默性

德国著名演说家海因·雷曼麦认为，用幽默的方式说出严肃的道理，比直截了当提出更能为人接受。西方有人把幽默作为衡量一位好教师的第一组成要素。有学者说："我一直认为，教育家最主要，也是第一位的助手是幽默。"例：

一位班主任教育学生不要吸烟，没有用长篇大论的说教，而是幽默风趣的谈话：提起吸烟，我认为至少有四大好处：一是可以防小偷。长期吸烟，会引起深度剧咳，听到咳嗽小偷怎敢上门？二是节省衣料。因为吸烟能引起驼背，衣服可以做短些。三是可以演包公。从小就开始吸烟，长大后脸色黄中带黑，演包公用不着化妆。四是永远不老。据医学记载，吸烟的历史越长，寿命越短，当然活不到老了。

这位教师并没有对学生进行严肃的说教，而是用幽默风趣的语言让学生了解到抽烟的坏处，让学生在笑声中愉快地接受教育，效果甚好。

教师教育语言应符合青少年的心理特征，在这个年龄段，他们的具象思维发展得很快，生动的表达有利于语言信息在传输过程中发挥最佳效率。

### 思考与练习

1. 什么是教师教育语言？教师教育语言的特点是什么？你对哪一个特点感触最深，为什么？

2. 请联系实际，讲述教师对你进行谈话教育的一次经历，并分享你的感受。

## 第二节　沟通语训练

## 一、沟通语的含义

沟通语是教师在教育情境中消除学生心理隔阂、取得心理认同的话语。谈话是教师对学生进行教育的重要手段。教师态度冷漠、说教空洞、师生气氛紧张、时间地点不适宜等情况都可能造成教育谈话不理想。要让学生乐于接受教诲，关键在于师生之间的沟通要顺畅。

## 二、沟通语的要求

### （一）了解、理解学生

了解是沟通的前提，为了避免教育的主观性和盲目性，必须先了解事情的真相，了解学生的具体情况。理解是从学生的角度出发，感受对方的想法。理解应建立在教师对学生心理活动及其发展规律的认识的基础之上，它是师生感情沟通的基础。教师在了解、理解学生的基础上进行沟通，有利于消除学生的戒备、排斥心理，在心理上实现相互认同和接纳。

### （二）缓和紧张气氛

教师在与学生进行沟通时，往往学生处于被动的一方，学生想到事态后果，心里难免紧张或慌乱，容易对教师的谈话产生戒备或对抗的心理。这时候，营造宽松环境，缓和紧张气氛，有利于沟通的顺利进行。说一些轻松幽默或亲切友好的话语，是驱散紧张气氛、沟通双方情感的常用方法。

### （三）句式、语气恰当

师生是否心理相容，与教师选用的句式和语气密切相关。比如，在学生情绪冲动时，疑问句就不如陈述句平和与委婉，反问句就更加生硬。直接质问的语气，往往给人以咄咄逼人之感，容易给学生造成较大的心理压力，反而阻碍沟通的顺利进行。教师选用恰当的句式、语气，可以缩小与学生之间的心理距离，达到沟通的目的。

## 二、沟通语的方式

### （一）故事式

故事式是教师采用讲故事的形式进行教育的方式。这种方式，故事的选择是关键。故事的选用，应建立在了解、理解学生的基础之上；故事的内容，应紧密贴合发生的事件。这样，才能达到"故事育人"的效果。例：

一次测验，学生没考好，部分学生情绪低落，或是摔书，或是把试卷揉成一团。

师：有一次，师傅教两个徒弟做灯笼，他们同时做了半天，但是都做不好。大徒弟气得把灯笼摔在地上，用脚踩，还边踩边说："这么难做，我不做了！气死我了！"可是二徒弟则是认真地拿自己做的灯笼和师傅做的样品反复对比，终于找出问题所在，最后还做出了比师傅做的样品还漂亮的灯笼。各位同学，我们该怎么做呢？

这位教师在进行教育之前，了解到学生"摔书""把试卷揉成一团"这些行为背后的原因是"没考好"，理解学生"情绪低落"的状态。在了解、理解学生的基础之上，采取了通过讲述故事来进行教育的方法。这种方式学生易于接受，教育效果较好。例：

班里有些同学爱说风凉话，这些话会在班里产生消极作用，如：有些同学勤奋好学，被说成是"书呆子"；有同学做好事，被讥讽"假积极"。

老师说：今天我要给大家讲一个故事。有一天，祖孙二人骑着驴去赶集。路人议论："两人骑一驴过于残忍。"于是爷爷下来让孙子骑。路人又议论："孙子不孝。"孙子赶紧下来让爷爷骑。没想到又有路人议论："这个做爷爷的心肠太硬。"后来，两人干脆都不骑了。路人又说："看这祖孙俩，竟然放着毛驴不骑！太傻啦！"大家说，这祖孙俩该怎么办呢？

教师通过"祖孙二人骑驴"的故事，教育一些学生少说影响他人的风凉话，同时也教育那些勤奋好学和乐于做好事的学生不应受他人影响。这个故事起到了"一箭双雕"的效果。

### （二）幽默式

幽默式是教师为了缓和、化解紧张气氛，用轻松幽默的话语来进行教育的方式。轻松幽默的话语是营造轻松氛围、沟通双方情感的利器，能让师生在愉快的心理状态下进行沟通，达到教育的目的。例：

一所学校有一段时间考试风气不好，师生反映强烈。学校领导决定在期末考试中狠抓考风。一时间，学生如临大敌，个个十分紧张。一位教师发现这种气氛不利于学生发挥应有的水平，在考前宣读完《考场纪律》后，说："同学们，你们可以做武林高手，但切莫做'舞（舞弊）林高手'，武林高手是勇敢而强健的，'舞（舞弊）林高手'可是怯懦而卑微的！"

同学们会心地笑了。

教师考前幽默亲切的语言释放了学生紧张的情绪，有利于学生轻松地进入考试状态，发挥应有的水平。

### （三）陈述式

陈述式是教师采用陈述的句式、温和的语气进行教育的方式。教师对学生进行教育时，若采用疑问、反问的句式进行表达，易给学生以生硬、冷漠之感，妨碍沟通的进行。陈述的句式，往往体现了教师对学生宽容、友好的态度，容易被学生理解和接纳。例：

教室的玻璃被打碎了，班主任看后怒从心起，但他冷静地思考着，观察着同学，并语重心长地说：可能是哪位同学一不小心把玻璃打碎了，我相信没有一位同学是故意把玻璃打碎的。假如这位同学勇敢地站出来承认错误，做一个诚实的孩子，老师和同学都会原谅他的。接着班主任又讲了一个关于诚实的小故事。

最后，班主任说道：玻璃碎了，大家一定都很心疼，打碎玻璃的那位同学此时此刻肯定心里不好受，很后悔。玻璃虽然是他打的，但我作为老师也有责任，是我平时提醒不够，何况这位同学也不是故意的。所以，这块打碎的玻璃这次由我负责赔偿。不过以后，要是再有人打碎玻璃，就要由他本人赔偿啦。

这位教师从一开始就特别注意句式和语气的表达："可能""一不小心"透露出宽

容,"老师和同学都会原谅他的"透露出友好,"肯定心里不好受,很后悔"透露出理解……教师用一系列温和的话语,缓解了打碎玻璃的这位学生的紧张情绪,如此用心,学生一定能感受到,为这位学生后来承认错误奠定了心理基础。

## 思考与练习

1. 什么是沟通语? 沟通语的要求是什么?

2. 沟通语有哪些方式,你喜欢哪一种或哪几种? 为什么?

3. 阅读以下示例,评价一下教师的语言和行为有哪些地方是值得我们学习的。

小涛在走廊上踢球砸碎了教室玻璃,班主任让同学把他叫到办公室。小涛来到办公室,见班主任正在办公,他低着头走到班主任面前,不敢说话,也不敢坐,心里很害怕。

班主任见小涛来了,放下手中的笔,温和地说:"小涛,就是你不小心砸碎了玻璃吧?"

"嗯。"小涛满脸狐疑。

班主任和气地说:"坐吧,先坐下。"

小涛于是坐了下来。班主任站起身,给自己倒了一杯水,同时给小涛也倒了一杯水,递上,仍和颜悦色地说:"渴了吧? 喝点儿水。"

## 第三节 启迪语训练

### 一、启迪语的含义

启迪语是教师在教育过程中,用以启发、开导学生思想和情感的话语。好的启迪语能够点燃学生思考的火花,让学生的思想认识得到理性的升华,促进学生的心智逐渐走向成熟。

### 二、启迪语的要求

#### (一) 信任学生

教师对学生充满信心,才能赢得学生的信任。教师要相信学生经过启发教育能够明白事理,不断进步。信任学生的教师,才可能对学生循循善诱,学生才能从教师的语言中感受到期望和信赖,从而主动打开自己的心扉,接纳教师、接受指导。反之,教师不信任学生,放弃对学生的教育,学生就容易自暴自弃。

## （二）富有耐心

富有耐心就是要求教师做到对同一个学生同一个问题，或是对同一个学生不同的问题，又或是对出现同一个问题的不同学生进行多次的启发教育。启迪通常不是一蹴而就的事情，教师若有"水滴石穿"的功夫和耐心，就能取得教育的成功。

## （三）善于提问

教育活动中，教师要掌握提问的技巧，要善于设置问题。通过提出富有启发性的问题，引发学生思考，从而引导他们对问题做出正确的分析判断。值得注意的是，启迪语中的设问与沟通语中的询问不一样，是一种明知故问。

# 三、启迪语的方式

## （一）提问式

提问式是教师根据谈话的目的，有针对性地向学生提出问题进行教育的方法。提问的目的是引导学生对客观事物做出肯定或否定的评价，以促进道德情感的转换。要注意千万不可把提问变成责问、盘问、逼问等。例：

某学校的毕业班同学学习积极性很高，但不注意劳逸结合与科学用脑，就连课间也很少休息。

师：同学们，问大家一个问题，$8-1>8$ 成立吗？

生：老师，这么简单的问题还问我们啊！肯定是不对的。

师：不，$8-1>8$ 是成立的，这是世界公认答案正确的一道题，请同学们想一下其中的道理。

同学们想不出来。

师：（微笑）这是一道思想应用题，单靠数学知识是理解不了的。大家知道，我们每天安排 7 节课，每堂课间休息 10 分钟，这是有科学根据的。心理学研究表明，一个人学习一段时间后适当地调节一下，就能记住所学的 $56\%$，如果不停地学习，只能记住 $26\%$。大家看，休息占去了 1 个小时，可是却换得 7 个小时的高效率，比 8 个小时不休息还要强。大家说"$8-1$"是不是大于 8 呀？

同学们会心地笑了。

教师针对学生课间不休息的错误做法，精心设置了"$8-1>8$"的问题，启发学生进行思考，教育学生劳逸结合，学习才能高效率。

## （二）举例式

举例式是教师通过举例的方式对学生进行教育的方法。对于思维水平不高的小学生，举例可以变抽象为具体，变模糊为清晰，帮助学生建立一种新的认识。举例式是一种方便而有效的方法。

某一年级班主任给学生讲解《小学生守则》第 10 条："诚实勇敢，不说谎话，有错就改。"首先解释"诚实"：

"诚实"是什么意思呢？心里想的、嘴里说的和行动上做的一个样儿，就叫诚实。比如不骗人，不拿人家的东西叫诚实；做了错事敢于承认，也叫诚实。列宁爷爷小时候到姑妈家玩，不小心把花瓶打碎了，当时列宁没有承认花瓶是他打碎的。好几天，他茶饭不思，心里总觉得对不起姑妈，后来在妈妈的教育下，就主动写信向姑妈承认了错误，所以姑妈说他是个诚实的人。[①]

教师通过讲述列宁小时候打碎花瓶勇于承认错误的例子，一下子将"诚实"的概念由抽象变为具体，让学生懂得了诚实的孩子应该是怎样做的。

### （三）设譬式

设譬式是教师用具有哲理性的事理进行说明，达到教育目的的方法。设譬所阐释的道理比一般的举例往往要深刻得多，因此要求学生有一定的想象能力和逻辑推理能力。小学语文教材编入大量哲理性很强的寓言故事，常常被教师作为学生品德教育设譬的材料。例：

有一个六年级的学生畏于难度大、强手多，而不敢参加语文知识竞赛。

为了鼓励学生树立信心参加竞赛，老师给他打了个比方：你从高处俯视过集贸市场吗？那阵势可真是人山人海、万头攒动。看上去简直没有落脚的地方。但是只要你走进去，就会有你的位置。而且，其实到市场不一定非得买东西不可，至少可以见识一下商品，了解一下行情。可是如果你担心人多而望而却步，那多可惜呀！参加比赛也是这样，不要总想着不如别人，老师不强求你非拿第一名不可，即使拿不到名次，锻炼一下自己的勇气也是很好的。

上例中教师用"从高处俯视集贸市场"的情形设譬进行比喻，鼓励学生敢于参加竞赛，启迪学生进行反思，从而达到理想的教育效果。

### 思考与练习

1. 什么是启迪语？启迪语的要求是什么？

2. 启迪语有哪些方式，你喜欢哪一种或哪几种？为什么？

3. 阅读下列示例，指出教师运用了哪种方式的启迪语，并加以评析。

某三年级学生有随地乱扔纸屑的坏习惯，老师找他个别谈话。谈话围绕下列几个问题展开：

师：你知道，看到你在教室里乱扔纸屑，同学们是怎样想的吗？

师：我们能只图自己方便，而不管别人怎么想吗？

---

① 蒋蓉：《口语》下册，湖南科学技术出版社，2011 年版，第 158 页。

师：老师给你一个塑料袋，用来装纸屑。这一个星期，我会随时监督你，是不是还随地乱扔，你能给我满意的回答吗？

## 第四节　激励语训练

### 一、激励语的含义

激励语是教师对学生进行激发、鼓励的教育语言。它是情感的催化剂，能够调动学生改善自我的积极性，常用来激发学生积极向上的情绪和意志。激励语具有鼓动性强、激发性强、刺激性强的特点。

### 二、激励语的要求

#### （一）鼓动性强

激励语要有鼓动性，能激发学生的情绪，鼓励学生奋发向上。因此，激励的语言应从正面入手，以肯定、赞扬为主，避免用一些不切实际的场面话。

#### （二）富有激情

对学生进行激励时，教师的情绪应该是炽热的，表达的情感应该是真挚的。通过富有激情的话语，让学生受到情绪、情感上的感染，产生不断进取的动力。

#### （三）把握分寸

教师运用激励语要注意把握分寸。教师应根据实际情况，客观地看待学生，避免言过其实或夸夸其谈。对学生水平的推断不应过高也不应过低，合理自然的激励语才有利于激发学生的潜力。

### 三、激励语的方式

#### （一）真诚赞扬

赞扬是对学生良好的思想和行为给予好评或赞美的教育方法。发自教师内心真诚的赞扬，才能打动学生；违心的赞扬，会让双方尴尬。教师的赞扬应实事求是，赞扬的内容要明确具体，赞扬的时机、场合要恰当。教师在平时要善于发现学生身上的闪光点，及时给予赞扬；还要注意公平公正，不搞特殊对待。赞扬时使用褒义词，语调高扬，语气亲切。例：

教师在自习课上发现小馨写作业时态度认真，字迹工整，书写规范，立刻对小馨赞扬道："这字可真漂亮！工整又规范！一定要继续保持！"边说边竖起了大拇指。

教师发现了学生作业的优点,及时地进行了赞美和表扬,并提出"继续保持"的期望和要求,让学生受到了鼓舞,从而能将优秀的行为延续下去。

## (二)榜样鼓励

榜样鼓励是指教师通过讲述值得学习、可作范例的好人好事来教育学生的方法。这种方式宜选择学生身边的、看得见的榜样,选择的事例要有针对性。讲述榜样事例时要清楚明白,富有情感。最好能将叙述与评析相结合,使学生明确方向。例:

五年级学生小辉的父母常年外出打工,平时与奶奶一起生活,家庭经济比较困难。小辉平时在校表现优秀,这一次因为路上一件拾金不昧的事情,全校进行了宣传和表扬。班主任在班会讲述小辉的事迹后,总结道:

同学们都应该像小辉学习,学习小辉拾金不昧的精神,学习小辉对待老人孝顺、对待学习认真、对待生活乐观的态度! 他是大家的榜样!

示例中,作为榜样的小辉是学生身边的、看得到的、亲近的同学,小辉的事迹激励着学生向上向善,让学生受到积极而长久的影响。

## (三)忠告勉励

忠告勉励是教师用忠告的话语对学生进行劝勉、鼓励的方法。相对于赞美,勉励的话语显得更为恳切。教师应透彻理解学生的心理,选择最能触动学生心灵的话语勉励对方,激发其深入思考或奋起前进。这种方式的特点是语言简洁,富有哲理,情感强烈,讲究语言修辞的变化。例:

这次你三门功课没有考好,真出乎我的意料。有人说你天资低下,我认为并非如此。恰恰相反,你反应很快,就是舍不得用功。一次考试失败了并不可怕,可怕的是无动于衷,自甘落后。我相信你一定能吸取这次的经验教训,发挥你的聪明才智,在期末考试时打个翻身仗,让事实证明你是好样的![1]

示例中,教师先是对学生进行了忠告,接着用褒扬性的语言加以肯定,最后对学生进行了勉励。教师的言语中透露出期望和关怀,激发了学生的信心和力量。

## (四)反话刺激

反话刺激是教师用反面的话语刺激学生,使其自尊心从自我压抑中解脱出来的教育方法。需要注意的是,反话刺激并不适合所有的学生,多用于性格较外向、心胸较开阔的学生,运用时应慎重。教师使用反话刺激时要看准时机,反话出言过早,易使人误解;出言过晚,难有收效。教师的态度应真诚,从信任、爱护学生的角度出发设计话语,才能达到激励的效果。例:

四年级学生小飞是班上的运动健将,但他贪玩,成绩不好。在一次运动会上,小飞又夺得了几个跑步项目的第一,正在他洋洋得意的时候,班主任走过来,对他说:

---

[1] 蒋蓉:《口语》下册,湖南科学技术出版社,2011年版,第163页。

"你次次跑步都第一,可惜的是你的成绩拖了后腿。我看你就不敢学习也争第一。"小飞听了后,在心中暗暗下定决心,一定要认真学习,考出好成绩来让老师看看。

示例中教师看准时机,通过反话刺激小飞,成功地激发了小飞的斗志,达到了激励的效果。

### 思考与练习

1. 什么是激励语?激励语的要求是什么?
2. 激励语有哪些方式,你喜欢哪一种或哪几种?为什么?
3. 阅读下列示例,指出教师激励语的成功之处,并加以评析。

赵老师曾接过一个五年级的"乱班",班里的淘气大王小刚考试得了零分,上讲台领卷子时,他大大咧咧地用舌头将考卷舔了三个洞,贴在脸上,露出两只眼睛一张嘴,满不在乎地走回座位。根本没把老师放在眼里。

一次,赵老师发现小刚在上课的时候看连环画,而且看得十分入迷。下课后,赵老师故意问他:"你喜欢看连环画?喜欢看什么样的啊?""带英雄的!"赵老师心中一震,发现了淘气大王身上的闪光点,于是弯下腰摸着他的头说:"老师希望你也能成为英雄!""我,我能当英雄吗?""能,一定能。你聪明,勇敢,肯帮助别人,你如果能弥补自己的不足,就一定能。"

后来在赵老师的不断鼓励教育下,这个淘气大王终于进步了。[①]

## 第五节　批评语训练

### 一、批评语的含义

批评语是对学生的错误思想和不良行为进行否定评价的教育语言形式。它是教育语言最为常见的形式之一。无论是表扬,还是批评,其目的都是为了教育和帮助学生更好地成长。教师要敢于批评,但更要善于批评。不恰当的批评语容易让学生产生反感,形成对抗心理。为了避免打击学生的自尊心和自信心,教师应特别注意批评的策略和方式。

---

① 陈宇光主编:《小学班主任工作艺术》,南京师范大学出版社,2003年版,第194页。

## 二、批评语的要求

### (一) 客观公正

教师对学生进行批评,应建立在充分了解事实的基础上,不应主观臆测,要避免因个人感情而出现误判的情况。做到客观公正,学生自然易于接受。

### (二) 把握分寸

因为教师的批评对象是小学生,是不具备完全行为能力的未成年人,所以教师要注意保护学生的人格尊严,要把握语言表达的分寸。教师应使用适当的语气语调,不可一味指责训斥,更要避免讽刺、威胁的表达。

### (三) 讲究方式

批评只是一种教育手段,而非教育的目的。教师应根据学生错误的性质、造成的影响和学生个体的差异,选取合适的批评方式。只有事先掌握了学生的心理,采用了恰当的方式,才能让学生虚心接受意见,改正缺点和错误,不断完善自己,更好地成长。

## 三、批评语的方式

### (一) 直接批评

直接批评是指教师直截了当地指出学生存在的缺点或错误的教育方法。这种方式的措辞往往比较尖锐,情绪比较激烈。一般适用于错误性质严重或屡犯不改的批评对象。例:

一位学习懒散、做事拖拉的学生又没有完成作业。老师对他进行了批评:"你昨天又没有完成作业。一个学生不完成作业,是对自己不负责任的行为,也是不尊重自己的行为。你应该好好想想,认识自己的错误。"这位同学羞愧地低下了头。

### (二) 间接批评

间接批评是教师不直接进行批评,而是用委婉含蓄的语言,让批评对象自己去理解领悟的教育方法。相比直接批评,这种方式语气较为缓和,氛围较为轻松,易于学生接受。例:

校园里,几个一年级小学生在折树上的小花朵,一位教师便把耳朵凑过去,装出听什么的样子。孩子们好奇地问老师在听什么? 老师说是在听小花朵哭泣。"小花朵也会哭吗?""是呀,你们折了它,它当然要哭。它们说,它们不想离开树妈妈,请你们不要伤害它们。"孩子们听了,都脸红了。

上例中教师面对天真幼稚、年龄较小的学生,采用了不露声色的批评方式,虽然没有说一句责备的话语,却让学生认识到自己的错误行为。例:

开学以来,我一直要求每个学生离开座位后,必须将椅子插进桌子下面,一是便于清扫,二是可使桌椅整齐美观。可讲了许多次,仍有许多学生记不住。

一天下午放学后,又有许多人忘了插椅子。我灵机一动,将学生们重新招进教室,神秘地说:

"同学们,你们好多人丢了一样宝贵的东西,现在被我拾到了,想不想要啊?"同学们面面相觑,然后大喊:"想要!"

"你们先把椅子插到课桌下面去,我再还给你们!"

大家七手八脚,眨眼间所有椅子全部插了进去。我笑眯眯地说:

"你们丢了一个好习惯,不过你们已经捡回来了!"

我的话刚讲完,他们便露出会心的微笑。

此后,只要有同学忘记插椅子,其他同学就会提醒他:

"你丢东西了!"

于是班级桌椅变得整齐了,地面也干净了……①

面对学生屡教不改的不良习惯,教师并未直接进行批评,而是采用有趣、委婉的方式提醒学生进行改正。取得了一般批评所难以取得的效果。

## 思考与练习

1. 什么是批评语? 批评语的要求是什么?

2. 批评语有哪些方式,你喜欢哪一种? 为什么?

3. 请按下列情境设计教师批评语,并讲述出来。

(1)数学课上,教师讲完例题后,请一学生到讲台上做题。但他却面对算式愣了神,站在那儿一动也不动。

(2)缪老师新接了一个班,第一次与同学见面,开始自我介绍:"同学们,我姓缪——"当她正准备转身板书"缪"时,不知谁发出一声模仿猫咪的叫声:"喵——"于是所有的同学都大笑不已。

(3)五年级学生朱明近来迷恋手机游戏,经常忘记做作业。他的老师找他谈话。

4. 阅读下列示例,对教师的批评语进行评析。

快到中午放学的时候,一位家长来到周老师教室门外,示意周老师,想跟周老师说点什么,样子很着急。周老师走出教室前告诉同学们做好放学准备,不要说话。周老师暂时处理完和这位家长的事,回到教室,有同学告诉周老师,小慧和小亮说话了。其实,周老师在教室外面也听到有人说话,并且分辨出了说话者。周老师让大家放学,却将小慧和小亮留了下来。

---

① 蒋蓉:《口语》下册,湖南科学技术出版社,2011年版,第166页。

师:我知道我可以信任你们俩,请告诉我,我不在教室的时候,有人在教室里说话吗?

慧:(镇定地摆弄自己的小辫)噢,没有,周老师。我们收拾东西准备放学,没有人说话。

师:(看着小慧的眼睛)你确定吗?

慧:噢,是的,周老师,我从不撒谎,从不在你面前撒谎。你说是不是,小亮?

亮:没有人说话!

师:(沉下脸来)好吧,跟你们说实话,我刚才在教室外面听见你们俩都说话了!

亮:(不好意思)对不起,周老师,我是说话了。

师:好,感谢小亮说实话。小亮,你可以走了。

慧:(立刻改口)周老师,对不起,我也说话了,我现在也可以走了吗?

师:不行! 你刚才斩钉截铁告诉我你没有说话,你不会撒谎,很尊重我的样子,我看你怎么解释刚才的行动。

慧:(低下头,要流泪,有悔意)

师:我经常对你们说,即便讲实话会遇到一点小麻烦,但还是值得的。讲实话,说明你能分清是非。讲实话非常重要,因为这样做能赢得别人的尊重和信任。这种尊重和信任应该伴随我们一生。我欣赏向我承认错误的态度,由于承认错误显示出来的诚实和勇气,有时甚至抵消了错误本身,老师可能还不会批评你们。记住,以后这种事情不要再犯了。①

## 第六节　说服语训练

### 一、说服语的含义

说服语是指教师通过摆事实、讲道理等方式,启发、引导学生,使其信服,从而改变原来的主张或行为的教育语言形式。"说",是循循善诱的"说";"服",是心服口服的"服"。教师在说服教育对象时,晓之以理,动之以情,让学生产生心理认同,从而影响、改变学生原来的观念和态度,引导其行为趋向预期目标。说服语也是对小学生进行思想品德教育的最基本的方法。

### 二、说服语的要求

#### (一) 以理服人

为了让教育对象心服口服,教师应阐明正确的道理,以理为基础进行说服。反

---

① 傅道春:《新课程中教师行为的变化》,首都师范大学出版社,2001年版,第192-193页。

之,教师以势压人,强迫学生接受意见,不仅达不到应有的教育效果,反而伤害师生之间的感情。

### (二) 以情动人

教师在说服教育对象时,应"以情动人"。教师的出发点是关爱学生,其感情必然真挚,其态度必然诚恳,学生才会产生心理认同,说服才会奏效。

### (三) 方式灵活

每个学生都是不同的个体,其特点也各不相同。教师应针对学生的不同情况,耐心诱导,找到说服的关键,运用灵活多样的说服方式,最终达到说服的目的。

## 三、说服语的方式

### (一) 直接说服

直接说服是教师通过摆事实、讲道理的方式直接对教育对象进行说服的方法。这种方式一般是正面诱导,帮助学生分清是非,使其心悦诚服。例:

五年级学生小美,学习不用功,却非常爱打扮,期末考试几门功课不及格。班主任教育她说:"爱美之心,人皆有之,爱打扮并没有错。但是假如一位老师打扮华丽而不学无术,课讲得一塌糊涂,另一位老师衣着朴素却才华横溢,讲课精彩生动,你佩服哪一个? 评价一个人,能力比外表更重要。学生的首要任务是学习,你现在年龄还小,应该把主要精力放在学习上,老师希望你做一个外表美,学习更棒的好学生。"小美不好意思地笑了。从此,她便不再刻意打扮,反而积极学习,进步非常快。

上例中教师的语言朴实平和、友善温暖,直接阐述了学生的首要任务是学习,不应把过多的精力放在打扮上的道理。让学生易于接受,取得了较好的教育效果。

### (二) 间接说服

间接说服是指教师不直接劝说,而是通过比喻、类比、引用等间接的方式进行说服的方法。这种方式要求教师的语言鲜明生动、充满童趣,如同"一把钥匙开一把锁",让学生乐于接受。例:

一位教师所带的班级中,一些学生除了钟情于自己喜爱的学科之外,对其他各门学科学习的积极性不高,上课经常打瞌睡。在一次班会上,教师讲了一则寓言故事:

一天,一个人在海边散步,忽然听到一个声音:捡一些贝壳和石头放在你的口袋里吧。他下意识地捡了一些。回到家一看,那些石头和贝壳全都变成了亮闪闪的金子。于是,他感到又高兴又后悔:高兴的是他毕竟捡了一些,后悔的是他没有捡得更多。学习何尝不是如此呢? 如果我们能利用在校时的优越条件多学些东西,何愁将来会用不上呢?

自此,学生上课情况大有好转。

上例中,教师通过一则寓言故事,间接地阐述了学习不应偏科的道理。故事情节充满趣味性,促使学生愉快地接受教育,达到说服的目的。

## 思考与练习

1. 什么是说服语?说服语的要求是什么?

2. 说服语有哪些方式,你喜欢哪一种?为什么?

3. 阅读下列示例,对教师的说服语进行评析。

一个班的学生,缺少集体观念,全班散沙一盘。班主任为培养学生的集体观念费了不少心思。一次拔河比赛,拔河队员是临时凑的,也无啦啦队,比赛结果自然是输。赛后,学生们很沮丧。抓住学生普遍存在的好胜心理,班主任做了说服工作,以此为契机,将班集体重新凝聚起来。

师:同学们,拔河比赛,我们是输了还是赢了?

生:(齐答)输了。

师:不!我们赢了!

生:(不解,疑惑地互望)

师:谁说说我们为什么输了?

生甲:论个头和力气,我们班完全可以得第一。不信,一个一个来吧!但是……

师:甲说得对,一个一个地比,我们完全可以得第一,可是我们却输了,输得很惨。很简单,我们上场的16个队员的力量没有集合在一根绳子上,阵脚太乱,合力太小。

生乙:因为我们没有啦啦队,不能同时发力。

师:是啊,为什么别的班有啦啦队,而我们班却没有呢?

生:(持事不关己态度的学生低下头)

师:论个人实力,我们肯定会赢,但是论团结,论集体观念,我们就输惨了。就说这次拔河吧,有几位同学是自愿参加的?

接着教师以先进人物为榜样,阐述了个人和集体的依存关系,在这种情境下,学生听得很专注,不断点头称是。

师:拔河比赛是赛力气,更是赛团结,赛集体观念。事实上,在学习生活中,每做一件事都是在拔河,个人是离不开集体的,同学们想过这个道理吗?这次拔河比赛我们是输了,但从失败中,我们找到了自己的弱点,看清了我们赢的希望。在这一点上,大家说说,我们是赢了还是输了?

生:赢了![1]

---

[1] 史爱华:《班主任技能训练的理论与实践》,辽宁大学出版社,1993年版,第130—131页。

# 第七章
# 教师交际语言训练

## ※ 学习目标

1. 了解教师交际语言的特点和要求。
2. 掌握教师与同事的交际语言的原则并能运用。
3. 掌握教师与上级领导交际语言的方法并能运用。
4. 掌握教师与家长交际语言的方法并能运用。

## 第一节　教师交际语言的特点和要求

教师交际语言，是指教师同非教育对象，如家长、上级、同事以及社会各界人士间进行工作交往时所用的语言。

教师是"人类灵魂的工程师"，教师在与上述这些成人交往时，虽然彼此关系已不是教育者与被教育者的关系，但是，教师的语言仍然要文明、得体、规范，要十分注意维护教师的形象和尊严。

### 一、角色转换

教师在与其他人交往时，特别要注意"角色转换"。因为教师在与学生的交往中易于用一种教导式、权威式的口吻说话，如果这时教师再用这种口吻同非教育对象说话，就显得太不尊重对方。这时一定要进行"角色转换"。在口语交际中既要体现教师的学识修养，又不能给对方以好为人师的感觉。例：

在某次全国性学术研讨会的小组讨论中，一位年近60的专家用方言讲话，有位青年教师提出异议。

青年教师：(眼睛望着窗外)我最讨厌不说普通话了！老专家：……(不语)在座

者：……（十分尴尬）

设想青年教师用另一种说法，也许情况就大不一样了：

青年教师：（目光恳切地看着老专家）老师，我们很想听清您的高见，可惜我们听不懂您的方言。您能慢慢地用普通话说吗？

在座者：对，您慢慢讲吧，我们都想听听。

## 二、目的明确

教师在其他工作语境中的谈话，不同于日常生活中的随意性表达，既然是工作语境，说话的目的就要明确些，话题就要集中些，并随时注意调控。尽管说话的内容和表达方式可以因人、因时、因地、因事而异，但都必须服从一定的工作目的，"根据话语信息的输出和反馈情况控制好自己的言语行为，一旦发现偏离目的，就得加以调节，以保证交际任务的完成"。

两位教师关于怎么看学生午睡的谈话。

教师甲：这两天午睡的时候小浩老是睡不着，别人都睡着了，只有他还在那儿玩儿。

教师乙：是吗？我看午睡的时候他能睡着。

教师甲：那怎么我看午睡的时候他就不睡呢？

教师乙：是不是你看午睡的时候老批评他？

教师甲：他不睡我还不批评他？

教师乙：那你总是出声和他说话，他当然睡不着了。

教师甲：你说，他不睡午觉，下午怎么也不显困？要是我呀，我可得美美地睡上一觉。

教师乙：你睡不睡咱们另说，咱们还是说说怎么才能让他睡着吧。你看午睡的时候别和他说话，也别批评他，只要静静地坐在他旁边，坐一会儿他就睡着了。

眼看教师甲说话要跑题，教师乙便及时把话题拉了回来，最终还是落在了怎么能使小浩午睡睡着这个话题上。教师乙说话目的性强，紧紧围绕谈话中心。

## 三、心理相容

教师其他工作中的口语交际对象众多而复杂：年龄有长幼之分，知识水平、思想水平有高低之分，处境、心情有好坏之分等。这就要求教师在其他工作语境中进行口语交际时，要考虑不同对象的可接受性。为达到与交际对象心理相容的目的，必须先"通情"，后"达理"。要注意选择对方易于接受、乐于接受的言谈策略。还要注意口语技巧：选词用语可有深浅之分；表达方式可有曲直之分；口语风格可有雅俗之分，却不能有书卷气。

例：一位小学低年级教师与学生家长的对话

家长：你们学校作业怎么那么少？

教师：我们不主张低年级学生作业过多，这样可能会占用孩子正常休息的时间。

现阶段的重点是培养孩子正常作息和专注课堂学习的习惯。

家长：哦，好的……

教师在与非教育专业的家长沟通时，应充分理解和尊重对方，尽量使用家长熟悉的语言进行沟通，让谈话顺利进行。

## 第二节　教师与同事的交际语言训练

教师之间的关系是工作搭档的关系，他们每天都有频繁的接触，因此，要彼此协调、处理好相互间的关系。另外，从学生角度看，他们需要的是一致、和谐、整体化的教育，而不是相互矛盾、彼此割裂的教育。为了做到教师间的密切配合，应从观念上走出"自以为是""以我为中心"的怪圈，为此，要注意如下原则：

### 一、平等

每位教师的思想、业务、工作、社会地位等情况不尽相同，每个人可能都有自己的优势。如某人是班主任，负责班级的管理工作，或某人刚从学校毕业，有一些教学改革方面的新信息新想法。但不论哪种情况，都要在平等的前提下相处，态度要谦恭，说话要谦和。商量工作时，要以商讨的口吻去说话。要集思广益，认真听取别人的意见，积极与同班教师商讨，可以这样说："这个问题我还没想明白，咱们一起研究研究。""我是这么想的……，不知对不对，你的意见呢？"

### 二、客观

与本班教师或同事讨论工作的时候，要排除个人好恶的主观因素，增强客观意识，实事求是地、全面地看问题。既能说出某学生的优点，也能指出他的不足；既能找出问题发生的原因，又能道出解决问题的方法。不要固执己见。

与本班教师或同事讨论工作的时候，表达方式也不容忽视。说话时音量不要太大，不要给人"咄咄逼人"的感觉。用词要恰当，语气要委婉，语速要适中，要有必要的顿歇，给对方留下思考时间。可以多用一些表示商量的话，如："……你看怎么样？""……这样行不行？"不要用威逼的语气，说绝对的话，如："我肯定……""绝对是……""准是……""……没错"等。

例：某班教师讨论接待新生入校第一天的活动安排

教师甲：开学那天咱们组织学生进行一次班会活动吧。

教师乙：行，你看什么活动合适？

教师甲：就让每个学生轮流上台自我介绍一下。

教师乙:好吧,咱们还可以准备一些卡纸发给学生制作名牌,放在他们的课桌上。

教师甲:这样好,不仅方便老师认识学生,也方便学生们互相认识。

这两位教师在讨论班里工作安排时相互尊重,配合默契,并注意补充对方的意见,较多地采用商量的语气,人称用"咱们",把工作安排得既合理,又完善。

## 第三节　教师与上级领导的交际语言训练

### 一、教师与校内上级领导的交际语言

教师与上级领导的工作性谈话,包括请示、汇报等内容。谈话的目的是争取上级领导的认可、理解、信任和支持。教师与校内上级领导的交际语言应注意以下事项:

#### (一)把握谈话时机

与上级领导谈话的时机是否适宜,是影响谈话成败的不可忽略的因素。时机选择得恰当,便于实现谈话目的;时机不适宜,会给谈话带来困难。

#### (二)注意谈话方法

教师同上级领导谈话,用语要注意谦敬、坦诚、简明。谦敬能使彼此保持良好心态,创造和谐的谈话气氛;坦诚是对工作负责的表现,应该如实反映情况;简明就是要把想说的主要问题开门见山地说出来,不绕弯子,不拖泥带水,做到言简意明。

例:一位教师请教导主任批准她们班先于其他班开一次家长会

教师:主任,我们班打算在这周五召开一次家长会。

教导主任:这学期的家长会全校各班都计划在期中召开,你们班不是也在计划里写着在期中开吗?怎么提前了?

教师:本来是打算在期中开,可是这次我们班测查之后,有不少问题需要家长密切配合解决,想早一些召开家长会,提请家长注意。

教导主任:解决学生教育中出现的问题,宜早不宜迟。

教师:那,主任您同意了?

教导主任:嗯,不过发通知和申请签字等其他有关的事你自己解决。

教师:好的。

这位教师在和教导主任谈话的时候,创造了和谐的谈话气氛。当教导主任问到为什么要提前召开家长会时,她能耐心地说明原因,而不是一听教导主任没同意就不耐烦或不高兴。

### 二、教师与校外行政领导的交际语言

校外行政领导是指学校的上级主管部门领导,教师和他们谈话的结果,可能会给

学校带来较大的影响,因此必须认真对待。教师与校外行政领导的交际语言应注意以下事项:

### (一) 谈话前做充分准备

在与行政领导接触之前,应做好充分准备。

准备之一是掌握必要的信息。如:领导哪一天在办公室,是否日程很满,最好选择领导在办公室又不是很忙的日子,还应了解该领导对学校的态度如何。

准备之二是理清自己的思路。因为领导的工作很忙,时间很紧,在和领导谈话时最忌思维混乱。

### (二) 语言简洁

不论与领导谈话,还是向领导汇报工作,语言都必须简洁且层次清楚,抓住问题的核心与本质进行阐述,特别要注意答问相符,不要啰唆。汇报工作时还应做到分层次汇报,既全面,又重点突出。

### (三) 语速适当

在与领导谈话时,因为内容较集中,所以语速可稍快;而在汇报工作时,若汇报的内容较多,且主要是教师的独白语,所以语速应稍慢。每汇报完一个方面的工作后应稍有停顿,留给领导思考的时间。

### (四) 语气谦和

和领导说话时,音量不要太高,语气要谦和。

例:教师请教育局局长批准建设小学风雨操场(操场上方搭建风雨棚,以遮蔽风雨和太阳曝晒)的谈话

教师:局长,我们小学目前没有风雨操场,想搭建一个小型的风雨操场。

局长:不是有操场了吗,怎么还要建一个?

教师:您看到的是露天操场,天气好的时候学生们都可以在露天操场上锻炼和玩耍。但是一到刮风下雨和太阳曝晒的天气,学生们就没有地方上体育课和锻炼了。

局长:天气不好,也可以在教室里上课嘛。

教师:现在教育部提倡小学生每周要有一定的运动量,而且把体育课和课后锻炼时间改在教室上,也不好教学。

局长:……

教师:跑起来才能起到充分运动的作用,对学生的呼吸系统和骨骼的发育是有很大好处的。

局长:嗯,我考虑一下。

教师:再说,风雨操场里也还需要添一些体育器具。

局长:什么体育器具?

教师:攀登架、单杠等,既能增强孩子们的体质,又能锻炼孩子们的胆量。

局长:想不到你们对学生的身体健康还那么有心。

教师:局长,您同意了?

局长:原则上同意了,但是还要在市政府会议上讨论、通过后才能执行。

教师:我先代表孩子们谢谢您。

以上示例中,教师面对教育局局长的疑问,耐心解释,态度谦和,最终获得了对方的理解和认可。

---

### 第四节　教师与家长的交际语言训练

家长是教师教育学生的主要合作者,教师对家长的谈话是教育学生不可忽视的一环,在教师其他工作口语中占有重要地位。教师对家长的谈话,包括在家长会上的讲话、家访(包括电话家访)、接待家长来访等。谈话的主要目的是与家长互通情况,争取配合。教师与家长的交际语言应注意以下事项:

### 一、分析谈话对象,寻求共同话题

教师找家长谈话,应首先了解、分析谈话对象,针对不同年龄、性格、修养,选择谈话的契机,确定共同话题,然后自然、巧妙地转入正题。如:对知识分子家长,可先谈诗说文做铺垫,再导入谈学生表现的话题;对正操持家务的家长,可从体谅理家之难,转向育人之难的话题;对爱好养花钓鱼的家长,可用花、鱼须精心养护作比,引出对子女精心教育的话题等。例:

教师:哟!您家养了这么多好看的花!我就跟走进百花园似的。

家长(爷爷):老师您过奖了。

教师:养这些花不容易吧?

家长:是啊,要浇水、施肥、剪枝、松土……什么时候,什么花,施什么肥,都有讲究,侍弄不好就不开花。

教师:对。养花跟育人一样,您对养花这么有研究,对您的孙子是不是……

由养花说到育人,这是巧妙连接;由对养花有研究说到对育人没研究,这是强烈对比。教师虽然没直接点出那位家长对育人的忽视,却从对比的语调中,从委婉的措辞中可以看出端倪。这种抓住契机一语破的的谈话是值得学习的。

### 二、肯定学生长处,取得家长信任

家长对自己孩子的优点往往看得比较多。如果教师一开口就直截了当地说一大堆否定他家孩子的话,家长从心理上很难接受,甚至可能出现难堪局面。这就需要教师在对家长反映学生情况时,先以表扬为主,适当肯定该学生的优点,然后再冷静、客观地说出孩子存在的问题,这样,家长就能比较容易接受教师的意见。

例:一位一年级教师和家长的对话

教师:最近一段时间鹏鹏挺有进步的。

家长:是吗? 他都有什么进步?

教师:上课状态比原来好了,吃饭比原来吃得香,午睡的时候也能较快地入睡。

家长:那我太高兴了,老师,多费心了。

教师:不过,在做课堂练习的时候,他的动作还是比较慢。

家长:这是他的老毛病。

教师:他在家里的时候也是这么慢吗?

家长:可不是嘛。不过,这么小的孩子慢就慢吧,我们从来不催他。

教师:一年级作业量比较少,以后二年级、三年级作业量会慢慢增多的,做作业的动作要快啊,动作慢会影响他的学习成绩的。

家长:是吗? 这个问题我还真没想过。

教师:动作快不是短时间内能练出来的,从现在开始就该注意锻炼。

家长:怎么锻炼?

教师:比如早晨起床穿衣服的时候,你可以和他比赛,看谁先穿完;洗脸、走路等都可以和他比一比。做作业的时候规定好时间,定个闹钟提醒他。从生活中练起,坚持不懈,孩子的动作一定会快捷麻利的。

家长:行,我回家一定按老师说的去做。

上例中,教师在向家长反映学生情况时,先肯定了学生的进步,再说出学生存在的问题,这种表达易于家长接受,为谈话创设了融洽的氛围。

## 三、争取主动地位,控制谈话过程

在家访或家长会上讲话,教师是谈话的主动者。要根据谈话的预设目的,启发家长说出教师想了解的情况。当家长谈话离题时,不要生硬地打断,也不要被动地让对方一味地滔滔不绝,要善于捕捉合适时机,巧妙地拉回话题。有些家长常为孩子护短,对自己的孩子不能正确评价,与教师意见不一致,这时教师要避免与家长争执,要以诚恳而耐心的态度,向家长说明在教育孩子的问题上,教师与家长的一致的重要性;坦率地、有理有据地切中要害,谈出自己的看法,让对方心服口服。每次谈话的落脚点都应是共同商讨教育孩子的良策,要善于引导家长说出教师自己想说的话,而不是给家长下命令。例:

教师:你们的儿子顺顺在班上爱动脑筋,聪明活泼。

家长:但是,顺顺有个缺点,比较贪玩,有时候不爱做作业。您看这该怎么办?

教师:是啊,贪玩是这个年龄阶段孩子的特点。他们这时还缺乏自制能力,你们不要表示不耐烦,可以慢慢引导。

家长:对,我们还要跟他商量——规定先完成作业再玩耍,完成了就表扬他。老师看这样行不行？

教师：顺顺妈，这样很好！

教师用平易近人的话语给家长分析了孩子缺点产生的原因，以商量的语气帮家长出了主意，同时自然引导家长说出教师想说而没说出的话，起到彼此交流、互为补充的作用。

## 四、态度不卑不亢，维护教师形象

教师与家长谈话时，只有首先尊重对方，才能换得对方的尊重。对问题儿童（有各种行为问题的儿童）或有自卑感的家长，尤其要平等相待，对有优越感的家长，教师也应尊重，但是如果对方不尊重教师，则要以不卑不亢的态度，让对方感到他们无论地位多高，在教师面前都只是孩子家长。例：

一位小学教师初访某孩子家庭时，见客厅里有两位年纪相仿的成年男子，她凭与学生容貌相似的程度，向其中一位说道："我是××的老师。如果没有猜错的话，您就是××的父亲。"对方点头称是。另一位则指着孩子的父亲插言道："他还是我们总经理。"教师微微一笑，答道："这一点我早从'学生登记表'中知道了。不过，我这次来可是找孩子的父亲的。"巧妙的回答把自己置于与孩子家长平等的地位上。接下来，她侃侃而谈，毫不拘谨，博得了家长的敬意。

上例中教师不卑不亢的态度，亲切温和的话语，体现了教师的尊严，赢得了家长的尊重。

### 思考与练习

1. 从选词用语、口语表达风格、态势语等角度，比较分析本节示例中谈话成功或失败的原因。

2. 假设你处于本章节示例中的某语境，你会怎么说？在小组会上试试，请同学分析评价。

3. 假设你是一名小学教师，在开学后的第一次家长会上你准备讲什么，怎么讲？

4. 模拟劝说家长让学生在家里增强独立性的谈话。

5. 分别扮演教师与家长，背对背地坐在教室两端，设计一件事进行电话家访，要求言简意明。

# 参考文献

[1] 安瑞霞,代建军. 教师礼仪[M]. 南京:南京大学出版社,2017.

[2] 鲍厚星. 诗的朗诵[M]. 长沙:湖南人民出版社,1979.

[3] 陈旭远. 教学技能[M]. 北京:北京师范大学出版社,2015.

[4] 耿二岭. 体态语概说[M]. 北京:北京语言学院出版社,1988.

[5] 郭华. 教师礼仪与修养[M]. 北京:北京师范大学出版社,2015.

[6] 郭娅玲,黎钰林. 教师礼仪[M]. 长沙:湖南师范大学出版社,2017.

[7] 蒋蓉. 口语(试用)下册[M]. 长沙:湖南科学技术出版社,2011.

[8] 湖南省语言文字工作者协会. 普通话训练与测试[M]. 海口:南方出版社,2019.

[9] 黄伯荣,廖序东. 现代汉语[M]. 北京:高等教育出版社,2011.

[10] 霍生玉. 小学教师语言概论[M]. 南京:南京大学出版社,2017.

[11] 老舍. 老舍作品集[M]. 南京:译林出版社,2012.

[12] 李学全,匡代军,周智湘. 特立颂[J]. 湖南教育(下),2013(12).

[13] 李元授,白丁. 口才训练:第3版[M]. 武汉:华中科技大学出版社,2016.

[14] 刘伯奎. 教师口语训练教程:第2版[M]. 北京:中国人民大学出版社,2011.

[15] 刘锡庆. 作文个性化发展研究[M]. 长春:吉林文史出版社,2006.

[16] 毛丽. 教师口语[M]. 北京:人民教育出版社,2010.

[17] 人民教育出版社中学语文室. 听话和说话[M]. 北京:人民教育出版社,2005.

[18] 邵天声,战晓书. 名人论演讲[M]. 延吉:延边大学出版社,1988.

[19] 邵天声. 比赛夺冠——实用比赛演讲辞[M]. 长春:时代文艺出版社,2002.

[20] 孙海燕,刘伯奎. 口才训练十五讲:第3版[M]. 北京:北京大学出版社,2015.

[21] 孙敬修,李行健等. 孙敬修全集:第8卷[M]. 天津:天津教育出版社,1998.

[22] 唐树芝. 口才与演讲[M]. 北京:高等教育出版社,2004.

[23] 王东. 中华朗诵艺术十五讲[M]. 北京:中华书局,2014.

[24] 王璐,吴洁茹. 语音发声[M]. 北京:中国传媒大学出版社,2019.

[25] 王峥. 语音发声科学训练[M]. 北京:中国传媒大学出版社,2019.

[26] 吴弘毅. 实用播音教程[M]. 北京:中国传媒大学出版社,2013.

[27] 姚喜双,林孝杰. 朗读是一项创造性的活动——姚喜双教授访谈录[J]. 小学语文,2018(12).

［28］叶晗.大学口才教程［M］.杭州:浙江大学出版社,2004.

［29］易琳.幼儿教师语言技能［M］.北京:高等教育出版社,2017.

［30］应天常,王婷.主持人即兴口语训练:第 2 版［M］.北京:中国传媒大学出版社,2014.

［31］于舸.主持语言与艺术展望［M］.长春:吉林大学出版社,2017.

［32］袁涤非.教师礼仪［M］.北京:中国人民大学出版社,2018.

［33］张颂.诗歌朗诵:第 2 版［M］.北京:中国传媒大学出版社,2008.

［34］张志公,王本华.汉语辞章学论集［M］.北京:人民教育出版社,1996.

［35］张中行.作文杂谈［M］.北京:中华书局,2016.

［36］周国光,李向农.中国人的体态语［M］.广州:广东高等教育出版社,2017.

［37］朱光潜.朱光潜美学文学论文选集［M］.长沙:湖南人民出版社,1980.

［38］朱一之.汉语体态语词典［M］.北京:华语教学出版社,2017.